Christoph Meiners

Versuch über die Religionsgeschichte der ältesten Völker, besonders der Ägypter, von Christoph Meiners

Christoph Meiners

Versuch über die Religionsgeschichte der ältesten Völker, besonders der Ägypter, von Christoph Meiners

ISBN/EAN: 9783743301290

Hergestellt in Europa, USA, Kanada, Australien, Japan

Cover: Foto ©ninafisch / pixelio.de

Manufactured and distributed by brebook publishing software (www.brebook.com)

Christoph Meiners

Versuch über die Religionsgeschichte der ältesten Völker, besonders der Ägypter, von Christoph Meiners

Versuch
über die
Religionsgeschichte
der
ältesten Völker
besonders
der Egyptier

---

von

Christoph Meiners
Professor der Weltweisheit.

Göttingen,
bey Johann Christian Dieterich
1775.

Wann nicht alles, was alte Litteratur heißt, und aus ihr erkläret werden muß, für unser gegenwärtiges Publicum uninteressant geworden ist; so darf ich mir schmeicheln, daß ich aus der ältesten Geschichte nicht die unwichtigsten Gegenstände für diesen Versuch gewählet habe.

In den beyden vorhergehenden Jahrhunderten, als Känntniß und Auslegung der Alten Lieblingsstudium war, nannte man alle nicht ungewöhnliche Bemerkungen aus diesem Fache Vorzugsweise Erfindungen.

Die Zeiten haben sich, ich weiß nicht, ob ich leider! oder Gottlob! sagen soll, sehr geändert. Nach dem Urtheil des gegenwärtigen Zeitalters findet hier kein Erfinden mehr statt, weil es, wie jedes andere, diesen Titel nur für die neue Bemerkungen aus solchen Wissenschaften aufbewahrt, die es seiner Aufmerksamkeit allein Werth hält.

Auch unter günstigern Umständen würde ich wenigstens für die in diesem Versuche enthaltenen Betrachtungen diesen prächtigen Nahmen verbeten haben, wenn man nicht die Aufräumung von Vorurtheilen, und ungegründeten Hypothesen — und die Reinigung der Quellen damit beehren wollte.

Ich würde mich selbst in Ansehung des Werths der Gedanken, die ich dem Publiko mittheile (wenn sie anders einen haben) auf die sonderbarste Art getäuscht haben, wenn er nicht vorzüglich in der Einschränkung des Fabel-Reichs, und den Gränzbestimmungen
des

des Reichs der Wahrheit und Wahrscheinlichkeit bestünde.

Das Resultat mancher Artikel besteht in weiter nichts als in Widerlegungen von Vorurtheilen, mit deren Fortdauer das Wohl der Menschheit sehr gut hätte bestehen können —, oder auch Beweisen, daß wir in den meisten Puncten nichts, wenigstens nicht so viel wissen, als man sich bishieher vorgestellt hat.

Einwerfen und zerstöhren ist in manchen Theilen der alten Litteratur kein so unverdienstliches Werk, als in den übrigen Wissenschaften. Man erspart wenigstens den künftigen Forschern die Reuvolle Verschwendung kostbarer Stunden, wenn man ihnen einen Wink giebt, daß hie und da nichts mehr zu finden sey.

Unter den zahllosen Widersprüchen in den Zeugnissen der Alten, und den historischen Systemen der Neuern war der erste nothwendige

dige Schritt zur Erkenntniß der Wahrheit und des Irrthums die Untersuchung der Quellen, oder der Zuverläßigkeit der Geschichtschreiber, und Datorum, auf welche man gebauet hat, und bauen muß. Auf diese Prüfung der Urkunden der Egyptischen Geschichte, und Ueberlieferungen, habe ich allen Fleiß und alle Sorgfalt gewandt, deren ich jetzo fähig war; sie macht daher den größten Theil dieser Schrift aus: und hierüber möchte ich vorzüglich gerne die Stimmen und Erinnerungen der rechtmäßigen Richter vernehmen, bevor ich weiter gehe, als ich gegangen bin.

Die richtige Vorstellung der Egyptischen Religion hängt einzig und allein von der richtigen Angabe der Schriftsteller ab, aus denen sie geschöpft werden muß. Habe ich hier also geirrt: Schriftsteller entweder verworfen, die Glauben verdienten: oder andere als zuverläßig aufgenommen, die eines solchen Zutrauens nicht werth waren; so muß nothwendig das, was ich von der Beschaffenheit

fenheit und den Veränderungen der Egyptischen Religion gesagt habe, unvollständig und fehlerhaft seyn. Ich bitte daher einen jeden Kepner, eben der Freyheit sich gegen mich zu bedienen, die ich gegen einen jeden andern gebraucht habe, und brauchen werde.

Gegenwärtiger Versuch ist nur eine Einleitung in die Geschichte der alten Religionen, und selbst der Egyptischen, die, seit ich denken und Alte lesen kann, ein Hauptgegenstand meiner Aufmerksamkeit waren. Nach dem Beyfall desjenigen Theils des Publikums, den ich verehre und schätze, werde ich selbst entscheiden, ob es der Mühe werth sey, den noch übrigen Rest meiner Betrachtungen über den Gottesdienst der ältesten Nationen, besonders der Perser und Egyptier heraus zu geben. Die wichtigen Betrachtungen über die Zahl ihrer Nationalgötter, über den Thierdienst der Egyptier, ihre Feste, Opfer, Weissagungen, und endlich den ausserordentlichen Vorzug ihres Priesterordens, habe ich noch nicht einmahl

mahl berührt, weil ich nicht gewiß wuſte, ob ich auf dem rechten Wege war, — und ob das, was ich davon ſagen kann, nützlich und intereſſant ſeyn würde.

Ueber
die Geschichte
der
Egyptischen Religion und Philosophie.

Erstes Kapitel.

Ueber die scheinbaren Widersprüche der heiligen Geschichte mit sich selbst, und der weltlichen: Wie sie zu heben?

Es ist keine einzige Religion irgend eines alten Volks, und aus diesen Religionen fast kein einziger Artikel, über den nicht zwo sich schnurstracks entgegengesetzte Partheyen ganz unvereinbare, sich widersprechende Meynungen geäussert hätten. Man trift in der alten Religionsgeschichte fast nichts als übertriebene Sätze, einseitige Widerlegungen von Hypothesen durch erdichtete Facta, oder nicht gehörig untersuchter Factorum durch scheinbare Vernunftschlüsse an; nur selten findet man unter so streitbaren Leuten bescheidene, zurückhaltende Mittelspersonen, die keine Hypothesen bauten, ehe sie Facta gesammlet, und keine Vermuthungen vortrugen, bevor sie die Facta nach den strengsten Regeln der Kritik sorgfältig geprüft hatten.

Wer sollte es ohne die überzeugendsten Beweise sonst wohl glauben, daß man denselben Gegenstand, die Religion, ein und eben desselben Volks, mit so verschiednen Augen habe ansehen können, um in ihr so entgegengesetzte Systeme zu finden, als: die frechste Gottesleugnung, und die reinste, lauterste natürliche Religion sind? Wem würde es sonst einfallen, daß man so unvereinbare Begriffe, als der Glaube eines einzigen, unerschaffenen, allmächtigen Gottes, und schwacher, untergeordneter, eingeschränkter, vergänglicher Gottheiten ist, in einer einzigen Nation zu gleicher Zeit existirend habe denken können *)

Man fand alles, was man suchte, und sah durch die magischen Gläser täuschender Hypothesen sehr vieles, was gar nicht da war, oder doch nicht so war, als man es zu sehen glaubte; auf der andern Seite aber übersah man vieles, was einem jeden

*) Eine jede der alten Nationen hat in Rücksicht auf ihr Religionssystem ihre Ankläger und Vertheidiger gefunden. Jene fanden allenthalben Gottesläugnung, und Spinozismum ante Spinozam, wie La Croze, Gundling, und auch Parker: diese hingegen treffen zu ihren Erstaunen ihre eigenen Systeme reiner natürlicher Theologie, wiewohl in etwas dunkle Räthsel gehüllt, an. Zu diesen gehören Hyde, Cudworth, Jablonski, u. s. w.

jeden andern, der gesunde unverkleisterte Augen hatte, am ersten und lebhaftesten auffließ. Man machte sich alles mit bewundernswürdigen Scharfsinn zu Nutze, was zur Unterstützung gewisser Lieblings=Ideen etwas beytragen konnte; und würdigte alle Facta, Betrachtungen und Gegengründe nicht einmahl eines Seitenblicks, wenn man befürchten konnte, durch sie aus dem systematischen Gehäuse, worinn man sich so sanft hineingewebt hatte, heraus gerissen zu werden. Wenn Hyde die Rechtgläubigkeit der Perser, und Jablonski die der Egyptier beweisen wollen; so gehen beyde denselben Weg: sie drehen ähnliche Facta in derselben Form ab, um sich dieselben gerecht zu machen, und schließen aus einerley Vordersätzen. Beyde leiten ihr Volk bis zu ihrem Stammvater, zu einem von den Noachiden hinauf. Wie unwahrscheinlich (heißt es) daß die Auserwählten Gottes, die das menschliche Geschlecht hatten untergehen, und den Erdball wegen der Gottlosigkeit seiner Bewohner zerstören sehen, daß diese gleich in den ersten Zeugungen in eben die Verbrechen wider die Majestät Gottes verfallen seyn sollten, deren schreckliche Ahndungen sie selbst erfahren hatten. Man nimmt daher, entweder wie Hyde, an, daß alles, was die alten Schriftsteller uns von der Anbetung falscher Götter sagen, erdichtet sey, und daß die Verehrung

rung der Gestirne, und gewisser heiligen Thiere keine wahre Anbetung und Abgötterey gewesen sey, sondern nur in gewissen symbolischen und politischen Gebräuchen bestanden habe; oder man setzt auch, wie Jablonski, voraus, daß zu gleicher Zeit mit dem herrschenden Glauben an den einzigen Gott gewisse Vorurtheile entstehen konnten, die unheilig und verwerflich waren, die allmählich in ein System von Abgötterey ausarteten, und endlich jene reinen zuverläßigen Begriffe von Gott und dessen Verehrung bis auf die kleinste Spur verdrangen.

Hier ist eben der Punct, wo alle Geschichtforscher auf einmahl stockblind zu werden scheinen, wo sie gar nicht bemerken, daß die heilige Geschichte höchst unvollständig und räthselhaft sey, und sowohl mit sich selbst, als mit der ganzen weltlichen Geschichte in einem ganz untereinbaren Widerspruch zu seyn scheine. Ich will mich deutlicher erklären.

Auf der einen Seite zeigt uns die heilige Schrift die Ueberbleibsel des menschlichen Geschlechts in einer kleinen Familie, die der Herr des Himmels erkohren, und würdig gefunden hatte, die Bewahrerin der wahren Religion zu seyn, und die auch nothwendig einen diesen Kenntnissen angemessenen Grad der Cultur aus der zerstörten Welt mit herübergebracht hatte. Dieß der Vorsehung so werthe Völkchen hätte nach allen, was Vernunft und

die

die Analogie der Geschichte lehrt, in Kenntnissen und Sitten zusehends wachsen müssen. Da es sich vorher mitten unter den Greueln der Abgötterey und Sittenverderbniß in der reinen Lehre unerschüttert und unverdorben erhalten hatte; wie vielmehr mußte es jetzo ihrem erhabenen Retter treu bleiben, da es die einzige Besitzerin des verjüngten Erdkreises war, da weder unreine Lehre es verführen, noch schlimme Beyspiele es zum Abfalle anreitzen konnten? Wenn aber auch ja irgend eine Versuchung zu ihnen ganz verhaßten und unbekannten Lehren entstand; so mußte das schreckliche Gericht, wodurch der höchste Gott das ganze sündige Menschengeschlecht in den Fluthen ersäuft hatte, ihnen immer noch gegenwärtig genug seyn, um alle unheilige Gedanken in einzeln Personen zu ersticken, oder doch ihre Ausbreitung in allen Familien zu hemmen.

So mußten wir das menschliche Geschlecht erwarten, wenn die heilige Geschichte uns über die Schicksale der spätern Nachkommen Noahs gar keine Urkunden hinterlassen hätte. So aber widerlegt sie durch spätere Nachrichten wenigstens die Hälfte dieser so gegründeten Vermuthungen. Sie lehrt, daß nach dem Verlauf von vier nicht ganz vollständigen Jahrhunderten die ersten Zeugungen dieser privilegirten Familie an bürgerlicher Kultur

(dies

(dies ist merkwürdig) zugenommen, auf der andern Seite hingegen, die reinsten, einleuchtensten Begriffe mit den sinnlosesten Vorurtheilen und Irrthümern vertauscht haben; daß sie ihr Relionssystem nicht blos verändert, sondern gänzlich verlassen haben, und zu einem andern übergangen sind, das dem erstern eben so entgegen gesetzt war, als Licht der Finsterniß: daß dieses System eben dasjenige sey, um welches willen der Wahrheitliebende Gott alle Sünder vom Erdboden mit unaufhaltsamer Rache vertilgt hatte: und daß endlich alles dieses in einem so kurzen Zeitraum, ohne die geringste begreifliche Anreitzung, ohne Zwang und heftige Revolutionen, ohne Unterdrückung, selbst während eines immerwährenden Emporstrebens zu einem höhern Grade der Kultur, vorgegangen sey.

Hier ist nicht blos die Frage vom Ursprunge der Abgötterey überhaupt, eine Frage, die sich unter allen übrigen Umständen sehr leicht beantworten läßt, sondern wie ein solcher Uebergang von dem wahren und einleuchtenden Begriffen eines einzigen Gottes zu den falschen, und ihnen nothwendig abscheulichen Irrthümern der Abgötterey in einem so kurzen Zeitraum, unter solchen Umständen, möglich gewesen sey?

Dies Erstaunen muß nothwendig zunehmen, wenn wir ein Auge auf die weltliche Geschichte werfen.

fen. Diese zeigt uns alle Nationen des Erdbodens nicht nur in die tiefste Unwissenheit des wahren Gottes, in die lächerlichsten Irrthümer des Aberglaubens versunken, sondern lehrt auch noch überdem etwas, wovon die heilige Geschichte nichts saget, sondern gerade das Gegentheil vermuthen läßt, daß nehmlich der größte Theil des menschlichen Geschlechts noch zu der Zeit, wo sie anfängt, sich in der schrecklichsten Barbarey befunden, und weder Gesetze noch Sitten, weder Künste noch Wissenschaften, oder sonst etwas, was einer festen Religion ähnlich sah, gehabt habe. Sie hat uns von den wenigen Erdbewohnern, die sich bis zu einem gewissen Grade von Aufklärung und bürgerlicher Kultur empor gehoben hatten, entweder unläugbare Spuren eines noch nicht lange verlassenen Zustandes der Wildheit, oder doch allgemeine übereinstimmende Ueberlieferungen davon aufbehalten. Allenthaben verehrte man die Erfinder der nothwendigsten Bedürfnisse, der unentbehrlichsten Handwerker und Beschäftigungen, ohne welche das rohe unbearbeitete Mensch=Thier unmöglich in dauerhaften Gesellschaften zusammen leben konnte. Wie schließt sich hier, die nirgends mehr mit sich selbst übereinstimmende weltliche Geschichte an die heiligen Annalen unsers Geschlechts an?

Wie war es möglich (so muß sich nothwendig ein jeder fragen), daß das zweyte Menschengeschlecht, das zur Bevölkerung des Erdbodens bestimmt war, auf einmahl, wie von Wirbelwinden zerstreut wurde: daß diese so nah verwandten, und verbrüderten Menschen sich wie reissende Thiere flohen und verfolgeten, daß fast alle ohne Ausnahme alle die Kenntnisse, Künste und Beschäftigungen gänzlich vergaßen, deren Besitz sie vorher zu einem so glücklichen Häuflein gesegneter Familien gemacht hatte? Wo sollen wir die Ursachen dieser unbegreiflichen Verwüstung der menschlichen Natur suchen? Nach welchen Erfahrungen einen so schädlichen Zusammenfluß von Umständen zusammen denken, wodurch das menschliche Geschlecht sich selbst so ungleich gemacht, und von einem hohen Grade der bürgerlichen Cultur in den tiefsten Abgrund der Barbarey gestürzt wurde? Wie will man diese Schwierigkeiten, und anscheinenden Widerspruch der heiligen und weltlichen Geschichte heben, und beyde Schwestern mit sich selbst und untereinander aussöhnen?

Was die unbegreiflichefrühe Entstehung des Aberglaubens betrift; so muß man bedenken, daß wir die Schwierigkeiten dieses Phänomenons weit eher als die befördernden und würkenden Ursachen desselben einzusehen, im Stande sind. Wir kennen

die

die Art und Güte des Unterrichts nicht: vielweniger die Aufklärung und Entwickelung der Hauptbegriffe, die das Theologische System dieser geretteten Familien ausmachten; wir können also auch nicht genau bestimmen, wie viel oder wenig dazu gehörte, sie ihren ersten wahren Glauben an einen einzigen unbegreiflichen Gott vergessen, und sie allmählig zur Verehrung glänzender Himmelskörper geneigt zu machen, deren gütige Einflüsse sie empfanden, die alle ihre Sinnen in Erstaunen setzten, und der Einbildungskraft bestimmte Gegenstände dankbarer Anbetung darboten —. Wir übersehen nur gar zu leicht andere Umstände, die nebst einem vernachläßigten Unterrichte, und nicht ganz deutlich aufgeklärten Begriffe von der Natur der Gottheit, sie allmählich von dem wahren Religionsystem der forschenden Vernunft zu einem der Einbildungskraft faßlichern Gottesdienst führen konnte. Wir messen ihre Art zu denken zu sehr nach der unsrigen ab, und glauben ohne Ursache, daß nach ihrer Vorstellungsart Wahrheit und Irrthum, Theismus und Abgötterey sich eben so entgegen gesetzt waren, als sie es nach der unsrigen sind. Ihnen durften nur einige nicht ganz aus einander gesetzte, mit wenig Beweisen unterstützte Begriffe entwischen, und sie fielen, ohne es zu merken, in die Schlingen der Einbildungskraft und des Irrthums. Sie

B konn-

konnten von der ihnen nicht tief genug eingeprägten Wahrheit eher zu dem entgegengesetzten Irrthum als mehr denkende Nationen von einem Irrthum zu dem ihm am nächsten liegenden übergehen. Endlich ist die Schwierigkeit nur denn sehr groß, wenn man die hebräische Zeitrechnung annimmt, nach welcher Abraham ohngefehr vierthalbhundert Jahre nach der Sündfluth gebohren wurde, und die Abgötterey also noch bey Lebzeiten Noahs, oder kurz nach seinem Tode entstanden seyn müßte: sie verliert sich größtentheils, wenn man dem Samaritanischen Text, oder den siebenzig Dollmetschern folgt, die die Geburt dieses Erzvaters sechs bis siebenhundert Jahr später ansetzen *).

Die zwote Schwierigkeit, ich meyne die Vereinigung der weltlichen und heiligen Geschichte, würde völlig unauflößlich seyn, wenn wir annehmen müßten, daß alle Völker ohne Unterschied von der bürgerlichen Cultur, in welcher die Schrift uns die Noachiden beschreibt, herab gesunken und in einen Zustand der Wildheit ausgeartet wären; daß sie sich endlich aus diesem Mangel aller Kenntniße, Künste, und Handwerker, allmählich durch eigene oder fremde Hülfe wiederum zum sittlichen,

gesell-

---

*) Man sehe die Vorrede zum ersten Bande der allgemeinen Weltgeschichte.

geſellſchaftlichen Leben emporgearbeitet hätten. Allein die weltliche Geſchichte zwingt uns im geringſten nicht, einen ſolchen Durchgang durch einen Zuſtand von Wildheit bey allen Nationen anzunehmen.

Wann wir die Traditionen der Egyptier, mit den Ueberlieferungen der Griechen, und anderer ſpäter ausgebildeten Nationen zuſammenhalten; ſo werden wir in den Beſchreibungen, die dieſe Völker von dem Zeitraum machen, der auſſer den Gränzen ihrer wahren Geſchichte liegt, einen ſehr merklichen Unterſchied antreffen. Die Egyptiſche Tradition erwähnt faſt keiner einzigen Erfindung, aus welcher man ſchlieſſen könnte, daß ſie je eine ganz wilde Nation geweſen wären: alte Entdeckungen, die ſie ihrem Thoth zuſchreiben *), ſind ſo beſchaffen, daß die Noachiden bey dem Grade der Kultur ihrer ganz wohl entbehren könnten. Sie beſtanden entweder in künſtlichen Inſtrumenten, oder ſolchen Künſten und Wiſſenſchaften, deren Erfindung eine höhere Vollkommenheit der geſellſchaftlichen Ausbildung voraus ſetzen, als wie nach Anleitung der heiligen Schrift bey den Noachiden annehmen dürfen

---

*) Man ſehe vorläufig Jablonski Panth. Aegypt. V. c. 5. Ich werde dieſe fabelhaften Ueberlieferungen in der Folge prüfen.

fen. Die Griechen hingegen verehrten in einem großen Theil ihrer Götter und Helden die Erfinder der nothwendigsten Bedürfnisse, und solcher Beschäftigungen, deren Mangel auf die schrecklichste Wildheit schliessen ließ. Sie gestanden selbst, daß sie Künste, Wissenschaften, Handwerker, Religion und Gesetze von afrikanischen und asiatischen Flüchtlingen erhalten hätten.

Wenn man aber die Egyptier und einige andere Nationen, deren Ueberlieferungen jener ihren ähnlich sind, und die gleichfalls sehr früh einen hohen Grad von Geselligkeit erreicht hatten, von dieser allgemeinen Barbarey ausnimmt; so ist auch weiter kein Widerspruch in den Nachrichten, die die heilige, und weltliche Geschichte uns von den Revolationen des menschlichen Geschlechts aufbehalten haben.

Sie würden nur alsdenn unvereinbar, und widersprechend gewesen seyn, wenn die letztere es von früh cultivirten Nationen eben so unwidersprechlich, als von den später ausgebildeten bewiesen hätte, daß sie alle ohne Unterschied in einem Zustand der Wildheit versunken, und erst nach einer solchen tiefen Erniedrigung durch unmerkbare Stufen in einen so blühenden Zustand versetzt worden, in welchem die Geschichte sie uns in spätern Zeiten zeigt. Bey diesen Nationen wäre es schlechterdings

unmög-

unmöglich gewesen, einen Zeitraum anzugeben, in welchem sie aus gesitteten Menschen zu rohen Barbaren, und aus wilden Halbmenschen wiederum zu verfeinerten Bürgern hätten umgeschaffen werden können.

Diese unüberwindliche Schwierigkeit fällt bey den später ausgebildeten Nationen ganz weg. Freylich sind uns alle die Ursachen, wodurch Menschen bis an die Gränzen des Viehes verwildern können, größtentheils unbegreiflich, da die Geschichte uns über diesen Punct keine Data, nicht Anlässe zu gegründeten Vermuthungen giebt: sie mögen aber seyn, welche und wie viel sie wollen, so ist es doch gewiß, daß sie während so vieler Jahrhunderte Zeit genug zu würken hatten. Daran darf sich kein Vernünftiger stoßen, daß er die Ursachen und die Gründe dieses Abfalls nicht einzeln, und deutlich zu entdecken im Stande ist, da so viele Phänomena in der Kindheit des menschlichen Geschlechts sich zeigen, an deren Würklichkeit sich gar nicht zweifeln läßt, und deren Ursachen nichts destoweniger ganz unbegreiflich sind. Entstehung der Sprachen, der verschiedenen Schriftarten, der meisten Künste, Wissenschaften und Instrumente sind von eben der Beschaffenheit: daß sie entstanden sind, wissen wir, ohne genau die Art und Umstände angeben zu können, wie und warum

sie so, nicht früher und nicht später erfunden
worden.

Nicht alle Nationen sanken bis auf den möglichst
tiefen Grad der Barbarey herab: die meisten wilden Völkerschaften der alten Welt waren Jäger,
die freylich keine daurende Gesellschaften formirten,
aber doch unendlich mehr Verbindung unter sich,
und nützliche Kenntnisse hatten, als einige Ameri-
kanische Wilden, zu deren, uns fast unbegreiflichen, Unwissenheit noch andere Ursachen mit ge-
würkt haben müssen, die einem jeden genauen Beob-
achter vorsichtig in ihre Vergleichung mit den ältesten Barbaren machen müssen. Je mehr aber die
Nachkommen Noahs sich gegen Westen und Mitter-
nacht ausbreitteen, destomehr waren sie in Gefahr,
aus Ackerleuten Hirten, und aus Hirten Jäger zu
werden. Fruchtbare, leicht zu bearbeitende Felder
und fette unermeßliche Ebenen und Thäler wurden
immer seltener: in den ungeheuren Wildnissen der
nördlichen Gegenden mußten sie nothwendig alle
ihre Kenntnisse ungebraucht lassen, und ihre ganze
Aufmerksamkeit auf die Verfolgung wilder Thiere
wenden, die ihnen allein hinlänglichen Unterhalt zu
geben im Stande waren. Die Veränderung des
Bodens machte eine Veränderung in ihren Haupt-
Beschäftigungen: und dieser Uebergang vom Ackerbau oder Hirtenleben zur Jagd mußte in einigen

Men-

Menschenaltern nothwendig gesittete, ausgebildete Gesellschafter in rohe unbändige Jäger verwandeln. Ihre Künste und Handwerker waren noch zu schwach und kindisch, als daß sie die Unfruchtbarkeit des Bodens, oder die Einflüsse eines ungütigen Himmels so leicht hätten besiegen können, als wir jetzo im Stande seyn würden: ich sollte fast denken, daß eine Colonie von Egyptischen Bauern, wie Herodot sie zu seiner Zeit beschreibt (II. 14.), nothwendig ihre Lebensart hätten verlassen müssen, wenn sie gleich mit allen, in ihrer Heimath, gebräuchlichen Geräthe in die undurchdringlichen Wälder Germainens wären versetzt worden. Hier wässerte und düngte kein wundervoller Strom ihre fetten Aecker: hier war eine blosse Ausstreuung von Saamenkörnern nicht hinlänglich eine reiche Erndte hoffen zu können: und alle ihre Heerden von Schweinen, wodurch sie die Aussaat in die fette Erde eintreten liessen, würden ihnen gänzlich unbrauchbar geblieben seyn —. Auf diese Art läßt sich die heilige und weltliche Geschichte ohne vielen Zwang und ängstliche Künsteleyen in Harmonie setzen.

Zweytes Kapitel.

Was originale Völker sind. Wichtiger Unterschied des Religionssystems originaler Völker, und solcher die es nicht sind. Gedanken über die Entstehung der Mythologie.

Alle Völker der alten Welt, deren Geschichte uns aufbehalten worden, lassen sich in Originale und Nichtoriginale eintheilen.

Original nenne ich ein Volk, wenn es sich von der nidrigen Stufe der Ausbildung, in welcher die heilige Geschichte uns die ersten Bevölkerer des Erdkreises zeigt, durch sich selbst, ohne Hülfe einer früher und mehr aufgeklärten Nation, zu immer höhern Graden der Geselligkeit empor gehoben hat: wenn seine Sitten eigenthümlich, rein, mit keinen fremden Zusätzen vermischt: wann seine Gesetze selbst erfunden sind, und die Religion auf ihrem eigenen Grund und Boden gewachsen ist, wann es endlich nicht durch die Erborgung fremder Kenntnisse, Künste und Wissenschaften auf einmahl einen höhern Grad der Ausbildung erstiegen hat, als es nach dem gewöhnlichen Laufe der Natur zu erreichen im Stande gewesen wäre.

Eben diesen Titel einer Originalen verdienet eine Nation, wenn sie durch einen Zusammenfluß ungünstiger Circumstanzen bis zur Barbarey erniedriget briget worden, aber sich nachher durch ihre eigene Kräfte aus diesem scheuslichen Zustande heraus gewunden hat, und die Schöpferin ihrer eigenen Sitten, Gesetze und Religion, die Erfinderin aller der Künste und Wissenschaften geworden ist, wodurch sich Geselligkeit von roher Wildheit unterscheidet.

Hingegen sind alle diejenigen Völker nicht original, von denen es entweder die Geschichte, oder andere unbezweifelte Facta beweisen, daß sie der Hülfe fremder ausgebildeter Nationen nöthig hatten, um aus der Barbarey, worinn sie versunken waren, zur bürgerlichen Geselligkeit überzugehen: oder die auch, ohne so tief gefallen zu seyn, ihrer Ausbildung so langsam entgegen gingen, daß sie durch die Bekanntschaft mit andern, die sich früher entwickelt hatten, einen Reichthum von erborgten Sitten, Gesetzen, und Religionsgebräuchen erhalten konnten, wovon sie sonst unendlich weit entfernt gewesen wären.

Keine Nation ist, während der ganzen Dauer ihrer Existenz, ihres politischen Lebens, rein, unvermischt, original geblieben. Der wichtigste Zeitpunct in der Geschichte einer Nation ist dieser, wenn sie durch Handlung, Schiffahrt, Eroberungen, freywillig oder gezwungen, fremde, ihr nicht anpassende Sitten, Gesetze, Meynungen, und Reli-

gions

gionsgebräuche angenommen hat. Dieser Verlust der Originalität ist immer mit den wichtigsten Revolutionen aller Theile des ganzen Staatskörpers verknüpft.

In Ansehung des harmonischen Baues und Verhältnisses aller Theile, ist eine jede gut organisirte politische Maschine dem thierischen Körpern gleich und ähnlich. Keine von denjenigen Triebfedern, wovon ihre Erhaltung abhängt, kann erschlafft oder stärker angezogen werden, ohne daß eine jede Veränderung sogleich einen sichtbaren Einfluß auf die Gesundheit und Lebhaftigkeit aller übrigen Theile äusserte. Weder Gesetze, noch Sitten und Religion können einzeln zerstöhrt, verbessert und umgeschaffen werden, ohne daß nicht auch die beyden übrigen Verhältnißmäßig dadurch modificiret würden. Sitten, Kenntnisse, Religion und Gesetze machen den Character einer Nation aus: und dieser Character ist original, so lange ein Volk alles sich selbst und andern nichts schuldig ist.

Oft ist es unmöglich, aber doch immer schwer, den Zeitpunct genau zu bestimmen, wenn der Originalcharacter einer Nation durch die Bekanntschaft mit andern merklich ist verschlimmert oder verbessert worden: noch weit mehr Mühe aber kostet es, genau den Verlust zu berechnen, den eine Nation an ihrer Originalität durch die Aufnahme

nahme gewisser Sitten, Gewohnheiten, u. f. w. gelitten hat: der größte Scharfsinn erstirbt unter fruchtlosen Bemühungen, wenn die Geschichte ganz schweigt, oder zu unvollständige, gar nicht zusammenhangende Data liefert.

Alle originalen Völker unterscheiden sich von solchen, die fremde Sitten, Gewohnheiten, Meynungen und Gebräuche aufgenommen haben, durch viele Charakteristische Merkmahle. Unter diesen ist keines zuverläßiger, allgemeiner und merkwürdiger, als die wesentliche Verschiedenheit der Religionssysteme solcher Völker. Alle Nationen nemlich gründen, so lange sie original sind, ihre Religion auf Physik und Naturgeschichte: alle ihre Götter und Gegenstände der Anbetung sind entweder himmlische Körper, oder andere Theile der Körperwelt: sie beten die verworfenbste Thiere, die schädlichsten Geschöpfe, selbst leblose Dinge weit eher, als Judividua ihres eigenen Geschlechts an. Die Religion der originalen Völker ist niemahls im griechischen Verstande mythisch: sie haben keine Apotheosen: keine Gott-Menschen: keine in Dämonen verwandelte Menschenseelen, wie die Griechen und Römer sie glaubten.

Ich sage nicht, daß alle Völker, die einen Theil ihrer Originalität verlohren haben, nothwendig deswegen eine mythische Religion und von
Men-

Menschen abstammende Götter haben müssen. Dies wäre wider alle Geschichte gesprochen; aber das glaube ich nach Anleitung der übereinstimmenden Geschichte aller alten Nationen ohne Einschränkung behaupten zu können, daß die Nation nicht mehr original sey, sich nicht selbst alles zu danken habe, deren Religion sich auf Vergötterungen gründet, die an Geschlechter, Zeugungen und Rangordnungen der aus ihrem Mittel geschaffenen Götter glaubt.

Ich werde es sowohl von den Egyptiern als von den übrigen originalen Nationen zu seiner Zeit beweisen, daß sie vor ihrer Bekanntschaft mit ihren erwachsenen Schülern, den Griechen, in ihren Religionen nicht die geringste Mischung von Mythologien, nicht die kleinste Spur von Vergötterung, keinen Schatten menschenähnlicher Zeugungen gehabt haben.

Schon lange hatte ich dies historische Phänomenon bemerkt, ehe ich mir selbst alle Gründe angeben konnte, warum originale Völker, die sich ihre Religion selbst bildeten, eher die ganze lebendige und leblose Natur zu Gegenständen ihrer Anbetung machen, als den, in so vielen Betracht über diese erhabenen Menschen; und warum nur solche Nationen, die von andern früher ausgebildeten, aus dem unsittlichen, gesetzlosen Zustande der

Wild-

Wildheit herausgerissen worden, warum die nur auf mythologische Religons-Systeme verfielen, warum die nur allein Menschen vergötterten, würkliche Geschlechter, Zeugungen und Geburten von Göttern annahmen, an ihre Vermischung mit den Menschen glaubten, und aus ihr, Zwitter, mythische Wesen, die halb Götter halb Menschen waren, werden liessen: warum die allein alle übrige Theile der Natur personificirten, und nicht anders als unter den Bildern mythischer Wesen verehrten? Einige von diesen Gründen will ich hier mit aller möglichen Kürze vortragen.

Keine einzige von den Empfindungen, die den originalen Menschen zur Verehrung höherer Wesen anzeigten, konnte ihn veranlassen, Individua aus unserm eigenen Geschlecht so sehr über sich selbst zu erheben, daß sie Gegenstände seiner Anbetung hätten werden können. Er selbst war der Mittelpunkt, worauf er alles bezog; wenn es also Gegenstände gab, deren Größe er nicht fassen konnte, deren Würksamkeit seine schwachen Kräfte überstieg, und die zu gleicher Zeit einen wichtigen Einfluß auf sein glückliches oder unglückliches Schicksal, auf den glücklichen oder unglücklichen Ausgang seiner Arbeiten und Unternehmungen äusserten; so wurde er entweder durch staunende Bewunderung, gerührte Dankbarkeit, oder Furcht

zur

zur feyerlichen Anbetung so unendlich über ihn erhabener, und ihm so unbegreiflicher Wesen fortgerissen. Es war unmöglich, daß in der ersten ursprünglichen Gesellschaft der Mensch sich so sehr über den Menschen erheben, und einzelne Individua, so auserordentliche Vorzüge vor dem ganzen Geschlechte sich erwerben konnte, daß sie mehr als blos menschliche Hochachtung und Dankbarkeit zu verdienen im Stande gewesen wären: was Wunder also, wann die ersten sinnlichen Hirten und Ackersleute ihr Knie vor den Lichtern des Himmels beugten, die in einer so unendlichen Entfernung, und doch so regelmäßig, über ihren Häuptern den unermeßlichen Aether durchwandelten: die auf eine so unbegreifliche, und doch unübersehbare Art Seegen und Gedeyen über die Arbeit ihrer Hände, Licht, Leben und Bewegung durch die ganze lebende und unbelebte Natur hingossen. Größe, Entfernung, Regelmäßigkeit, Wohlthun, Glück, und selbst das Unbegreifliche ihrer Wirkungen waren lauter Vorzüge, die mächtig in die Sinne würkten, und auf eine unwiderstehliche Art die Rührungen der Dankbarkeit, und des Staunens zur wahren Anbetung erhöhen mußten. Auch zeigt die Geschichte der ältesten Religionen, daß alle originalen Völker, die Hirten und Ackerleute waren (die Jäger machen hier vielleicht bisweilen eine Ausnahme), die Erstlinge ihrer

rer von Dankbarkeit und Bewunderung gerührten Herzen dem Könige und der Königin des Himmels geopfert haben. Die göttliche Verehrung der Elemente, der Thiere, Flüsse, und anderer natürlichen Gegenstände fällt in viel spätere Zeiten.

In den ersten originalen Gesellschaften waren alle Menschen, wegen der gleichen Lebensart, Erziehung, sich zu ähnlich, als daß ein einziger Mensch durch ausserordentliche Vorzüge anbetende Bewunderung hätte hervorbringen können. Künste, Handwerker und nützliche Erfindungen entwickelten sich nicht alle auf einmahl: an den einfachsten mußten viele Wohlthäter des menschlichen Geschlechts arbeiten, ehe sie nur einen mäßigen Grad der Vollkommenheit erreichten. Ueber dem waren alle in diesen kleinen Gesellschaften mit einem jeden einzelnen Mitgliede, mit den Umständen seiner Geburt, der Entwickelung seiner Vorzüge allzu bekannt, als daß jemand durch eine wundervolle Unbegreiflichkeit mehr als Erstaunen hätten erregen können. Menschen unterscheiden sich in diesem Zustande nur durch Grade, nicht durch eine gänzliche Verschiedenheit eigenthümlicher Vollkommenheiten. Es gab immer kühnere Krieger, tapfere Anführer, schlauere Rathgeber; diese verewigte man in Lobgesängen, aber man bauete ihnen keine Altäre: man wußte,

daß

daß sie eben so gut von Weibern gebohren worden, und von den Früchten der Erden sich genähret hatten, als andere Menschen Kinder. Dankbarkeit und Bewunderung stiegen niemahls bis zur würklichen Anbetung.

Fast eben die Ursachen, die die freywillige Uebertragung göttlicher Ehre an menschliche Individua unmöglich machten, eben diese liessen auch den Gedanken nicht aufkommen, sich durch listige Betrügereyen und Kunstgriffe zum Abgotte eines leicht zu verführenden Haufens zu erheben. In einem Volke, wo man noch nie Menschen zu Göttern erhoben hatte, und dem also der Begriff von Apotheosen ganz fremd war, konnte es selbst dem ehrgeitzigsten und verschmitztesten Betrüger nicht einfallen, auf eine Ehre Anspruch zu machen, die man gar nicht kannte, und noch keinem sterblichen erwiesen hatte. Wenn aber auch jemahls jemanden ein solcher Anschlag in den Sinn gekommen wäre (ein Gedanke, den die Vernunft unter solchen Umständen nicht denken kan, den die Geschichte mit keinem einzigen Beyspiel bewährt); so würde die gar zu genaue Bekanntschaft einer ganzen Nation mit einem solchen Mitbürger ihn doch niemahls bis zur würklichen Ausführung habe kommen lassen. Das plötzlich Ueberraschende, Geheimnißvolle, und Wunderbare fiel hier gänzlich weg. So wenig

Propheten in ihrem eigenen Vaterlande gelten, eben so wenig konnten Gott-Menschen auf ihrem väterlichen Boden wachsen, und reif werden (*).

Es

(*) Die Beyspiele von spätern Vergötterungen griechischer, und römischer Helden oder Könige werfen meine Bemerkung nicht um. — Man bauete dem Hephästion, Alexander, und einer ganzen Reihe von römischen Tyrannen, Tempeln und Altäre; man heiligte ihnen Priester, verehrte sie an gewißen Festen, und schwur bey ihrem Nahmen, so wie bey dem Nahmen einer jeden andern Nationalgottheit, aber nur so lange, als diese in herrschende Götter verwandelte Menschen, hier auf Erden sterbliche Verwandten, Beschützer oder Gönner hatten, die eine Nachläßigkeit in ihrer Verehrung durch weltliche Züchtigungen strafen konnten. Man glaubte also nicht an die Gottheit solcher Menschen, deren Schwachheiten und Tod man selbst erfahren hatte: man opferte nicht ihnen, sondern dem Eigensinne derer, die sie zu Göttern erhoben hatten. Plutarch (de If. p. 360.) hielt selbst die Verwandlung guter Menschen in würkliche Gottheiten für so undenkbar, daß er die theologische oder für Griechen vielmehr freygeisterische Hypothese des Evemerus als höchst ungereimt verwarf, nach welcher alle griechische Gottheiten ohne Ausnahme unter den Helden der Fabelzeit aufgesucht wurden. Wenn auch einige (sagt Plutarch) sich einer jugendlichen und unbegränzten Eitelkeit so sehr überließen, um sich selbst einen Platz im Olymp und unter den unsterblichen Göttern verschaffen zu wollen; so haben diese doch die Früchte ihres Ehrgeizes nur eine kurze Zeit genoßen, nach welcher sie, wie Nebel von Winde zerstreuet wurden. Die folgende Zeitalter haben sie von den Tempeln und Altären, deren sie sich auf eine so gottesläsierliche Art bemächtiget hatten, abgerißen, und ihnen

C nichts

Es würde also völlig unbegreiflich seyn, wie Menschen hätten vergöttert werden, und die auf diesem Begriff sich gründende mythologische Systeme entstehen können, wenn alle originale Völker bis zu dem Zeitpunkt unvermischt geblieben wären, wo ihre Religionsbegriffe sich festgesetzet, und ihre heiligen Gebräuche in ein zusammenhangendes Nationalsystem sich aßociirt hätten. So unmöglich aber beyde bey orginalen Völkern sind, so begreiflich ist ihre Entstehung bey rohen Völkern, die noch weit von der bürgerlichen Ausbildung, und allen damit verbundenen Entdeckungen entfernt waren, und entweder gar keine, oder doch unbestimmte, schwankende Religionsbegriffe hatten; die endlich auf einmahl von fremden Colonisten aus diesem Zustande der Wildheit herausgerißen, und durch eine Menge vorher unbekannter Künste, und Beschäftigungen, zum gesellschaftlichen Leben geschickt gemacht wurden.

Hier fielen nicht nur alle die Ursachen weg, die die Entstehung der Mythologie bey einem sich selbst

<small>nichts als Denk- und Grabmähler übrig gelaßen. — Nichts ist richtiger, als diese Bemerkung, die durch die übereinstimmende Geschichte der spätern Griechen und Römer bestätigt wird. Ein unsterblicher Gott, von der neuern Art, war unter den Alten in eben der Bedeutung unsterblich, in welcher der größte Theil der Schriftsteller unserer Zeiten, die Lieblinge unsers Publikums, unsterblich sind.</small>

selbst entwickelnden, und fortbildenden Volke so unbegreiflich machten, sondern es kommen eine Menge von Umständen zusammen, die solchen armen Halbwilden diese Irrthümer unvermeidlich machten.

Man stelle sich solche Elende in kleinen übelzusammenhängenden Horden lebende Wilde vor, kaum mit so vieler instinctartiger Geschicklichkeit begabt, als dazu nöthig ist, den Hunger mit wilden Früchten, oder dem halbrohen Fleische erschlagener Thiere zu stillen; allen Unbequemlichkeiten der rauhesten Witterung, den plötzlichen Anfällen reißender Thiere, und den stets zu befürchtenden Ueberfällen rachgieriger Feinde ausgesetzt, die selbst jene noch an Grausamkeit, und der verfluchten Kunst zu quäken übertreffen; in einem so trostlosen Zustande lasse man verschlagene, oder aus ihrem Vaterlande vertriebene Flüchtlinge mit alle den Künsten des Friedens, und der Geselligkeit zu einem so unglücklichen Völkchen kommen: Ein einziger Fremdling möge sie nun in den einfachsten das Leben versüßenden Geschäften unterrichten; er lehre sie sicherere Häuser bauen, worin sie sowohl gegen den Ungestüm des Wetters, als gegen die Anfälle hungriger Thiere gesichert schlafen können; er mache sich mit bequemen Waffen und beßern Mitteln bekannt, gefährliche Feinde zu besiegen, und ohne Lebensgefahr sich des Wildes zu bemächtigen; er lehre sie den gütigen Schoos der nirgends ganz unfruchtbaren Erde zu befruchten, und auf den, allen Wilden so entsetzlichen Winter süße Früchte zu samlen; er sichere einem jeden sein kleines Eigenthum, und eröfne ihr Herz zum ersten Mahle den sanften geselligen Empfindungen: mit wie einer erstaunlichen Gewaltsamkeit müssen hier alle für Freude überfließende Herzen bis zur anbetenden Dankbarkeit auflodern? Wie leicht, wie natürlich, ja fast, möchte ich sagen, wie nothwendig mußte hier der Gedanke aufsteigen, daß ein so gütiges, so wohlthätiges Wesen, welches vor ihnen so unendlich viele Vorzüge und Vollkommenheiten besaß, und sie alle zur Glückseligkeit ehemahls so unglücklicher Geschöpfe anwendete, ein Wesen höherer Art sey, das sich ihnen zur Milderung ihres Elendes in menschlicher Gestalt geoffenbaret habe. Bloße Dankbarkeit also konnte in jenen frühern Zeiten Flüchtlinge auf den Thron der Gottheit setzen, die wir jetzo eben dieser Geschicklichkeit wegen kaum unter dem brauchbaren Pöbel aufnehmen würden.

Nun stelle man sich aber ferner vor (und dies scheint fast allenthalben der Fall gewesen zu seyn), daß die ersten Stifter und Verbeßerer der Gesellschaften sich der günstigen Eindrücke und Vorurtheile, die sie in allen Herzen antraffen, auf eine geschickte Art zu Nutze machten; daß sie entweder aus Eitelkeit, oder um ihren Einrichtungen desto

mehr

mehr Würde zu geben, sich für Wesen einer höhern Art, für Schutzgeister der Menschen, für Götter oder Göttersöhne ausgaben, daß sie ihre Wohlthaten durch das Geheimnißvolle, ihre Geschicklichkeit durch das Wunderbare zu erhöhen suchten; daß sie um dieser leicht verzeihlichen, oder menschenfreundlichen Absichten willen, dann und wann den Gauckler spielten, um die staunende Menge zu heiliger Ehrfurcht, zum blinden Anbeten vorzubereiten; daß sie ihre menschlichen Schwachheiten durch eine hier eben nicht schwere Kunst zu verbergen wußten —: es war meiner Meynung nach unmöglich, daß sie ihres Zweckes hätten verfehlen sollen.

Die griechische Mythologie ist von den spätern Dichtern, und den philosophischen und unphilosophischen Auslegern so sehr verunstaltet worden, daß man diese Art der Entstehung des Gedankens menschenähnlicher Gottheiten nie unwiedersprechlich daraus wird beweisen können. Wenn man aber nur die ungeheuren, gar nicht anpassenden Einschiebsel, und die wunderlichen Verdrehungen neuerer griechischen Dogmatiker absondert, und das Göttersystem des Homers nicht mit Erdichtungen späterer Träumer verwechselt, so wird sie selbst durch eine Menge von wahrscheinlichen Datis meine Gedanken bestätigen. Die weitere Ausführung behalte ich mir bis auf eine andere Zeit vor.

Und doch kann ich nicht umhin, einige Facta aus der neuern Geschichte anzuführen, die ich mit wenigern Zurüstungen, und mit nicht so großer Gefahr von Widersprüchen, zu eben so starken Gründen meiner Vermuthung machen kann. Wenn die Spanier, nicht um Menschen zu freßen und Gold zu suchen, nach Amerika gereiset wären, sondern wie phönicische und egyptische Flüchtlinge, ihre Kenntniße und Geschicklichkeiten dazu angewendet hätten, die armen Eingebohrnen dieses Landes glücklich zu machen; so würde es ihren ersten Colonisten leicht geworden seyn, sich göttliche Verehrung zu verschaffen. Selbst da sie gleich Engeln des Todes ganze Schaaren dieser schüchternen wehrlosen Geschöpfe würgeten, konnten sich die Aufgeklärtesten unter den Amerikanern doch nicht enthalten, ihre blutgierigen Mörder für rächende Gottheiten zu halten, die aus unbekannten Welten zur Strafe ihrer Vergehungen herabgekommen wären. Eine ganze Zeitlang fürchteten sie sich vor ihnen, wie vor unverwundbaren Wesen, die gleich dem Allmächtigen, den Donner in ihrer Rechten trügen, um in großen Entfernungen Tod und Verderben auszustreuen. Sie legten dies Vorurtheil nicht eher ab, und faßten auch nicht eher zur Selbstvertheidigung Muth, bis sie durch mehrere Erfahrungen gelernt hatten, daß diese teufelische Wüteriche eben so zerbrechliche

Kör=

Körper mit sich herumtrügen, als sie selbst, die sie sich so muthlos hatten abschlachten lassen.

Niemahls kommt mir der Gedanke der Vergötterung, und das darauf gebaute System der Mythologie begreiflicher vor, als wenn ich das lese, was die Jesuiten in Paraguai gethan haben, und — was sie hätten thun können. Ungeachtet die Verehrung, wozu sie ihre schwachen Sklaven gewöhnt hatten, nur ein politischer Dienst war, so mag er doch einer Anbetung ziemlich nahe gekommen seyn. Wie unendlich weit sind doch Menschen von Menschen unterschieden, wie sehr leicht ist es doch, Individua derselben Art bis zum Vieh zu erniedrigen, und wiederum zu anbetungswürdigen Gottheiten zu erheben!

Vielleicht verdient Garcilasso de la Vega (Lib. I. c. 20. Coment. reales) nicht mehr Glauben in der Beschreibung seines Stifters des Peruanischen Reichs, als die egyptischen Priester, wenn sie einer einzigen Person, dem Thoth, die Erfindung so vieler Künste und Wissenschaften zuschreiben, die das Werk mehrer Zeitalter, und Jahrhunderte waren. Wenn seine Nachricht aber auch ganz erdichtet wäre; so kann ich sie doch immer als Beyspiel zu meiner gegenwärtigen Absicht brauchen. Dieser Schriftsteller sagt nemlich, daß sein Vaterland sich vor mehrern Jahrhunderten in dem entsetzlichsten Zustande der Verwilderung befunden hätte. Die Einwohner von Peru hatten weder Häuser noch Gesetze; sie wohnten in Höhlen, und schlugen sich ohne weitere Umstände und Folgen todt, wo sie sich fanden. Wilde Früchte und rohes Fleisch waren ihre einzige Nahrung; ohne in ordentliche Familien vereinigt zu sein, befriedigten sie ihre thierische Brunst mit der ersten der besten Männin, die ihnen aufstieß —. Auf einmahl erschien, uns bekannt, aus welchen Gegenden ihr Retter, Gesetzgeber und Wohlthäter, Manco=Capac: dieser stiftete Ehen, lehrte sie die Erde bauen, versamlete sie in Familien, und sicherte ihre Eigenthümer durch heilige Gesetze: seine Frau machte die Wildinnen mit allen weiblichen Arbeiten bekannt, lehrte sie Kleider machen u. s. w. Um sich selbst desto mehr Ansehen, und seinen Gesetzen eine heiligere Sanction zu geben, gab er sich für einen Sohn der Sonne aus, die vielleicht vorher schon von diesen Wilden verehrt wurde. Keiner von seinen Unterthanen zweifelte an dieser Wahrheit; und in allen folgenden Zeitaltern wurde die Familie der Incas als hochheilig, von göttlicher Abstammung verehrt.

Hier war und entstand freylich keine Mythologie, weil Manco=Capac nur ein Vorurtheil zur Erreichung seiner Absichten brauchte; aber eben die Wilden, die ihn als einen Sohn der Sonnen zu ihrem Beherr=

herrscher erkohren, hätten ihn zuverläßig als Jupiter, seine Gemahlin als Juno, und seine Familie als einen Stamm von Helden angebetet.

Drittes Kapitel.

Die Egyptier waren eine Originalnation, und stammten weder von den Ethiopiern noch irgend einer andern Nation ab.

Wenn irgend eine Nation auf Ursprünglichkeit, auf die Ehre sich selbst gebildet zu haben, und keiner andern viele Jahrhunderte durch etwas schuldig zu seyn, Anspruch machen kann, so ist es die egyptische. Bis auf ihre Bekanntschaft mit den Griechen, ihre Unterjochung von den Persern, und besonders bis auf den Zeitpunct der allgemeinen Völkervermischung unter Alexandern war sie sich nur selbst gleich; von allen übrigen Nationen des Erdbodens eben so sehr unterschieden, als das Land was sie bewohnten, von allen bekannten Erdstrichen sich auszeichnete.

Man hat eben dies oft gesagt, aber so viel ich einsehen kann, mit sehr unzureichenden Gründen bewiesen. Man berief sich nemlich auf die Zeugnisse und Zeitrechnungen der egyptischen Nation, die astronomische Beobachtungen von vielen Jahrtausenden, und selbst die Statüen aller der Könige und Priester aufwies, die in diesem unermeßlichen Zeitraum regiert und gelebt haben sollen. Wenn wir diese Prahlereyen auch nicht durch das unverwerfliche Ansehen der göttlichen Geschichte widerlegen könnten, so würden sie doch durch alle übrigen Data der egyptischen Geschichte übern Haufen geworfen werden können. Ein Volk, das die Epoche keiner einzigen wichtigen Erfindung wußte; und deren spätesten Geschichte mit so ungeheuren Fabeln überhäuft war; ein solches Volk kann unmöglich verlangen, daß wir ihm richtige astronomische Beobachtungen von vielen tausend Jahren zutrauen sollen.

In den neuern Zeiten hat man über die Erfindung der Buchdruckerkunst lange nicht mit einem so lebhaften Eifer gestritten, als die alten Nationen sich über das höchste Alterthum zankten. Vergleicht man ihre verschiedenen Beweise und Berechnungen mit einander, so findet man am Ende weiter nichts als daß einige das Talent, oder vielmehr die Unverschämtheit zu erdichten in einem weit höhern Grade besessen haben, als andere. Unter allen Lügnern waren die Egyptier noch die bescheidensten. Die Priester, von denen Herodot seine Nachricht hatte, reichten bey weiten nicht an den Berosus, Sanchuniathon, und die Gymnosophisten, mit denen die den Alexander begleitenden Gelehrten bekannt wurden.

Wollte

Wollte man also ihr Alterthum nach der Gabe zu lügen beurtheilen, so würden sie mit zu den jüngsten Nationen der alten Welt gehören (*).

Eben so wenig gelten die blosen Zeugniße der Griechen ohne Gründe. Die griechischen Geschichtforscher hatten so gut ihre Vorurtheile, und Lieblingsnationen, als wir. Man verliebte sich zu verschiedenen Zeiten in Egyptier, Chaldäer, Perser, Ethiopier und Juden; eine jede von dien Nationen wurde nach der Reihe für die älteste unter allen, für die Stammutter der übrigen, für die Urquelle aller Künste und Wissenschaften gehalten. Die Griechen waren vielweniger gegen die Erdichtungen ihrer Landsleute, und gegen die übertriebenen Prahlereyen anderer Völker auf ihrer Huth als wir: man berief sich viele Zeitalter hindurch auf Schriftsteller, die wahrhaftig noch weit mehr als voltairisirten. Der größte Theil der griechischen Geschichtschreiber entschied zum Vortheil der Egyptier, und ich könnte also dieses Uebergewicht von Zeugnißen

sehr

(*) Es konnte nicht leicht, um dies im Vorbeygehen zu sagen, eine läppischere Methode, zur Entscheidung des streitigen Alterthums der Nationen, erfunden werden als des Psammatichus seine, Lib. II. 21. Es scheint wirklich, als wenn man die Probe so gemacht hätte, als Herodot sie einführt: denn wenn die egyptischen Priester sich auch einige Freyheit in ihren Nachrichten erlaubten; so pflegten sie doch nicht zum Nachtheil ihrer Nation zu lügen.

sehr gut zum Beweise der Ursprünglichkeit des egyptischen Volkes machen. Allein ich bin zu aufrichtig, als daß ich Scheingründe, die mir selbst nicht gnug thun, zur Unterstützung meiner Vermuthungen brauchen sollte. Die Geschichte konnte die Griechen über den Ursprung der Egyptier nichts mehr und nichts weniger lehren, als wir jetzo wissen können; so weit bis in die ersten Zeiten der bürgerliche Ausbildung reichte nicht einmahl die ziemlich verfälschte Tradition dieses Volks: bloße Aussprüche also, sie mögen aus griechischen oder französischen Köpfen abstammen, sind in meinen Augen von gleich wenigen Gewicht.

Ich schließe es aber aus andern Gründen, daß die Egyptier, wo nicht die erste und einzige Originalnation sey, doch wenigstens mit zu denen Völkern gehöre, die auf den Ruhm einer eigenthümlichen Ausbildung den gerechtesten Anspruch machen können. Ihre Gesetze, Lebensart, Verfassung, Religion und Künste waren fast alle so beschaffen, daß sie sich nur auf ihr Land paßten, und auf egyptischen Grund und Boden gewachsen seyn konnten. Die Gegenstände ihrer Verehrung, und alle ihre Religionsgebräuche waren von denen, andrer Nationen wesentlich unterschieden; ihr Nil war ein Nationalgott, und sie hatten nicht blos heilige Thiere, sondern beteten sie als wärkliche

Gott-

Gottheiten an, und diese Thiere waren alle einheimisch, größtentheils nur ihrem Vaterlande eigen —. Nirgends findet man solche Abtheilungen der ganzen Nation in so viel Klassen: nirgends die Rechte ihrer Stände und deren Verhältniße, so bestimmt —. Ihre Lebensart gründete sich fast allein auf einheimische Diätetik; sie war ganz einer solchen Himmelsgegend, einem solchen Lande angemessen, in allen übrigen Ländern wäre sie unsinnig gewesen —. Ihre Sitten, Gewohnheiten und Gebräuche, stimmten weder mit den griechischen nach morgenländischen überein; sie waren fast schnurstracks beyden entgegen gesetzt. Wo anders als bey ihren Colonisten fand man Beschneidung, wo solche Trauerceremonien und Einbalsamirung? Diese Eigenthümlichkeit, fast möchte ich sagen, dieser Gegensatz der egyptischen Gesetze, Sitten und Religion mit denen aller übrigen Nationen, war ein Allgemeinplatz, auf welchem sich ihre griechischen Bewunderer sowohl, als Verächter, Geschichtschreiber sowohl, als Komiker herumtummelten. Wenn die Egyptier nur einen Theil davon von einer andern früher gebildeten Nation geborgt hätten; warum traf man denn nachher solche unverdächtige Spuren, oder Uebereinstimmung nirgends an? Fast alles gehörte ihnen allein zu, und was sie mit andern Nationen gemeinschaftlich besaßen, hatte doch einen eigenthümlichen Druck, oder Beugung

von

von ihren Nationalcharackter erhalten, wodurch es seinen alten Adel legitimirte.

Die heilige Geschichte, die unter allen am weitesten bis in das Alterthum der Nationen hinauf bringt, zeigt uns Egypten eben so früh, wenigstens in einem eben so hohen Grade der bürgerlichen Geselligkeit, als die zu gleicher Zeit und nachher sich erhebende Reiche. Chaldäa wurde zu Abrahams Zeiten von mehrern kleinen Königen, oder vielmehr Arabisch ähnlichen Häuptern von Stämmen beherrscht; und in Egypten traf er nur einen einzigen König an. Wenn man aus dem Umstand, daß die Schrift niemahls mehrere Könige nennt schließen dürfte, daß ganz Egypten selbst zu Abrahams Zeiten nur von einem Monarchen beherrschet worden; so würde man diese Vereinigung eines so großen Landes unter einem einzigen Haupte als einen sichern Beweis brauchen können, daß Egypten schon mehrern Fortgang in der politischen Ausbildung gemacht habe, als alle übrigen Länder. So schloß man ehemahls aus dem großen Umfang des Peruanischen und Mexicanischen Reichs, daß sie einen höhern Grad der Cultur besitzen müßten, als die unzähligen Haufen von Wilden, womit dieser Welttheil von der Terra Labrador biß zu der Magellanischen Meerenge übersäet war. Jemehr unabhängige, kleine und selten in Frieden lebende Haufen

auf

auf einem kleinen Fleck sich finden, desto weiter ist man von der eigentlichen Geselligkeit entfernt; nur mit der Vergrösserung der Gesellschaften wird der Mensch zahm, und ausgebildet.

Einige Jahrhunderte nach Abrahams Reise in Egypten, zu Joseps Zeiten hatte sich die ganze politische, und Religionsverfassung fast so ausgebildet, als sie, einige kleine Veränderungen ausgenommen, bis auf die Zeiten der Perser und Ptolonäer blieb. Man hatte Priester und Oberpriester, beyde mit eben den Vorzügen und Einkünften, die ihnen von den spätern weltlichen Geschichtschreibern beygelegt worden, und die weder zu den Zeiten, noch nachhero in andern Nationen bemerkt worden sind. Aus allen diesen Zeugnissen und Umständen kann ich doch wohl ohne die geringste Einmischung von Hypothesen und gewaltsamer Herbeyziehung willkührlich erklärter Stellen den Schluß ziehen, daß die Egyptier zu den ältesten Nationen gehören, die sich selbst ohne Hülfe einer andern früher ausgebildeten Nation, ihre eigene Religion, Sitten und Geschäfte geschaffen haben.

Ich würde dies Kapitel hier ruhig schließen können, wenn nicht ein neuerer Geschichtschreiber Hr. Paw in seinen philosophischen Betrachtungen über die Egyptier Tom. I. p. 24. seq. den Prahlereyen der Ethiopier beym Diodor (Lib. III. 174. 175.

175. S. Weß. Ausg.) so viel zugetrauet hätte, daß er nicht nur die Egyptier von den Ethiopern abstammen läßt, sondern auch den Ursprung ihres Gottesdienstes, ihrer Sitten, ihrer Künste und übrigen Erfindungen alle von den letztern ableitet.

Aus dem Tone, womit H. P. erzählt, sollte man vermuthen, daß die Ethiopier fast alles mit den Egyptiern gemein hätten: Sitten, Gewohnheiten, Gesetze und Religion. Wir werden gleich zeigen, daß in diesem Ausspruchen vieles übertrieben sey: die wenigen Aehnlichkeiten die beyde mit einander gemein haben, sind freylich, auffallend, und allen übrigen Nationen des Erdbodens so unbekannt, daß wir hier nothwendig eine Mittheilung, oder Ableitung von einem Volk zum andern vermuthen müßen. Es kommt nur darauf an, welche [von den beyden Nationen die leihende, welche die borgende gewesen sey?

Bochart behauptet eben das, was ich beweisen werde. (Geog. Sacra Lib. IV P. L p. 207.) aber mit andern Gründen, an denen ich keinen Theil nehme. Der eine ist aus der mühsamsten Etymologie, der andre aus einer nichts beweisenden Hypothese genommen. Egypten heißt es muß eher bevölkert gewesen seyn als Ethiopien, weil alle ersten Völker-Stämme von Armenien aus sich über den Erdboden verbreiteten. Nothwendig mußten sich also die Wanderer

erst

erst in Egypten niederlassen, ehe sie nach Ethiopien übergehen konnten. Er behauptet an eben der Stelle das, was kein Mensch vor ihm behauptet hat, daß Unteregypten kein Geschenk des Nils sey.

Bochart verwechselt hier ganz verschiedene Gegenstände und Phänomena. Er berechnet nemlich die Epochen und Grade der bürgerlichen Cultur nach den größern und kleinern Entfernungen von demjenigen Orte, wo die Ueberreste des menschlichen Geschlechts sich zuerst nach der Sündfluth niedergelassen haben; keine Rechnung kann unrichtiger seyn als diese. Vermöge derselben müßten die Gegenden zwischen dem schwarzen und kaspischen Meere, die noch bis jetzo von keiner einzigen policirten Nation bewohnt werden, und Arabien, viel früher sich zu höhern Graden der Ausbildung erhoben haben, als Egypten. Das Letztere hätte also immerhin seine Gesetze, Religion und Sitten von den Ethiopern erhalten können, ungeachtet die Bevölkerer der Welt aller Wahrscheinlichkeit nach zuerst Egypten durchwandern mußten, ehe sie in das Innere von Afrika gelangen konnten.

Ohne mich also weiter an das, was andere gesagt haben, oder billig hätten sagen sollen, zu kehren, will ich die alten Geschichtschreiber zu Rathe ziehen, getreulich anführen was sie uns über diesen Punkt hinterlassen haben, und dann sehen,

hen, was sich unmittelbar aus ihren Nachrichten schließen läßt.

Hier mache ich aber einen kleinen Unterschied unter den Geschichtschreibern selbst: meine Gründe werde ich sogleich mittheilen. Zuerst also will ich den Herodot abhören, und alles zusammen samlen, was man zu seiner Zeit, wo der unglückliche Feldzug des Kambyses gegen die Ethiopier noch im frischen Andenken war, von dieser Nation wußte.

Er beschreibt die unüberwindlichen Ethiopier, von welchen hier die Rede ist, und die er μακροβιοι nennet (Lib. III. 17. et seq.) als Nomaden von ausserordentlicher Leibesstärke, die noch durch keine Ausbildung der Herzen und Köpfe etwas von den körperlichen Vollkommenheiten verlohren hatten, die den Gedankenlosen allein in körperlicher Würksamkeit sich äusernden Zustand der Wildheit, von der bürgerlichen Cultur unterscheidet. Sie hatten Bogen, die ungleich größer waren, als die persischen, und deren Sehnen von den stärksten unter allen Persern nicht ganz angezogen werden konnten. Auch wählten sie wie alle Wilden, blos nach körperlichen Vorzügen, und persönlicher Tapferkeit ihre Könige und Anführer im Kriege. Sie kannten weder Watzen noch Wein, noch goldene Ketten, womit die Perser sich schmückten: die purpurnen Gewänder waren ihnen ein Greuel, und alle Producte der

per-

perſiſchen Induſtrie, und Ueppigkeit gänzlich unbekannt. Sie lebten nicht von den Arbeiten ihrer Hände, und den Früchten der Erde, die ihnen unrein, ekelhaft ſchienen: Fleiſch, Milch und Käſe, waren wie der heutigen Tartaren, ſo auch ihre einzige Nahrung; und bey dieſer Lebensart erhielten ſie, wie alle Wilden, die ſich nicht oft in ſtarken Getränken berauſchen, ihre Geſundheit, ohne die geringſte Erſchütterung über 120. Jahre: eine Glückſeeligkeit die man in der Geſellſchaft einbüßt, um in einem kürzern Zeitraum deſto mehrere und lebhaftere Vergnügungen zu genießen —. So waren die Ethiopier zu Herodots Zeiten beſchaffen, und nun frage ich, ob es wahrſcheinlich ſey, daß die Egyptier ihre Sitten, Geſetze und Religion von dieſen Nomaden geborgt haben?

Dies iſt meiner Meynung nach eben ſo wahrſcheinlich, als daß Mexiko von den Eskiimaux und Peru von den Patagonen cultivitirt worden. Es iſt ganz wider den Lauf der ſittlichen Natur, daß ein Volk, deßen bürgerliche Wohlfarth ſich vorzüglich auf den Ackerbau gründete, das im Beſitze einer großen Anzahl von Künſten, Handwerkern und nützlichen Kenntniſſen war, das eine in allen ihren Theilen übereinſtimmende feſte Religion hatte, deſſen Geſetze alle ſo genau an dieſe Lebensart, an ein ſolches Religionsſyſtem anſchloßen, daß ein ſolches in allen seinen Theilen ausgebildetes Volk alles einem andern zu danken haben sollte, das nur auf erften Stufe der bürgerlichen Cultur ftand, das keine, auf Künfte, Handwerker und Ackerbau gegründete Gefetze, fondern Nomadifche Herkommen hatte, deffen Religionsgebräuche und Meynungen endlich fchwankend und unbeftimmt waren.

Blos aus diefer Vergleichung einer faft ganz ungebildeten, mit einer andern fehr policirten Nation mußte der Gedanke ganz natürlich flieffen, daß wann beyde einige ähnliche Gebräuche und Gewohnheiten gemeinschaftlich befaßen, wahrscheinlicher Weife diejenige Erfinderin gewefen fey, die die andere in Anfehung der Cultur weit hinter fich ließ: befonders wenn diefe Gewohnheiten fich in dem Syftem der ausgebildeten Nation gründeten, genau in daffelbe einpaßten, — bey der andern hingegen nicht das geringfte Verhältniß zu ihrer Lebensart und Sitten hatten. Dieß ift der Fall bey den Ethiopiern und Egyptiern. Bey den Letzten läßt es fich begreifen, warum fie und befonders der Priefterorden, von deffen Diätetik Reinlichkeit das Principium war, bey einer ftillen, fcorbutifche Krankheiten erzeugenden Lebensart die Befchneidung eingeführet hatten: bey den Ethiopern fieht eben diefer Gebrauch mehr einer entliehenen, als

selbft

selbst erfundenen nothwendigen Gewohnheit ähnlich, weil bey ihnen die Ursache wegfiel, warum man sie in Egypten eingeführet hatte. Eben das gilt von der in beyden Nationen ohngefähr ähnlichen Aufbewahrung todter Leichname; die Einbalsamirung der Egyptier läßt sich theils aus der Beschaffenheit des Landes, theils aus ihren Religionsbegriffen erklären: bey den Ethiopern hingegen, als einer Hirtennation, ist eben diese Aufbewahrung ausgetrockneter Leichname ganz widersinnig, da sie theils nicht an einem Orte blieben, theils nicht dieselben Religionsbegriffe hatten.

Man darf deswegen nicht eine ordentliche Verbindung und nähere Gemeinschaft zwischen beyden Nationen annehmen. Die Geschichte des Zugs des Kambyses zeigt, wie ungeheure mit wilden Nationen besetzte Wüsten zwischen Egypten und dem Lande der Ethiopier gewesen sind. Wann sie genauer mit einander umgegangen wären, so würden die letztern wahrscheinlicher Weise früher ausgebildet, und mit allen Producten der persischen und egyptischen Industrie bekannt geworden seyn —. Vielleicht nahmen die Ethiopier die angeführten Gewohnheiten von den aufrührischen Soldaten an, die zur Zeit des Psammetichus nach Ethiopien übergiengen, und die nach der Bemerkung des Herodots die entsehliche Wildheit der Ethiopier einigermaßen mildeerten (*).

Weil aber die Ethiopier zwo Gewohnheiten, die Beschneidung, und Aufbewahrung der Toden mit einander gemein hatten; so waren beyde Nationen deswegen sich nicht ganz gleich und ähnlich. In allen übrigen Stücken waren sie so sehr verschieden und entgegen gesetzt, als Nomaden, die weder Gesetze, noch feste Religion, noch Künste und Wissenschaften hatten, je von einem ausgebildeten Volke in welchem alles dieses sich in einem ziemlich hohen Grad der Vollkommenheit fand, verschieden gewesen sind.

Die Nachrichten, die Diodor uns von den Ethiopiern überliefert hat, sind so unwahrscheinlich, und so sehr von der Erzählung des Herodots abweichend, daß man nothwendig einen von folgenden Fällen annehmen muß: Entweder Diodor hat sich die Freyheit genommen zu dichten, statt Geschichte

---

(*) Er sagt es Lib. II. c. 30. Strabo XVII. p. 541. gedenkt dieser Colonie (Ed. Caf.) gleichfalls. Er ist in allen Hauptsachen mit dem Herodot übereinstimmend. Er hatte ganz Egypten bis an Syene durchreiset; war mit den Römern, die die Ethiopier geschlagen hatten, bekannt, und seine Nachrichten sind also sehr zuverläßig. Doch muß man den Entwurf ihres Göttersystems ausnehmen, den er mit dem Diodor aus einer Quelle geschöpfet hat, weil alles bis auf Ausdruck und Fabeln sich ähnlich ist.

schichte zu schreiben, oder er ist leichtgläubig genug
gewesen, prahlerischen Ethiopern, mit denen er in
Egypten Umgang zu haben vorgiebt, zu sehr zu
trauen, oder endlich hat Ethiopien seit den Zeiten
Herodots so erstaunliche Veränderungen in Sitten,
Religion, Staatsverfassung gelitten, daß es demjenigen, was Herodot beschrieb, gar nicht mehr
gleich war; Vielleicht müßen wir die Abweichung der
Nachrichten des Diodors von denen des Herodots aus allen dreyen Ursachen zusammen erklären.
(Lib. III. 174-181. S.).

Man lese nur gleich den Anfang des dritten
Buchs, worin die Gründe des höchsten Alterthums
der Ethiopier vorgetragen, und fast alle eigenthümlichen Satzungen Egyptens aus dem Innersten von
Afrika hergeleitet werden, — und man wird hoffe
ich, meiner Meynung seyn, daß entweder Diodor selbst den Ethiopern das höchste Alterthum,
und die Ursprünglichkeit angerühmt, oder daß er
auch mit einer unverzeihlichen Unvorsichtigkeit ethiopischen Charlatans nachgeschrieben habe, die wie
Berosus und Sauchuniathon, die den Griechen
und Egyptiern entwandten Kenntniße dazu brauchten, ihr Vaterland zum ältesten und ansehnlichsten
aller Länder zu machen. Wie wäre es sonst möglich, daß sie sich gerade mit eben den Gründen zum
ältesten erdgebohrnen Stammvolke erhoben hätten,

die das ganze Alterthum den Egyptiern zu schreibt, und so sehr sie auch wieder die Naturgeschichte streiten, dennoch in Egypten höchst wahrscheinlich waren. Wie hätten sie sonst die wenigen Verse, worin Homer von den Ethiopern redet, zu Beweisen brauchen können, daß der Gottesdienst, und die mannigfaltigen Verehrungen der Götter zuerst bey ihnen entstanden sein? Wie hätten sie sonst wissen können, daß die Götter der griechischen Fabel Herkules und Bacchus die ganze Erde, nur nicht Ethiopien sich unterworfen hatten? Wie würden sie sonst die Eroberungen der Semiramis und anderer Weltstürmer erfahren haben?

Noch mehr: eben die Ethiopier, die zu Herodots Zeiten halbe Barbaren waren, und mit den Egyptern weiter nichts, als ein Paar Gewohnheiten gemein hatten, rühmten sich zu Diodors Zeiten den Egyptern ihren Colonisten nicht nur Beschneidung und Aufbewahrung der Todten, sondern Gesetze, Götter, Religion, Wissenschaften, Hieroglyphen, und die wichtigsten politisch-gottesdienstlichen Einrichtungen mitgegeben zu haben. Osiris sey der Anführer der Ethiopier gewesen, womit Egypten zuerst bevölkert worden: von ihnen rühre die Gewohnheit, Könige zu vergöttern her; eine Sitte, die in Egypten niemahls statt gefunden hat, wie ich nachher zeigen werde.

Alle

Alle übrigen Nachrichten des Diodors sind von denen des Herodots nicht nur verschieden, sondern ihnen fast gerade entgegengesetzt. Dieser redet weder von Göttern die sie verehret, noch von Priesterorden, noch andern gottesdienstlichen Gebräuchen; jener theilet ihre Götter in verschiedene Classen, gerade so, wie er im ersten Buche die Götter der Egyptier eingetheilt hatte. Sie verehren (heist es S. 179.) erstlich unsterbliche ewige Götter, Sonne, Mond und die ganze Welt: und dann gewisse Gott=Menschen, die in sterblichen Leibern herum wandelten, aber durch die großen Wohlthaten, die sie dem menschlichem Geschlechte erwiesen, die Ehrfurcht der Nachwelt verdient haben; dergleichen sind: Isis, Pan, Herkules und Jupiter. Ich kann unmöglich glauben daß die Ethiopier, von denen Diodor seine Nachrichten hatte, eben den Fehler bey der Erklärung ihres Nationalgottesdienstes gemacht haben, den Diodor vorher bey der Beschreibung der egyptischen Theologie begangen hatte. Eben die Einschiebung griechischer Gottheiten, eben dieselbe noch ungereimtere Verdoppelung derselben Gottheit der Isis, die mit dem Monde einerley war, dieselbe Claßification von Göttern, die kein Egyptier, ich möchte fast sagen, kein Volk jemahls so anerkannt hat, wie Diodor sie festsetzt!

Der Priesterorden hatte nach dem Bericht unsers Griechen nicht nur dieselben Vorzüge mit dem egyptischen gemein, sondern noch ungleich größere, die bis zum Unglaublichen steigen. Die Könige wurden nicht mehr wie Herodot uns berichtet, nach der Stärke und Schönheit des Körpers, oder dem allgemeinen Ruf der höchsten Tapferkeit erwählet, sondern die Priester erkohren eine gewisse Anzahl aus ihrem Mittel, und von diesen Auserwählten wurde derjenige zum Könige ausgerufen, den die Gottheit durch einen Wink, oder sichtbares Wunderwerk dazu vorher bestimmt hatte; über diesen auf eine so wunderliche theokratische Art erwählten König behielten die Priester das Recht des Lebens und Todes: wenn es ihnen einfiel schickten sie ihm einen Bothen des Todes, der ihm den Befehl brachte, ohne weitere Umstände Krone und Leben aufzuopfern. Man gehorchte einem solchen grausamen Urtheile, wie der mächtigen Stimme der Gottheit gegen welche kein Sterblicher sich auflehnen durfte: und diese Tyranney (setzt Diodor hinzu) dauerte bis auf die Zeiten des zweyten Ptolomäers, wo der Ethiopische König Ergamenes von griechischer Weißheit genährt, dieses schreckliche Priesterjoch auf einmahl abgeworfen, und die Despoten der Könige in ihren sonst unzugänglichen Tempeln und Schlupfwinkeln umgebracht habe.

Ich

Ich will überhaupt nicht untersuchen, ob die Gewalt eines kleinen Ordens durch die bloße Hülfe des Aberglaubens zu einer solchen Höhe steigen könne, um ganze Jahrhunderte durch rechtmäßig über das Leben gekrönter Häupter zu disponiren; aber das könnte man, nach meiner Meynung für ein historisches Wunderwerk halten, wenn Leute die die geheimsten Künste, und Griffe des Aberglaubens kannten, wenn Priester sich der ungeheuren Tyranney ihrer ehemahligen Mitbrüder gebuldig nuterworfen hätten, und eine durch griechische Gelehrsamkeit bewürkte Aufklärung nöthig gewesen wäre, das Abscheuliche und Thörichte einer solchen Gewohnheit aufzudecken. Um mich so etwas glauben zu machen, müßten ganz andre Männer, als ethiopische Prahler, oder leichtgläubige Griechen auftreten.

Aus der unläugbaren Unrichtigkeit, aus der unglaublichen Ungereimtheit der Diodorischen Nachrichten, und endlich aus ihrem offenbaren Widerspruche mit den Erzählungen des Herobots müssen wir schliessen, daß einige von den Griechen erdichtet, die meisten aber von unglaubwürdigen Charlatans mitgetheilet worden. Wenn aber auch zu der Ptolomäer Zeiten griechische Kenntniße mit egyptischen Sitten tiefer in Ethiopien eingedrungen wären, so würde dies nur beweisen, daß die Ethiopier sich endlich der Aufklärung ihrer Nachbaren genä-

genähert, aber nicht daß die Egyptier der ältesten Zeit ihre Sitten, Gesetze nud Religion von jenen hergehohlet hätten.

Man pflegt sich, wenn von dem höchsten Alterthume der Ethiopier die Rede ist, auch noch auf das Zeugniß des Lucians zu berufen, der in seiner kleinen Abhandlung von der Astrologie (Tom. I. p. 847. edit. Amst. 8. 1682.) sagt: daß die Ethiopier die ersten Erfinder dieser theuren Kunst wären. Bey dieser Anführung ist es eben so zugegangen, wie bey tausend andern, daß der erstere der die Stelle citirt sie nicht verstanden, und alle übrige, die sie nachcitirt, sie nach der eimnal verunglückten Auslegung aufgenommen haben, ohne sie selbst durchzulesen. Sonst hätte man unmöglich so viel falsches sehen, und wiederum so vieles was gleich in die Augen fällt, übersehen können. Lucian hält der Astrologie, einer zu seinen Zeiten allgemeinen Thorheit, eine Lobrede, um sie lächerlich zu machen. Die ganze Abhandlung ist eine, im ernsthaftesten Tone fortgehende Jronie, wo er die Personen der griechischen Mythologie in Bilder der Astrologie, und die Mythologie selbst in astrologische Mysterien umschaft. Sie ist, sagt er im Anfange, bey den Ethiopern entstanden, einem weisen Volke, bey welchem sich alle glückliche Umstände vereiniget hat=

hatten, die zur Entwickelung einer so unvergleich=
lichen Kunst nothwendig waren. —

So hat man einen einzigen in der verstellten
Mine der Ernsthaftigkeit gesagten Einfall zu einem
historischen Facto gemacht, und den armen Lucian
in Gefahr gesetzt, aus einem schönen Geiste zum
unverschämten Lügner zu werden.

Viertes Kapitel.

Wichtigkeit der Geschichte der egyptischen Religion.
Ihre verschiedene Epochen. Ursachen der Unge=
wißheit.

Die Egyptier gehören also mit zu den originalen
und ältesten Völkern des Erdbodens. Wenn ihr
aber auch, wie ich nicht glaube, diese Vorzüge strei=
tig gemacht werden könnten, so würde ihre Reli=
gion doch noch mehr als alle andere, die Aufmerksam=
keit philosophischer Geschichtforscher verdienen.

Kein Volk unter der Sonnen hat ein so rei=
fes, ausgebildetes, zusammenhängendes, — und
dabey so ausschweifendes Religionssystem aufzuwei=
sen, als das egyptische. So lange man mit einem
flüchtigen Blicke, nur auf der Oberfläche dieses ver=
wickelten Complexus von Irrthümern verweilt; so
lange scheint alles ungereimt, ungeheuer, ohne die
gering=

geringste wechselseitige Verbindung: bringt man aber tiefer ein, so findet man den vollständigsten Stammbaum der Abgötterey, eine ununterbrochene Folge, und leicht begreifliche Zeugung aller Arten von Irrthümern, die so wie sie entstanden sind, nothwendig aus einander entstehen mußten. Die Grundbegriffe dieser ganzen Irr-Theorie gründeten sich in der Lage und Beschaffenheit des Landes, in der Lebensart der Einwohner. Diese vorausgesetzt, war der Fort- und Uebergang zu allen Thorheiten der Abgötterey, die sie erschöpft zu haben scheinen, sehr begreiflich. Alles ist in der egyptischen Staatsverfassung und Religion in dem genauesten Verhältniß und Zusammenhange; solche Begriffe und ursprüngliche Einrichtungen mußten nothwendig solche Gebräuche, solche Mysterien nach sich ziehen: diese verbunden mit den Hieroglyphen konnten keinen andern, als einen solchen Zustand der Gelehrsamkeit erzeugen. In der Folge wird dies alles deutlicher werden.

Die Religionssysteme der übrigen Nationen waren entweder nicht so ausgebildet als die der Egyptier, oder sie waren auch bey einem größern Schein von Gedenkbarkeit, viel weniger zusammenhängend und in sich selbst gegründet. Das Letztere findet bey der griechischen Religion statt; Keine scheint uns weniger unvernünftig als eben diese, weil wir

uns

uns durch die Bekanntschaft mit ihren Schriftstellern zugleich mit allen Theilen ihrer Meynungen und Gebräuche familiarisirt haben, — und keine ist im Grunde ungereimter, dem menschlichen Geiste fremder, als eben diese.

Die Chaldäer, Phönicier, Perser, und andre originale Nationen hatten keine Zeit ihre Religionssysteme zu einem so hohen Grad der Reife zu bringen, als die Egyptier; sie scheinen daher weniger ungereimt, weil sie mehr einfach, und unausgebildet sind. Wann alle diese Völker noch mehrere Jahrhunderte vor Religionsmischungen bewahret worden wären, so würden sie aus eben den Ursachen, und auf eben den Wegen dahin gekommen seyn, wohin die Egyptier durch eigenen Trieb gelangt waren.

So harmonisch und in allen ihren Theilen übereinstimmend blieb die egyptische Religion nur bis auf die Zeiten des Psammetichus dessen Regierung man als die erste Hauptepoche ansetzen muß, wo sie unvermerkt eine Menge von Veränderungen, und ungleichartigen Zusätzen litt, und allmählich, ohne daß Egyptier und Griechen es merkten, vieles von ihrer ersten Ursprünglichkeit verlohr. Psammetichus nehmlich machte sich mit Hülfe der Jonier und Karier, Klein Asiatischer Griechen, zum Herrn von ganz Egypten; räumte ihnen, theils aus Dankbarbarkeit, theils aus politischen Absichten, schöne Gegenden an beyden Ufern des pelusischen Nilarms nicht weit vom Mittelländischen Meer ein. Er ließ von der Zeit an die Egyptier in der griechischen Sprache unterrichten, und von diesen stammen, sagt Herodot, die ἑρμηνεεσ oder Ciceroni ab, bey denen sich die reisenden Griechen Raths erhohlten. Seit der Niederlassung der griechischen Colonie wissen wir die Geschichte der Egyptier weit genauer. (Hor. II. 154. Diod. I. p. 18. ed. Wess.) Amasis der letzte der egyptischen Könige überhäufte die Griechen mit noch mehrern Gnadenbezeugungen. Jene Erstere unter dem Psamnetichus in Egypten angekommene griechische Colonie zog er nach Memphis, um aus ihnen eine sichere Leibwache zu formiren (Her. II. 154.), und den übrigen erlaubte er in Naukratis sich niederlassen, oder wenn sie dazu keine Lust hätten, einen freyen uneingeschränkten Handel zu treiben. Er ertheilte ihnen die Freyheit, in dieser Stadt Tempel zu bauen, und ihre Götter nach den Satzungen ihrer Väter zu verehren. Das ἑλληνικον (178. c.) war der prächtigste und schönste der griechischen Tempel in Naukratis; alle asiatischen Griechen, Dorier, Jonier und Aeolier, führten dieses Werk gemeinschaftlich aus, und die welche keinen Theil daran hatten, errichteten, ganz allein von ihnen abhängende Tempel:

per: so baueten die Aegineten dem Jupiter, die Samier den Juno, und die Milesier dem Apoll eigene Tempel.

Von diesem Zeitpunkte an, wo die egyptischen Könige so große Liebhaber der Griechen wurden, und ihnen so ungewöhnliche Vorzüge zugestanden, wo griechische Tempel neben egyptischen aufgebauet, und Isis neben der Juno verehrt wurde, wo die Griechen so sehr mit den Egyptiern vermischt, und diese zugleich mit der griechischen Sprache, ausländischen Sitten, Meynungen und Religionsbegriffen bekannt wurden, endlich wo Gräcisirende ἑρμηνεες die Dollmetscher egyptischer Gottheiten und Alterthümer wurden, von dieser Zeit an muß man die erste Ausartung der egyptischen Religion, und ihre Vermischung mit griechischer Mythologie anrechnen. Sie verlohr also ihre Originalität nicht erst unter den persischen Erobrern, und der Regierung der Ptolomäer; lange vor den Reisen des Thales, Pythagoras, Plato, und Herodots war sie verdorben worden: in den Schriften der Letztern trift man die deutlichsten Spuren dieser Revolution an.

Die nicht seltenen Beyspiele aus dem Herodot, welche beweisen, daß die egyptische Religion schon zu seinen Zeiten mit einer Menge griechischer Ueberlieferungen, und μυθοις verfälscht gewesen, verspare ich bis auf den folgenden Abschnitt, wo ich die

die Glaubwürdigkeit dieses Geschichtschreibers, und die Quellen, woraus er geschöpft hat, genauer untersuchen werde.

Wenn die ganze Erzählung beym Plato (Tim. 21-25. p. Tom. III. Ed. Serr.) nicht von ihm völlig erdichtet ist, so waren die saitischen Priester selbst schon zu Solons Zeiten von eben der Sucht angesteckt, die nachher unter den egyptischen Ciceronis und griechischen Reisenden allgemein wurde, die egyptischen und griechischen Gottheiten für einerley zu halten, und mythologische Fabeln in das egyptische Göttersystem überzutragen. Der saitische Priester erzählt nemlich dem Solon, daß die Göttin Neitha oder Νηιθ eben dieselbe Minerva sey, die die Athenienser als Schutzgöttin verehren; daß sie die Athenienser, als ihre Lieblinge vor neuntausend Jahren aus dem Saamen der Erde und des Vulkans geschaffen, und ihnen die schönste Gegend, das fruchbarste Erdreich zur Wohnung angewiesen habe, um sie zum tapfersten und aufgeklärtesten Volke zu machen; daß eben diese Göttin tausend Jahre nachher die Stadt Sais in Niederegypten gebauet, — und also die Schöpferin und Ernährerin beyder Städte geworden sey. Der saitische Priester erzählt ferner aus den heiligen Schriften (in denen die Geschichte der Egyptier, und aller andern Völker von neuntausend Jahren enthalten seyn sollte),

daß

daß die Athenienser viele große ihres göttlichen Ursprungs würdige Unternehmungen ausgeführt, und unter andern auch sich durch folgende Thaten um alle Völker der bekannten Welttheile verdient gemacht hätten. Es habe sich nemlich eine ungeheure Heeresmacht aus der Insel Atlantis, die größer als Afrika und Asia zusammen genommen gewesen, versamlet, und den Vorsatz gehabt, die ganze Erde zu erobern, nachdem sie Afrika bis an Egypten, und Europa bis an Italien unterjocht hätte. Dieser vereinigten Macht einer Weltinsel hätten sich die Athenienser mit einem so glücklichen Erfolge widersetzt, daß sie nicht nur diese unzählbare Heere überwunden, sondern auch mit einem, Erobrern nie eigenem Edelmuthe allen unterworfenen Nationen bis an die herkulischen Säulen ihre verlohrne Freyheit wieder geschenkt hätten. Diese siegreichen Athenienser seyen aber, gleich der ganzen Insel Atlantis durch schreckliche Erderschütterungen und Ueberschwemmungen verschlungen worden, so daß keine Spur von beyden übrig geblieben sey.

Es sind mehrere Ursachen, warum man diesen romantischen μυθοσ weder einem Saitischen Priester noch den Solon ganz zuschreiben kann. Jener würde schwerlich einen so jungen Volke als die Griechen waren, den Ruhm des höchsten Alterthums durch eine Erdichtung zu vindiciren gesucht haben:

E 2 und

und Solon war wahrscheinlicher Weise mit der Platonischen Atlantis nicht so bekannt, daß er sie in seine Erzählung so geschickt zum Ruhme seines Vaterlandes einzuweben gewußt hätte.

Wenn man aber auch die ganze Erzählung nicht für egyptischen Ursprungs und nicht einmahl für altgriechisch halten will; so zeigt sie doch so viel, daß selbst Plato der Weise, den Unterschied der egyptischen und griechischen Religion nicht gemerkt, und nicht die geringste Schwierigkeit gefunden habe, die erstere mit gar nicht einpassenden Mythologien zu bereichern.

Diese frühe Einpfropfung der griechischen Colonien in den ganzen Stamm der egyptischen Nation wurde nicht sogleich die Ursache einer gänzlichen oder merklichen Vermischung beyder Religionen; sie war aber gleich Ursache, daß die Griechen, die den größten Theil ihrer Kenntniße von den ἑρμηνεες erhielten, falsche in griechischen Modellen zubereitete Begriffe von der egyptischen Religion faßten, und ihre Götter in Egypten wieder zu finden glaubten, weil die ἑρμηνεες egyptischen Gottheiten nach entfernten, aber leicht zufindenden Aehnlichkeiten, mit griechischen Nahmen belegten.

Diese Verfälschung nahm in immer merklichen Graden bis auf die Zeiten der Ptolomäer zu, wo beyde Religionen gänzlich zusammenschmolzen,

und

und nicht bloß die halb griechischen, halb egyptischen ἑρμηνέες, nicht bloß die einheimischen Griechen, sondern die eingebohrnen Egyptier selbst zu dieser Totalvermischung mit und ohne Vorsatz das ihrige beytrugen. Die ganze griechische Religion gieng in die egyptische über, und daraus entstund das seltsamste Mittelding in welchem man kaum sichtbare Spuren der ältesten unvermischten Religion entdecken konnte.

Es war aber noch nicht genug, daß in diese originale Religion ein im geringsten nicht mit ihr verwandtes Fabel System gewaltsam hineingepreßt wurde; ihr stund noch eine andre Verwandlung bevor, in welcher sie alle Spuren der Ursprünglichkeit, die sie bis dahin noch behalten hatte, gänzlich verlohr. Sie mußte es leiden, daß die unsinnigste Philosophie, die jemahls die gesunde Vernunft in einer Fluth von geblümten Ausdrücken, geheimnißvollen Räthseln, und unsinnigen Schwärmereyen ersäuft hat, daß die sage ich, ihre Dogmatick wurde, und die ganz sinnliche vorher schon gnug zerrüttete egyptische Religion, in ein magisches Gewebe erkünstelter Allegorien, und transcendentischer Spekulationen umgeschaffen wurde. So bald die ungeheure Philosophie, die gefräßig wie der platonische Tartarus, alle Systeme von Religion und Philosophie, so streitend sie immer seyn mochten, in sich verschlang,

schlang, ihr Hydernhaupt in Alexandrien empor hob; so wickelte man auch alle Grillen und Hypothesen, so warm wie sie ausgebrütet worden, in die egyptische Religion ein und aus. Man erfand die Distinction der θεων νοητων και αισθητων die kein Egyptier vor der Zeit gekannt hatte; eine Schlange machte man zur obersten Gottheit, und die Isis überhäufte man mit so hyperbolischen Fyguren, daß man gar keine für den Osiris und Serapis übrig behielte. Im Plutarch entdeckt man schon die allerdeutlichsten Spuren dieser in den ersten Jahrhunderten nach Christi Geburt allen Philosophen so allgemeinen Sucht zu allegorisiren. Weit unverschämter sind die Alexandriner, Jamblich, Porphyr, eben die, welche ihre väterliche Religion auf eben die Art verunstalteten, indem sie dieselbe weniger ungereimt zu machen suchten. Alle Kirchenväter, besonders aber Eusebius, haben diese Verfälschungen bemerkt (Im ganzen dritten Buche der Praep. Euang.).

Man muß also wenigstens drey Hauptperioden der egyptischen Religion annehmen. Die erstere enthält den Ursprung, Fortgang und die völlige Entwickelung des sich selbst überlassenen egyptischen Polytheismus, mit allen dahin gehörigen Gebräuchen und Einrichtungen; die zwote umfaßt den Zeitraum vom Psammetichus bis auf die Ptolomäer, worin diese ursprüngliche, unvermischte Religion

erst=

erstlich durch griechische Mythologien unmerklich verstellt, nachher aber bis zur Unkenntlichkeit verwandelt wurde; die dritte und letzte fängt da an, wo dieser ganz auf Sinne- und Einbildungskraft sich gründende Gottesdienst durch die abgezogensten Spekulationen entzückter Schwärmer in mystische Allegorien, und erhaben scheinende Systeme versteckt wurde. Diese verschiedene Veränderungen müssen sorgfältig bemerkt werden, weil die Zuverläßigkeit der Schriftsteller, die hier zum Grund gelegt werden müssen, hauptsächlich davon abhängt, in welche von diesen Perioden sie fallen, und in welcher Gestalt sie die egyptische Religion gesehen und beschrieben haben.

Schon aus dieser Bemerkung allein, müßte jemand, der auch mit der egyptischen Geschichte so wenig, als mit denen, die daraus geschöpft haben, bekannt wäre, schließen, daß in den erstern sich unzählige Abweichungen, und Widersprüche finden, und beyde sich nach geometrischer Proportion vervielfältigen mußten. Man muß selbst eine Zeitlang in einem so wüsten Chaos sich schnurstracks entgegengesetzten Nachrichten und Auslegungen herum gearbeitet haben, um die Mühe zu empfinden, die es kostet, in einem so gränzenlosen Gebiete von Fabel und Fiktion den wahren Standpunkt zu treffen, aus welchem man so ungeheure und verzerrte Gegengenstände wiedrum in ihrer natürlichen Gestalt erblicken und aus den gehäuften Schutt von Hypothesen und Auslegungen, worunter sie vergraben waren, in ihre vorige Lage, zurückbringen kann.

Niemanden fiel es ein, die Geschichtschreiber der Egyptier vor den Richterstuhl einer eben so strengen als vorsichtigen Kritik zuführen, weil man die Geschichte dieses Volks größten Theils nur studirte, um die Geschichte anderer Völker daraus nach Belieben zu erläutern, oder sie zur gefälligen Dienerin einmahl angenommener Grundsätze zu machen. Man ließ sie daher alle so lange gelten, als sie diese Absichten begünstigten; im gegenseitigen Falle aber wachte ein unkritischer Argwohn auf einmal, und zur Unzeit auf. Es war also gar nicht zu verwundern, daß man aus den Egyptern und ihrer Religion machte, was man wollte: Atheisten und Rechtgläubige, Verehrer eines einzigen wahren Gottes, und abscheuliche Götzendiener, Anbeter mythischer- und allegorischer Gottheiten, vernünftige Weisen, und lächerliche Thoren, — und daß eine jede dieser Partheyen im Stande war, ihre ganz widersprechende Behauptungen mit den deutlichsten Factis der Geschichte zu belegen. Genauigkeit und Wahrheit war gar nicht zu hoffen, so lange man die so oft verwandelte egyptische Religion, als eine Religion ansah, und nicht die Glaubwürdigkeit

keit eines jeden Schriftstellers nach den Regeln der Kritik untersuchte.

So viel ich weiß, hat man auch nicht alle Ursachen der Widersprüche in den alten Urkunden selbst aufgesucht, oft aber auch die unrechten angegeben. Es ist der Mühe werth bey diesem Puncte noch etwas zu verweilen.

Eine von den Haupturſachen, warum die egyptische Religion uns nicht rein, ohne alle Verunstaltung geschildert worden, war das verdorbene Auge der Griechen selbst, die in allen Ländern und Völkern ihre Gottheiten und Mythologie wieder sahen. Eine kleine entfernte Aehnlichkeit war ihnen Ursache genug, die Gottheit einer andern Nation mit einer von den ihrigen zu verwechseln, und weder auf den Unterschied ihrer Benennung, noch der Verehrung Acht zu geben. Ihren Urtheilen und Nachrichten nach müßte ihr mythologisches System die ausgebreiteste aller Religionen gewesen seyn. In Persien fanden sie ihren Mars und Jupiter; in Phönicien, ihren Saturn; in Chaldäa ihre Venus Cölestis und Juno wieder: Ethiopien, Arabien, und selbst die ungeheuren Wälder Germaniens wurden mit ihren Göttern bevölkert; und eben so gieng es auch bey den Egyptiern. Je mehr sie mit den Egyptiern bekannt wurden, desto mehr Aehnlichkeiten entdeckten sie zwischen ihrem und den egyptischen Religionssystem. Beym Herodot ist diese Belegung egyptischer Gottheiten mit griechischen Nahmen, und die Erklärung ihrer Religion aus griechischen Begriffen noch zu ertragen; aber im Diodor steigen beyde bis zur äusersten Unverschämtheit: wie ich gleich im folgenden Capitel zeigen werde.

Weil aber doch immer die egyptische Religion nicht so fruchtbar an unterschiedenen Gottheiten war, als die griechische Mythologie, so daß sie für einen jeden griechischen Gott, einen ihm entsprechenden egyptischen hätte wiederfinden können; so wählten sie eine Methode, die einem jeden philosophischen Forscher der Religionen höchst sonderbar vorkommen muß. Sie zerlegten nemlich eine jede egyptische Gottheit in mehrere, oder vielmehr, sie vervielfältigten sie wegen mehrer Eigenschaften und Attribute, die sie mit mehrern griechischen Gottheiten gemein hatten. Isis wurde also bald zur Ceres, bald zur Minerva, bald zur Diana, bald zur Venus Coelestis gemacht, bis sie endlich ein wahrer τοπος θεων, ein Behältniß aller Götter und Göttinnen der Griechen wurde —. Man gebe hier ein wenig auf die entgegengesetzte Wendungen acht, die der menschliche Geist in ähnlichen Fällen, aber in verschiedenen Zeitaltern nimmt. Der Geschichtspunct, aus welchem reisende Griechen die Gottheiten und Religionen anderer Völker betrachteten, ist demjenigen ganz entgegengesetzt, aus welchem wir dieselben Gegenstände ansehen. Sie fanden in den ungleich artigsten Gottheiten und Gebräuchen Aehnlichkeiten genug, um beyde mit den ihrigen für einerley zu halten: unsere Augen hingegen sind daran gewöhnt, unter den ähnlichsten und gleichartigsten Gegenständen Abweichungen und Widersprüche zu bemerken. Wie sehr müßte ein alter Grieche erstaunen, wenn er unsere Religionsstreitigkeiten hörte, und die Ursachen, die uns bewogen haben, mehrere Religionen anzunehmen!

Die zwote Hauptursache nicht nur der Unrichtigkeit, sondern auch der vielen Widersprüche in den griechischen Nachrichten waren die ἑρμηνεες, deren Ursprung ich eben bestimmt habe. Alle reisende Griechen waren aus Unwissenheit der Sprache gezwungen, sich an diese Leute zu wenden, so wie diese wiederum sich genöthiget sahen, egyptische Gottheiten, Gebräuche und Begriffe in griechische Sprache zu übersetzen. Durch diese unvermeidliche Verdollmetschung wurden die Griechen, ohne es zu wissen verführt, egyptische Gottheiten, Gebräuche nnd Meynungen mit den ihrigen für einerley zu halten, so wie Reisebeschreiber uns durch den unvorsichtigen Gebrauch der Wörter: Gott, Engel, Teufel, Hölle, Himmel u. s. w. verleiten, den Unsrigen ähnliche Behauptungen bey Völkern zu suchen,

deren

deren Religionssysteme nicht die geringste Aehnlichkeit mit dem Unsrigen haben würde, wenn man sie ihnen nicht durch die ähnliche Bezeichnungen gäbe.

Wann also auch die Griechen keine einzige Nachricht unrichtig verstanden und ausgelegt, und die ἑρμηνεες wahre egyptische Religion, ohne weitere Zusätze, aber nur in griechische Sprache eingekleidet, den Reisenden mitgetheilt hätten; so würden solche Uebersetzungen egyptischer Begriffe in griechische Wörter allein schon hinreichend gewesen seyn, einen großen Theil der wiedersprechenden Unrichtigkeiten, und der falschen Nebenbegriffe, womit die griechischen Geschichtschreiber überladen sind, hervor zu bringen. Wie kann man es aber nur als möglich denken, daß während so vieler Jahrhunderte, in welchen Griechen und Römer Egypten besucht haben, alle egyptische ἑρμηνεες gleiche Kenntniß der griechischen Sprache —, und der egyptischen Religion gehabt? daß sie alle gleich wenig, von der Erklärungssucht angesteckt, für und wider keine von beyden Religionen eingenommen gewesen; daß sie nicht oft Erklärungen erdichtet, um den neugierigen Forscher zu befriedigen, und nicht eben so oft diejenigen Gründe, und Entstehung von Gebräuchen angegeben von denen sie wußten, daß sie der Eitelkeit, oder andern Schwachheiten der Griechen schmeicheln würden. Wenn die Geschichte

ſchichte auch keine Spuren mehr aufzuweiſen hätte; ſo müßten wir demohngeachtet ſchlieſſen, daß ſo viele Religionserklärer von verſchiedener Erziehung Denkart und Einſicht unmöglich während ſo vieler Jahrhunderte dieſelbe Gegenſtände von derſelben Seite anſehen, und ſich alſo in ihren Nachrichten von der Entſtehung, und den Gründen aller Theile der egyptiſchen Religion hätten gleich ſeyn können.

So häufig es aber auch begegnen mußte Vermuthungen wirklichen Nachrichten, und errathene Gründe hiſtoriſchen Factis unterzuſchieben; ſo mußte es nicht weniger oft ſich zutragen, daß ſie vorſetzlich dichteten, Zuſätze aus ihrem eigenen erfanden, um entweder was Neues oder Erſtaunenerregendes zu ſagen, oder den Schwachheiten freygebiger Griechen zu ſchmeicheln, oder auch — den Ruhm ihrer Nation zu erhöhen, und gewiße Lieblingsmeynungen zu unterſtützen. Wir haben gar keine Urſachen, die uns glauben machen könnten, daß die Egyptier an willkührlichen Erklärern, und vorſetzlichen Lügnern weniger als eine jede andre Nation fruchtbar geweſen ſey. Ein jeder der folgenden Abſchnitte wird von beyden überzeugende Beweiſe enthalten.

Auſer dieſen Urſachen gab es noch andere, warum die Nachrichten der Griechen ſo widerſprechend, und ihre Urtheile ſo unzuverläßig werden mußten. Die egyptiſche Religion hatte ſich ſchon

in

in allen ihren Theilen zu einem vollständigen System ausgebildet, ehe die Griechen anfingen, diese Nation mit einem scharfen beobachtenden Auge zu untersuchen; und zum Unglück war die Geschichte der Egyptier nicht in gleichem Verhältniße mit der Ausbildung ihrer Religion fortgegangen. Die wichtigste von allen Untersuchungen, ich meine die allmählige Entstehung und Entwickelung der Haupttheile der egyptischen Religion, konnte gar nicht mehr durch wahrhafte Geschichte ausgemacht werden; ungewisse, schwankende, und oft wiedersprechende Ueberlieferungen hatten sich vom Vater auf Sohn in dem Geschlechte der ἑρμηνεες fortgepflanzt, und diese waren die einzigen, welche die Griechen über diese ganze Periode der egyptischen Religion auftreiben konnten. Endlich bestand die egyptische Religion fast ganz aus Gebräuchen, die sich während der Zeit, daß die Griechen sie beobachteten und beschrieben, oft abänderten; die wenigen Religionsmeynungen und Glaubensartickel aber, die dem ganzen Volke gemein waren, fand man nicht, wie in Griechenland in den Grundsätzen der Weisen, in öffentlich bekannt gemachten, und in einem jeden verständlichen Schriften wieder. Es blieb also nichts als ein für die Geschichte höchst gefährliches Alternativ übrig; die Griechen mußten entweder selbst rathen, oder andern, derer Fähigkeiten, Kennt-

niße

nige und guten Willen sie nicht allemahl genau untersuchen konnten, blindlings Glauben beymessen.

Nach diesen Bemerkungen ist es gar nicht zu verwundern, daß in der ganzen egyptischen Geschichte so viel Unrichtigkeit, Widerspruch und Ungewißheit herrscht. Kühn wäre es, wenn jemand sich unterstünde, aus so unlautern verdorbenen Quellen lauter reine historische Wahrheiten zu ziehen; auf eine solche Ehre thue ich gerne Verzicht, unterdessen vermuthe ich, daß ich weniger irren werde, als andere, weil ich meinen Weg genauer untersuchen, und denjenigen, die sich mir als Geleitsmänner darbieten, nicht ohne die schärfste Untersuchung trauen werde. Die folgenden Kapitel werden entscheiden, ob ich zu viel versprochen habe.

Fünftes Kapitel.
Prüfung und Beurtheilung der Quellen der Geschichte der egyptischen Religion und Philosophie.

Die strengste Prüfung und Untersuchung der Quellen ist bey historischen Untersuchungen eben so nothwendig, als eine genaue Bestimmung der Begriffe es bey philosophischen Streitigkeiten ist. Ohne beyde wird man in keinem Falle zu wahren und übereinstimmenden Urtheilen gelangen können.

Ich

Ich sehe zum voraus, daß dieser Abschnitt sehr weitläuftig werden wird, wenn ich durch ihn die Absicht erreichen soll, die ich mir zu erreichen vorgesetzt habe. Die Ursache würde blos an mir liegen, wenn ich nöthig haben sollte mich dieser Weitläuftigkeit wegen zu entschuldigen. Unterdessen hoffe ich, daß ich in den folgenden Untersuchungen desto ungehinderter fortgehen könne.

Die fünf Bücher Mosis sind die ältesten, und zuverläßigsten Urkunden der egyptischen Geschichte. Wenn ihre historische Zuverläßigkeit nicht schon auſſer allen Zweifel gesetzt wäre, so würde ich selbst in dem Gemählde der egyptischen Religion, das sie enthalten, einen Beweis finden, daß sie die ältesten und richtigsten Geschichtbücher unter allen denjenigen sind, die wir kennen und besitzen. Die Nachrichten, die uns der göttliche Gesetzgeber der Israeliten über die Egyptier hinterlaſſen hat, sind freylich nicht vollständig genug, um die ganze politische und Religionsverfaſſung daraus lernen zu können. Er beschrieb dieses Reich nur in soferne deſſen Geschichte mit der Geschichte seiner Nation zusammen hieng. So kurz und episodisch aber diese Nachrichten auch sind; so auſerordentlich wichtig müſſen sie den philosophischen Geschichtforscher seyn, weil, wie in der Folge erhellen wird, ohne diese der wahre Zustand, und die ursprüngliche Beschaffenheit des egyptischen

Got-

Gottesdienstes, wo nicht ganz unbekannt, doch wenigstens zweifelhaft seyn würde.

Herodot ist weder an Zuverläßigkeit, noch Alterthum mit dem göttlichen Geschichtschreiber zu vergleichen. Als Vater der weltlichen Geschichte aber, und als der Aelteste unter allen denen, die von Egypten ausführlich gehandelt haben, verdient er alle unsere Aufmerksamkeit, und die genaueste Untersuchung, deren wir fähig sind.

Die Frage, von der Glaubwürdigkeit des Herodots hat eben das Schicksal gehabt, was schon viele bey den meisten philosophischen Untersuchungen bemerkt haben, daß Verwirrung und Dunkelheit fast in gleichen Verhältniße mit der Anzahl der Forschenden, und ihrer Arbeiten zugenommen hat. Ungeachtet Diodor, Strabo, Plutarch und noch unzähliche Alte und Neuere ihn theils für einen fabelhaften Schwätzer, theils für einen vorsetzlichen Lügner erkläret haben; so ist man doch nie dreist genug gewesen, sein Ansehn ganz ihren harten Urtheilen aufzuopfern, und ihn aus der Klaße zuverläßiger Geschichtschreiber, unter die verworfene Menge romantischer Mährchenerzähler zu versetzen. Eben so wenig hat sich das gelehrte Publikum ganz zur Parthey des Camerarius, Stephanus und anderer Vertheidiger geschlagen, die ihren Helden gerettet zu haben glaubten, wenn sie einige übertrie-

F bene

bene Einwürfe widerlegten, und seine Glaubwürdigkeit durch nichtsbedeutende Allgemein = Sätze zu befestigen suchten. Man ist daher bis auf diese Stunde noch eben so frey, und ungebunden im Urtheilen über seine Glaubwürdigkeit, als man es vor einigen tausend Jahren war. Leute, die ihn in keinem Theile genau studirt haben, spotten seiner durch Einfälle und Machtsprüche mit eben so weniger Zurückhaltung, als wenn noch gar nichts über ihn geschrieben wäre, und kein Vertheidiger irgend einen Einwurf widerlegt hätte.

Solchen muthwilligen, größtentheils aus Hypothesen oder Leichtsinn herfliessenden Urtheilen, kann nicht eher vorgebeugt, und die Meynung des gelehrten Publikums nicht besser bestimmt werden, als bis man die Zuverläßigkeit unsers Geschichtschreibers in allen Theilen seines Werks aufs sorgfältigste geprüft hat. Allgemeine Entscheidungen sind hier von keinem Nutzen; wenn sie nur einigermassen richtig seyn sollen, müssen sie unbestimmt werden, und solchen Urtheilen läßt sich von allen Seiten ausweichen. Wer nur flüchtig darüber nachdenkt, wie verschiedene Arten von Begebenheiten, aus den entferntesten Zeitaltern, und den unähnlichsten Quellen unser Grieche geschöpft und beschrieben habe; der wird leicht die Ursachen einsehen, warum sich über einen, sich nicht allenthalben

ben gleichen Geschichtschreiber kein allgemeines, auf alle Arbeiten passendes Urtheil fällen lasse. Die Begebenheiten selbst, die er beschreibt, die Zeitalter worin sie fallen, und die Quellen die er zu Rathe gezogen zu haben bekennt, geben für jeden Theil seiner Geschichte einen andern Maaßstab von Zuverläßigkeit her und andre Urtheile zum Product. Einem solchen Schriftsteller kann man es zehn und mehrere Mahle beweisen, daß er sich geirret und unrichtige Nachrichten aufgezeichnet habe, und demohngeachtet ist man noch nicht berechtiget, seine ganze Geschichte deswegen zu verwerfen, weil die Ursachen, die ihn in jenen Fällen zum Irrthum verführen konnten und mußten, in den übrigen vielleicht gänzlich wegfallen. Und eben so wenig würde man den ganzen Herodot vertheidiget und in Sicherheit gesetzt haben, wenn man beweisen könnte, daß er die Begebenheiten eines gewissen Volks, oder Zeitalters mit der größten historischen Treue und Sorgfalt aufgezeichnet hätte.

Ich traue mir weder Bekanntschaft mit dem Herodot, noch eine so ausgebreitete Gelehrsamkeit zu, als dazu erfordert wird, die verschiedenen Grade von Zuverläßigkeit anzugeben, die man ihm ohne zu unvorsichtig oder ungerecht zu seyn, in der Erzählung so ungleich artiger Begebenheiten so vieler Völker aus so verschiedenen Zeiten, zugestehen muß. Ich werde ihn

ihn also nicht als Geschichtschreiber überhaupt sondern nur als Geschichtschreiber der Egyptier, und besonders ihrer Religion und Philosophie beurtheilen. Eben so wenig betrachte ich ihn hier als Schriftsteller, als historischen Prosaisten; ohngeachtet sein schriftstellerischer Werth von je her weniger Zweifeln und Anfechtungen unterworfen war, als seine Zuverläßigkeit. Wenigstens wird ihm der Ruhm eines schönen Prosaisten, und einnehmenden Erzählers selbst von denen zugestanden, die ihm alle übrige historische Tugenden absprechen (885. 874. Plut. de Mal. Her.). Vielleicht verwechselten die Alten, und mehrere Neuere die Reitze einer musikalischen Prose mit den Schönheiten der historischen Schreibart, oder die Vollkommenheiten eines guten Prosaisten mit den Tugenden eines schönen Geschichtschreibers, so wie es ihnen, die sie gegen Rythmus und Wohlklang der Sprache weit empfindlicher waren als wir, oft begegnete den Reichthum der Melodie, und Versifikation mit den eigenthümlichen Schönheiten der Dichtkunst zu vertauschen. Man sieht aber leicht, daß Herodot ein schöner Schriftsteller, ein anmuthsvoller Erzähler, und demohngeachtet, ein sehr schlechter Geschichtsschreiber seyn konnte. Die wenigsten, welche den Herodot gelobt haben, kannten die großen Pflichten eines Geschichtschreibers in ihrem Umfange, und ließen sich daher leicht befriedigen.

So

So wie man ihn, aber aus unzureichenden Ursachen, zum Könige aller Geschichtschreiber erhoben hat; so hat man auf der andern Seite unwiederlegliche Beweise eines schwachen Kopfes, oder gar verderbten Herzens darin gefunden, daß er so viele abentheuerliche Begebenheiten und Mährchen, und nicht lauter zuverläßige Facta in seine Geschichte aufgenommen hat. Hier hat man ihn unverdienterweise etwas zum Verbrechen angerechnet, wovon man die Ursachen in den damahligen Zustande der Gelehrsamkeit, und in der Denkungsart seines Zeitalters hätte suchen müssen.

Ein großer Theil der herodotischen Geschichte bestehet aus abentheuerlichen Mährchen, in deren Erzählungen er sich, (dies kann nicht geleugnet werden) zu gefallen scheint. Wie war es aber möglich, daß er lauter zuverläßige Facta liefern konnte, da er aus lauter Ueberlieferungen schöpfen mußte, und er zuerst die Epoche der Geschichte anfieng. Weglassen durfte er diese Traditionen nicht, weil sie seinen Landsleuten heilig, und in die Stelle der Nationalgesänge getreten waren, die bey Wilden und Halbwilden die einzigen Urkunden und Archiven ausmachen. Nirgends fand er zuverläßige geschriebene Monumente vor sich; die Thaten, Gesetze, und ersten politischen Einrichtungen aller Nationen mußte er aus dem Munde der Tradition ab-

F 3 schrei-

schreiben, und es war nicht seine Schuld, wenn diese oft dichtete statt zu erzählen, und ihm Dinge anvertraute, die wider alle Gesetze der physischen und moralischen Welt liefen. So sonderbar und ungereimt diese auch waren, so waren sie doch für seine Landsleute, wofür er schrieb, auserordentlich interessant: er konnte es unmöglich voraus sehen, daß sie nach einigen tausend Jahren in die Hände unbarmherziger, ungriechischer Kritiker fallen würden, für die sie allen Reiß des Nationalintereße verloren hätten. Eben so wenig kann man es ihm übel nehmen, daß er nicht blos die Geschichte, sondern auch die Tradition der sogenannten Barbarn aufgezeichnet hat. Er konnte es voraussetzen, daß man nicht blos wissen wollte, was Egyptier und Perser gethan hatten, sondern auch, was sie glaubten gethan zu haben. Um eine Nation zu kennen ist es nicht genug seine Geschichte zu wissen; die Fabeln der Tradition tragen das ihrige gleichfalls zur genauen Kenntniß eines alten Volks bey. Alsdann würde man Ursache zum gerechten Tadel haben, wenn er die unglaublichsten Dinge selbst geglaubt, und Sachen die er gehört, als zuverläßige Facta aufgezeichnet hätte. Ich werde aber gleich zeigen, daß man ihm dergleichen nicht vorwerfen könne.

Alle diejenigen, welche ihn grober Erdichtungen, und unglaublicher Mährchen beschuldigt haben, haben ich weiß nicht aus welchen Ursachen, es nicht bemerkt, daß er die Gegenstände und Begebenheiten, die er selbst mit eigenen Augen gesehen, sorgfältig von denen unterscheidet, die er sich von andern erzählen lassen; daß er selbst zu mehrenmahlen die Richtigkeit der Gründe, die man ihm angegeben, und die Glaubwürdigkeit der Erzählungen in Zweifel gezogen, daß er sogar die Ausleger und Priester, bey denen er sich Raths erholet, für unverschämte Schwätzer erklärt habe. Dies alles hat man nicht bemerkt, und für diese Unachtsamkeit seiner Leser hat Herodot büßen müssen.

Selbst diejenigen, von denen man es am ehesten hätte erwarten sollen, daß sie den ganzen Herodot aufmerksam gelesen hätten, Diodor, und der philosophische Strabo haben ihm unglaubliche Dinge, als eigene Erzählungen angedichtet, von denen Herodot es doch nahmentlich versichert, daß sie von egyptischen Küstern und Schreibern herrühren, und daß er ihre Ungereimtheit so deutlich, als irgend ein anderer erkenne.

Um ihm also nicht ungerecht zu begegnen, muß man diejenigen Gegenstände und Begebenheiten, die er als empfunden und gesehen erzählt, genau von denjenigen absondern, die er gehört, und

F 4 aus

aus der Erzählung anderer abgeschrieben hat. In Ansehung der ersten kann man von ihm keine Rechenschaft fordern, als in so fern er sie sich durch seinen Beyfall zugeeignet hat.

Als Augenzeuge scheint mir Herodot aus mehrern Ursachen unverwerflich zu seyn. Alle seine Nachrichten von den Sitten und der Lebensart der alten Egyptier, von den Festen und heiligen Thieren, alle Beschreibungen von der Größe und innern Beschaffenheit der Pyramiden, Obelisken, und anderer öffentlichen Monumente —, von den Ueberschwemmungen des Nils, und der Lage Egyptens stimmen mit den Erzählungen alter sowohl als neuer Reisebeschreiber aufs genaueste überein. Dies erhellt nicht nur aus der Vergleichung unsers Schriftstellers mit dem Strabo, sondern auch aus den ausdrücklichen Zeugnißen der neuern Reisebeschreiber, eines Woods, Schaws und Mallicts.

Der ehrliche treuherzige Ton, und die offene ungeheuchelte Miene, die in allen seinen Erzählungen herrschen, können ohne andere Gründe kein Beweis seiner Glaubwürdigkeit seyn. So bald man einem Schriftsteller günstig ist, und seinen guten Nahmen gerne retten möchte, trift man durch eine sehr bekannte Täuschung nur gar zu leicht Schönheiten und Eigenschaften an, deren Realität ganz allein von der guten oder schlimmen Mey-

nung

nung des Urtheilenden abhängt. Ueber dem weiß man, oder konnte doch wissen, daß Plutarch (p. 854.) diese Offenherzigkeit für verstellt gehalten, und sie ihm, als die feinste Raffinerie von Betrügerey angerechnet hat, wodurch er den Leser, unter dem Scheine einer gekünstelten Einfalt, in seine versteckten, aber desto gefährlichern Lügen hinein zu ziehen gesucht hätte.

Eine so harte Beschuldigung würde ich, ohne die überzeugenden Beweise, unserm Philosophen sehr übel nehmen, wenn er durch einen weniger edlen Bewegungsgrund, als die Vertheidigung seines verläumbeten Vaterlandes war, zu diesem Eifer aufgebracht worden wäre, oder einen lebenden Schriftsteller dadurch verdächtig zu machen gesucht hätte. —. Alle vier Merkmahle, wodurch er das böse Herz eines Geschichtschreibers zu characterisiren sucht, paßen auf den Herodot nicht; er zeigt ihm entweder nur Widersprüche seiner Nachrichten mit allen Sagen, oder den Ueberlieferungen unbekannter Schriftsteller, deren Ansehen gar nicht bestimmt war, und nur deswegen dem Plutarch gegründet schien, weil ihre Nachrichten mit Plutarchs Meynungen übereinstimmender waren, oder endlich zeigt er ihm höchstens, daß seine Betrachtungen keine strenge Untersuchung aushalten könnten. Allein, wenn man immer von der Unrichtigkeit philosophischer Reflexionen auf die Unredlichkeit eines Geschichtschreibers schließen wollte, welcher Tacitus, oder Hume, würde alsdenn auch vor dem gelindesten Richter bestehen können?

Alles Einwendens ohngeachtet, halte ich Herodot dennoch für einen aufrichtigen ehrliebenden Schriftsteller, der sich keiner einzigen wissentlichen und vorsetzlichen Lüge schuldig gemacht hat. Aber freylich setze ich der Gegenversicherung des Plutarchs kein bloses, ich weiß nicht was, entgegen. Wenn Herodot weniger treu in seinen Nachrichten gewesen wäre, so würde er nicht so sehr das was er gesehen, von dem was er gehöret unterschieden haben: er würde seine Quellen weniger genannt, und bey etwas unglaublichen Erzählungen nicht so oft seine Zweifel wiederholt haben. Hätte er wie Ktesias die Absicht gehabt, abentheuerliche Romanen und keine Geschichte zu schreiben, so würde er gehörte und nicht gehörte Dinge in selbst wahrgenommene Begebenheiten verwandelt haben: er würde den Phönix, und den Ursprung des Nils nicht nach den Erzählungen der Priester, geschwächt durch eigene Zweifel, erzählt, sondern gewiß beyde als mit seinen eigenen Sinnen empfunden beschrieben haben. Nirgends äusert sich die Begierde wunderbare Dinge zu erdichten, und die Eitelkeit, Ebentheuer erlebt zu haben; er verheelt seine Quellen nie,

nie, und läßt sich nie einfallen, sich selbst zur Hauptperson seiner Geschichte zu machen. Es finden sich niemahlen merkliche Spuren irgend eines mächtigen Vorurtheils für oder wider ein Volk, das auch ohne sein Wißen im Stande gewesen wäre, seinen Nachrichten eine falsche Farbe, oder unhistorische Wendung zu geben; vielweniger also wird man überzeugende Beweise vorsetzlicher Lügen auftreiben können.

Diesen Gründen zu Folge verdient Herodot, als Augenzeuge, so viel Glauben, als irgend ein andrer Geschichtschreiber, aber destoweniger kann man den Erzählungen, die er von andern gehört hat, trauen; hier verdient er nicht mehr und nicht weniger Ansehen, als die Quellen woraus er geschöpft hat.

Diese Quellen waren in der egyptischen Religionsgeschichte doppelt: die ιεροι λογοι, oder die heiligen Sagen, und Ueberlieferungen der egyptischen Ausleger, Schreiber und Priester, aus denen Herodot einen großen Theil seiner Nachrichten von Egypten zusammen gesetzt hat.

Zweytens die heiligen Bücher, die Herodot, dies ist wohl zu merken, nicht selbst zu Rathe gezogen hat, sondern aus welchen die Priester ihm das, was er wissen sollte, vorlasen und mittheilen. Ich will jetzt untersuchen, ob wir Ursache haben, mit der

der Zuverläßigkeit dieser Nachrichten zufrieden zu seyn.

Die Ueberlieferungen, aus denen Herodot einen großen Theil derjenigen Nachrichten schöpfete, die er uns von Egypten hinterlassen hat, sind nicht alle von einerley Art. Einige betreffen Gegenstände aus der Naturgeschichte wie (II. 73.) die vom Phönix, und (c. 28.) von den Quellen des Nils. Andre enthielten politische Nachrichten über die Thaten und Regierung ihrer Könige, wie c. 122. 123. 131. Noch andre enthielten die geheime Geschichte heiliger Gebräuche und Einrichtungen, und diese waren die eigentlich sogenannten ιεροι λογοι von denen man c. 3. 42. 48. 171. u. s. w. Beyspiele findet.

Daß aber diese Sagen, sie mögen politisch, oder historisch, oder heilig seyn, in Egypten nichts mehr und nichts weniger, als bey uns waren; daß ihre Erfinder, Fortpflanzer und Erweiterer eben so gut, als in jedem andern Lande arme Sünder waren; daß diese heilige Männer, sie mochten nun den Titel von ερμηνεες oder γραμματεις führen, eine nicht verachtende Gabe der Dreistigkeit im Erdichten, neben der bewundernswürdigsten Unwissenheit besaßen; daß endlich eben diese in Ansehung ihrer Erdichtungen keine gemeinschaftliche Verabredung genommen, gegen andre Personen immer eine andre

dre Sprache geführet haben, und um kein Haar gewiſ=
ſenhafter mit ihren Traditionen, wie die griechiſchen
Dichter mit den Göttern und Helden ihrer Mytho=
logie umgegangen ſind, das alles kann man aus
dem erſten, dem beſten μυϑος oder λογος, den der
Zufall einem zuwirft, und aus der Vergleichung
des Herodots, Diodors, Strabos, — und der
Neuern, z. B. des Apulejus ſehen. Ich würde
mich vor mir ſelbſt ſchämen, wenn ich Gedult ge=
nug hätte die Ungereimtheit der ιερων λογων, deren
Stellen ich genau angezeigt habe, meinen Leſern
zu analyſiren, da Herodot ſelbſt, faſt bey einer
jedem, ſich herzlicher Ausrufungen nicht erwähren
kann. Beſonders aber erſuche ich denjenigen, der
ſie noch nicht kennt, die Erzählung von Phönix,
vom Urſprung des Nils, weswegen Strabo den
Herodot unbillig tadelte, und endlich die Geſchichte
der Könige Rhampſinitus und Mykerinus (c. 123.
131.) zu beherzigen.

Man erzählte aber nicht blos aus Ueberlie=
ferungen, ſondern auch aus Büchern; und wenn
man auch glücklich genug war, dem Geſagten durch
dieſe Methode ein ehrwürdigeres Anſehen zu ver=
ſchaffen, ſo lehrt doch der Augenſchein auf eine un=
widerlegliche Art, daß die Wahrheit bey dieſer feyer=
lichen Einkleidung nichts gewonnen habe. Die
Nachrichten, die dem Herodot aus den Büchern

der

der egyptischen Priester mitgetheilet wurden, sind, wenn dies möglich ist noch ungereimter, als alle die Auswüchse ihrer sich widersprechenden labyrintischen Religion. Man lese nur den Auszug der egyptischen politischen sowohl, als Religionsgeschichte, den Herodot uns (Lib. II. 100-150) giebt, und man wird in die Dichtungsgabe der egyptischen Priester weiter keinen Zweifel setzen: zur Probe will ich einiges auszeichnen.

Sie erzählten dem Herobot (c. 120.) aus einem Buche, daß nach dem Tode des Menes, des ersten egyptischen Königes 330 Könige über Egypten regieret hätten —, und im 142ten Cap. heißt es, daß der Zeitraum vom ersten Könige bis auf den Setho einem Priester des Vulkans 341 Menschenalter umfaße, und daß während derselben eben so viele Könige und Hohepriester in Egypten geherrscht hätten. Sie schätzten drey Menschenalter auf ein Jahrhundert; und also machten diese 341 Generationen 11340 Jahre aus.

Das Merkwürdigste, was während dieser Zeit am Himmel vorgegangen wäre, bestünde darinnen; daß die Sonne zweymahl da aufgegangen sey, wo sie gewöhnlicher Weise unterzugehen pflege, und eben so vielmahl da untergegangen sey, wo sie sich sonst zu erheben pflege: übrigens habe diese

Ver-

Verrückung des Weltsystems in ihrem Vaterlande weder an Menschen noch Thieren die geringste merkliche Veränderung hervorgebracht.

Noch einleuchtender ist die Regierung ihrer Götter, die er c. 144. 145. beschreibt. Sie behaupteten drey Ordnungen der Götter, von denen, wie Herodot sagt, Pan der älteste, und Bacchus der jüngste war. Von der Regierung des Letztern bis auf die Thronbefestigung des Amasis waren gerade 15000 Jahre verflossen; man versicherte den Herodot, daß man dieses ganz genau und gewiß wisse, weil man alles beschrieben und aufgezeichnet habe. Billig hätten sie folgenden kleinen Umstand aus ihrer Göttergeschichte weglassen müssen: daß, nemlich die Götter für sich allein über Egypten geherrscht, und daß die menschlichen Bewohner, dieses Landes nie von einem Gott regieret worden. Herodot hätte sich auch wohl darnach erkundigen können, wie sie in der Zeitrechnung so bewandert seyn könnten, da doch kein Mensch unter der Regierung der Götter gelebet, nnd kein Gott über ihre Vorfahren geherrscht habe.

Ich will weder anf den Letzten Widerspruch, noch auf die abweichenden Zahlen ihrer Könige dringen, ich übergehe den Widerspruch ihrer ungeheuren Zeitrechnung mit der heiligen Geschichte; ich will die theils physisch, theils moralisch unmöglichen

chen Abentheuer ihres Sesostris, Rhampsinithus und Mykerinus nicht aus einander setzen, sondern nur durch kurze Anmerkung zeigen, daß wenn wir ihnen keine zuverläßige Geschichte entgegen setzen, keine in die Augen fallende Widersprüche zeigen könnten, wie ihnen ohngeachtet ihrer Bücherprahlereyen, eine zuverläßige Geschichte von so vielen Jahrtausenden streitig machen könnten.

Die Egyptier hatten zu Herodots Zeiten keine wahre Geschichte, weil sie sonst genauere Nachrichten von der Entstehung ihrer Künste, Wissenschaften, Handwerker und deren Erfindern gehabt, mehr von den Stiftern und Fortbildern ihrer Religion, Sitten und Gebräuche, mehr von ihren Gesetzgebern, und den Errichtern der ungeheuren Monumente, die noch bis auf den heutigen Tag fortdauren, gewußt hätten; so aber lag die Geschichte aller Künste und Erfindungen bey ihnen mit eben so tiefen Finsternissen überdeckt, als bey allen übrigen Nationen, die nicht so dreist im Erdichten waren. Einigen Göttern der Fabel und Tradition schrieben sie die Entdeckungen aller Künste und Wissenschaften zu, und eben deswegen war die Geschichte so vieler Könige so arm an Begebenheiten, weil sie alle ihre Dichtungskraft am Hermes und Osiris erschöpft hatten. Es war leicht eine große Anzahl von Jahren festzusetzen, leicht nach einer willkührlichen Be-

rech-

rechnung von Menschenaltern die Zahl der Könige zu bestimmen, die in einem solchen Zeitraum regiert haben könnten: aber diese Könige und Generationen nicht blos regieren und sterben zu lassen, sondern eine jede Regierung, ein jedes Zeitalter durch Begebenheiten, Erfindungen u. d. g. zu bezeichnen, die Genealogie der Künste und Wissenschaften in gleichem Grade mit der Succeßion der Könige fortgehen zu lassen, das war ein Werk, woran alle Küster und Priester nicht gedacht hatten; und ich glaube ihnen kein Unrecht zu thun, wenn ich hinzusetze, daß sie auch nicht Philosophie und Kenntniß der Menschheit genug besaßen, um eine so große Lücke in der Geschichte so vieler Jahrtausende mit erträglichen Vermuthungen auszufüllen.

Beyläufig merke ich an, daß Herodot noch lange nicht so viel Abtheilungen, und Klaßen von Priestern und Götterdienern gekannt hat, als in viel spätern Schriftstellern vorkommen; daß er sie aber ohne Ausnahme, und zwar die in den berühmtesten Städten auf offenbaren Unwahrheiten ertappet hat. Wenn er etwas nur von den ἑρμηνεες gehört hat, so pflegt er seine Nachricht blos mit λεγουσι, λεγεται anzufangen, oder zu beschließen. Ein heiliger Schreiber von Heliopolis wars (II. 28.) γραμματιϛης των ἱερων χρηματων, der ihm die artige Geschichte von den Quellen des Nils erzählte.

G Die

Die Priester (οἱ ἱερεες) in Sais erzählten die tragischen Abentheuer des Königs Mykerinus (131.), Priester waren es (100) die ihm aus ihren geschriebenen Urkunden die Dauer ihres Reichs, die Zahl ihrer Könige und Hohenpriester, und alles das erzählten, was ich kurz vorher beurtheilet habe.

Ich kann nicht umhin hier, wo ich die Zuverläßigkeit der egyptischen Geschichtbücher, die man dem Herodot gezeigt hat, prüfe, auch derer zu erwähnen, aus welchen die Priester zu Sais dem Solon so viel ausserordentliches erzählten, und von denen also wenigstens Plato etwas gehört hatte (Tom. III. in T. p. 22. Ed. Serr.). Man wird immer dieselbe Dreistigkeit in Lügen, aber einen beständigen Widerspruch in den Erzählungen antreffen. Wir haben, sagten die saitischen Priester an der angeführten Stelle zum Solon, von undenklichen Zeiten her nicht nur unsere vaterländische Begebenheiten, und die Thaten unserer Vorfahren beschrieben; sondern wir haben es uns auch nicht verdrießen lassen, alle merkwürdige und großen Unternehmungen der übrigen Nationen aufzuzeichnen. Dieser Fleiß setzt uns in Stand, auch die Geschichte eures Vaterlandes seit vielen Jahrtausenden viel genauer zu erzählen, als ihr sie selbst wißt. Ich weiß nicht welcher Unstern die saitischen Priester zwang in ihrer Zeitrechnung eben den unverzeihlichen Fehler zu begehen,

den

den ich oben in der Göttergeschichte, wie man sie dem Herodot erzählte, bemerkt habe; und wie Solon oder Plato eben so gut als Herodot so sehr mit Blindheit geschlagen waren, ihn nicht selbst zu bemerken. Denn erstlich sagt man, daß eben die Göttin, die Athen vor neun tausend Jahren erbauet habe, tausend Jahr nachher die Stifterin von Sais geworden sey; daß man ferner alles, was während dieses Zeitraums in und ausser Egypten vorgegangen auf das genaueste und sorgfältigste in die heiligen Bücher und Archiven von Sais eingetragen habe —, und gleich darauf rühmten sich diese Priester dem Solon die ganze Geschichte von Athen, von ihrem Ursprunge an mittheilen zu können, also die Geschichte von einer Stadt, die tausend Jahr vor Sais, deren Archiven und Priestern, existirt hatte.

In diesem Widerspruche waren die Bücher, die man dem Solon, und Herodot vorlas, und deren Ausleger ähnlich, in allen übrigen aber weichen die Nachrichten, die man beyden Griechen aus Büchern mittheilte, ausserordentlich von einander ab. Sais war von der Minerva selbst gebauet, und also unmittelbahr nach der Regierung der Götter gestiftet worden, und dennoch zählte man nur achttausend Jahr von dem Ursprung dieser Stadt bis auf die Zeiten des Solon, da nach den Berichten des Herodots, Amasis wenigstens um 15000 Jahre

Jahre von der Regierung des letzten Gottes entfernt war. Ungeachtet Herodot sich eine Zeitlang in Sais aufgehalten, und von den Priestern dieser Stadt allerhand Kundschaften eingezogen hatte, so hatte man ihn doch nichts von der frühern Erbauung Athens, nichts von der Insel Atlantis, denen von dieser Insel sich ausbreitenden Heeren, nichts von den Heldenthaten der Athenienser, die sich ihnen entgegengesetzt hatten, nichts von dem plötzlichen Untergange dieses großen Landes, und der tapfern Athenienser gesagt. Die ganze Erzählung streitet mit den Nachrichten des Herodots, und dem allen Egyptiern so natürlichen Vorurtheile des höchsten Alterthums. Unser Geschichtschreiber würde diese, dem Nationalstolz der Griechen so schmeichelhafte Nachrichten seinen Landsleuten gewiß nicht vorenthalten haben, wenn die Priester von Sais es nicht für gut befunden hätten, dem Herodot Lügen von einer andern Art, als dem Solon oder Plato vorzulegen.

Aus allen Proben und Gründen, die ich bisher angeführet habe, kann ich, ohne Herodot unrecht zu thun, diesen Schluß ziehen, daß man ihm allenthalben, wo er nur gehört, und entweder aus den Erzählungen der Priester, oder den sogenannten heiligen Büchern geschöpft hat, nicht anders als mit der größten Vorsichtigkeit trauen und folgen

gen dürfe. Diese waren nichts weniger als heilige Annalen, Nationalurkunden, die im Nahmen des ganzen Volks, und unter der Aufsicht seines ehrwürdigsten Theils aufgeschrieben waren; eben so wenig waren jene sich stets gleiche und mit sich selbst übereinstimmende Ueberlieferungen, weil man ihren Inhalt ganz nach der Willkühr und den Fantasien der Reisenden beugte und einrichtete. Was Herodot für ιεροι λογοι hielt, waren größtentheils Vermuthungen eines Priesters, oder eines Ordens, oder die Denkart eines Zeitalters; weil sie mit einem jeden halben Jahrhundert sich vervielfältigten, eine andre Gestalt erhielten, sich immer mehr und mehr zu griechischen μυθοις neigten, und endlich so widersprechend wurden, daß zu Diodors Zeiten kein Egyptier mehr im Stande war, das was er selbst glaubte, und seine Vorfahren geglaubt hatten, von den Glossen und Hypothesen gräcisirender εξηγητων abzusondern.

Schon im Herodot trift man Spuren der Vermischung der griechischen und egyptischen Religion an; man kann dieses nicht deutlicher als in der Verehrung des Perseus sehen, die diesem Helden in Chemnis einer Stadt im Thebanischen Gebiethe (νομος) wiederfuhr (Lib. II. 90. 91.). Die Tradition, worauf sich die Verehrung gründete, war durchaus griechisch, man feyerte sein Andenken bnrch griechische Spiele, und betete ihn, wider alle Gewohnheit der Egyptier, als einen Helden an.

So genau sich Herobot nach allen Umständen dieses Heldendienstes erkundigte, so wenig fand er doch in denen, ihm gegebenen Erläuterungen, was ihn nur einigermaffen über deffen Ursprung und Alterthum hätte befriedigen können. Eine noch deutlichere Probe der Ausbreitung des griechischen Gottesdienstes, und griechischer Religionsbegriffe findet man in der Erzählung des Herobots (II. 112. 113.). Die Priester zu Memphis sagten ihm; daß dem Pheron ein gewiffer Memphite in der Regierung gefolget sey, dem man in der griechischen Sprache den Nahmen Proteus gebe. Dieser Proteus sey es, unter welchem Paris mit der geraubten Helena nach Egypten verschlagen worden. Bey dieser Gelegenheit erzählen sie ihm die Abentheuer des Paris, die Zurückhaltung der Helena, ihre Auslieferung an den Menelaus, den Irrthum der Griechen bey der Zerstörung Trojens, der unserm Schriftsteller sehr wahrscheinlich vorkommt. Diesem Proteus war in Memphis ein reicher Tempel geheiliget, in deffen Innern sich eine, der Ξεινη αφροδιτη gewidmete Kapelle, befand. Herobot schließt theils aus dem Aufenthalt der Helena in Egypten, theils aus der Verbindung des der

Ξ ειντη

ξεινη αφροδιτη geweiheten Tempels, mit dem Proteischen, daß man unter diesem Nahmen die untreue Gemahlin des Menelaus verehre.

Ueber diese Erzählung ließen sich sehr viele Anmerkungen machen. Ihre innere Unwahrscheinlichkeit, und den offenbaren Widerspruch derselben mit der bekanntesten, und übereinstimmensten Tradition der Griechen weg gerechnet, selbst dasjenige was Herodot zu derselben hinzu gedacht hat, bey Seite gesetzt, ist doch so viel daraus zu sehen, daß die memphitischen Priester zu Herodots Zeiten so gar mit den politischen Ueberlieferungen der Griechen ausserordentlich bekannt waren, und gleichfalls die so viele Dunkelheit erzeugende Gewohnheit sich zugezogen hatten, egyptische Götter durch griechische Nahmen zu travestiren, und aus dieser willkührlichen Verkleidung nachher Aehnlichkeiten zwischen ihren Geschichten und den homerischen Fictionen zu finden. Wenn man mit diesem so früh in Egypten blühenden Studio des Homers ihre Bemühung zusammen denkt, die ganze Mythologie der Griechen in die egyptische Religion und Geschichte abzuleiten; so kann man sich leicht vorstellen, wie beydes mit vereinten Kräften zur Vermischung der Religionsbegriffe beyder Völker mit würken mußte.

Wenn man den Herodot irgend etwas vorwerfen kann, so ist es dieses, daß er bey dieser und ähnlichen Erzählungen eben so wenig, als die übrigen Griechen auf seiner Huth war. Er erkundigte sich weder nach dem ursprünglichen Nahmen des Memphiten, von dem die Egyptier versicherten, daß die Griechen ihn Proteus nannten; noch untersuchte er die Veränderungen genug, die die Griechen mit wahren Nahmen dieses Königs vorgenommen hatten. Es fiel ihm gar nicht ein, daß die vielen Priester diese Aehnlichkeiten selbst gefunden haben konnten ohne weitere Veranlassung, als eine homerische Fabel dazu zu haben. Er dachte gar nicht daran, daß der Tempel des Proteus in Memphis die Bemerkung, die er mehrmahlen wiederholet, völlig übern haufen würfe, daß die Egyptier nie weder Königen, noch Helden göttliche Ehre erwiesen hätten.

Strabo (Lib. XVII. p. 555. Ed. Caſ.), der in der Beschreibung der Merkwürdigkeiten von Memphis so sehr umständlich ist, erwähnt des Tempels des Proteus ganz und gar nicht, nennt hingegen einen andern, von dem die Egyptier selbst nicht wußten, ob er der griechischen Venus, oder Isis heilig sey.

Wer noch mehrere Beyspiele von der Ausbreitung griechischer Religionsbegriffe, von der

mythi-

mythischen Wendung ihrer Ueberlieferungen, und der Versteckung egyptischer Nahmen haben will, der lese nur c. 122. 123. die unegyptische Höllenfarth des Rhampsinitus, die Geburth ihrer Götter, (c. 156.) und besonders die Geburth des Herkules (c. 42.), sie werden alle das beweisen, was ich zu beweisen mir vorgenommen habe, daß man den Griechen eben so wenig trauen darf, wenn sie die egyptischen Götter mit griechischen Nahmen verunstalten, als man sich auf die Erklärungen der Egyptier verlassen darf, wenn sie ihre Theologie aus dem Homer oder griechischen Sagen erklären.

Sechsstes Kapitel.

Manetho.

Ich komme jetzt zu einen andern Geschichtschreiber, der unter allen, die noch übrig sind, dem Zeitalter des Herodot am nächsten kommt, und von dessen Zuverläßigkeit nicht nur manche chronologische Systeme, sondern auch die richtige Vorstellung der egyptischen Religion abhängen. Man hat sein Zeitalter bestimmt, die allgemeine unbestimmte Urtheile anderer, und die Titel seiner verlohrnen Schriften zusammengetragen, ohne aus den noch übrig gebliebenen Bruchstücken den historischen Werth

Werth dieses Schriftstellers, und den Grad von Zuverläßigkeit, den wir ihm hieraus zu erkennen müssen, genau anzugeben. Ich werde daher alles, was ich in den Alten von ihm angetroffen habe, unter einen Gesichtspunct zu bringen; seine historische Zuverläßigkeit aus den Quellen, woraus er geschöpft hat, und aus der Beschaffenheit seiner Erzählungen zu bestimmen suchen.

Wann ich beweisen kann, daß dieser Manetho nach seinem eigenen Geständnisse sich auf Dokumente berufen, die nie existirt haben, und ferner aus den unreinen Quellen ganz ungewisser Sagen und Gerüchte geschöpft habe; wenn ich ferner aus seinen eigenen Fragmenten zeige, daß er Nachrichten aufbehalten, die im höchsten Grade unwahrscheinlich, mit sich selbst, und der ganzen heiligen Geschichte streitend sind, daß er Götter erdichtet, von denen Egypten nichts gewußt, und weit mehr als alle Griechen, vaterländische Religion, und griechische Mythologie zusammen geworfen habe, daß endlich das ganze Alterthum ihn fast übereinstimmend für einen der unverschämtesten Lügner gehalten habe; so darf ich doch wohl aus allen diesen Prämissen den Schluß ziehen, daß ein solcher Mann der sich selbst Urkunden erdichtet, und in seinen sogenannten Geschichten nicht einmahl die geringste Wahrscheinlichkeit beobachtet hat, gar keinen Glau-

ben

ben verbiene, weil er nicht blos ein schwacher leichtgläubiger Kopf, sondern ein ganz offenbarer Falsarius gewesen ist.

Er lebte, nach dem Zeugniß des Syncellus, und vermöge eines Debikationsschreibens, (S. 16.) das dieser Schriftsteller uns aufbehalten hat, unter dem Ptolomäus Philabelphus, dem zweyten dieses Nahmens, war Oberpriester und Archivarius dieses Monarchen —. Wer in diesem Briefe weiter nichts liest, und nichts mehr dabey denkt, als daß Manetho ein Oberpriester und geheimer Archivarius gewesen, der wird wohl gar Gründe für die Zuverläßigkeit unsers Schriftstellers darinen finden. Wie unwahrscheinlich ist es, daß ein Mann von solchem Ansehen das Herz haben sollte, seinem Könige ungeheure Unwahrheiten vorzusagen, deren Entdeckung so leicht war, und ihm unfehlbar die schrecklichste Ungnade zugezogen hätte? Die Unwahrscheinlichkeit nimmt zu, wenn man bedenkt, wie leicht es ihm war, alle Pflichten eines gewissenhaften Geschichtschreibers zu erfüllen, da er zu den geheimtesten, bisher unzugänglichen Nachrichten einen freyen Zutritt hatte, und auch durch den Befehl des uneingeschränkten Beherrschers in Stand gesetzt war, alles was er fand und wußte, ohne die geringste Zurückhaltung, frey heraus zu sagen. So schlossen die Verfaßer der allgemeinen Welt,

Weltgeschichte und andere —, und schloſſen doch falſch.

Wenn man nur den ganzen Brief im Syncellus ſelbſt mit Aufmerkſamkeit geleſen hätte, ſo würde man in dieſem Briefe ſchon hinlängliche Gründe zum gerechten Verdacht, und zugleich die ganz natürliche Urſache gefunden haben, warum unſer Erzprieſter in einem, dem König zugeſchriebenen Buche ſo unverſchämt dichten mußte. Ptolomäus hatte von ihm nicht die Geſchichte des alten Egyptens verlangt, ſondern er wollte von ihm künftige Begebenheiten, und die Geheimniße des Schickſals erfahren in deren Beſitz ſich die egyptiſchen Prieſter durch die hermetiſchen Bücher zu ſeyn, rühmten.

Es iſt jetzo unmöglich, die Urſachen eines ſo ſonderbaren Auftrags zu errathen. Vielleicht war es eine bloße königliche Fantaſie, vielleicht hatte Ptolomäus die Abſicht den Wahrſagergeiſt der egyptiſchen Prieſter einmahl auf die Probe zu ſetzen, und ſich durch Augenſchein von dem Grund oder Ungrund ihrer Prahlereyen zu überzeugen; oder endlich könnte es gar wohl ſeyn, daß er aus dem ernſtlichſten Glauben an die göttliche Kunſt zu wahrſagen hergefloſſen ſey. Wenn Tycho de Brahe an Vorbedeutungen, und Hobbes an Geſpenſter und Erſcheinungen glaubete, ſo konnte ein aufgeklärter

grie-

griechischer König auch wohl eine schwache Seite haben, und das, was man ihm von den geheimnißvollen Schriften des Hermes sagte, für wahr halten, ungeachtet eine unzählige Menge von starken Geistern, und griechischen Philosophen alle wahrsagende Götter, Menschen und Thiere durch ihre profanen Raisonnements schon lange in Mißkredit gesetzt hatten.

Er bedarf wohl gar keiner Erinnerung, daß es ein ganz anders Ding sey, vergangene Begebenheiten aus unverdächtigen Documenten zu beschreiben, und künftige Dinge aus eigenen Vermuthungen vorherzusagen, daß es nicht einerley sey, Geschichtschreiber und Prophet zu seyn. Und eben so wenig darf ich erinnern, was man von dem Charackter eines Mannes, als Geschichtschreibers zu denken habe, der zu gleicher Zeit gefällig genug ist, Dinge die noch kommen sollen, zu beschreiben. Vielleicht wäre Manetho in eben der Verlegenheit gewesen, wenn sein König ihm befohlen hätte, die Geschichte der vergangene Jahrtausende aufzusetzen, die sie so genau, als ihr eigenes Zeitalter zu kennen vorgaben. Er mußte sich aber, wie alle egyptischen Priester zu helfen; alles sagt er, was du zu wissen verlangt hast, wird dir aus den heiligen Schriften deines göttlichen Vorwesers (προπατοροσ) die ich zu Rath gezogen habe, offenbar werden.

Die-

Dieser Brief also genauer, nicht in einem, vielleicht zehnmahl verstümmelten Allegato betrachtet, ist bey weitem nicht ein so großes Empfelungsschreiben für die historische Treue des Verfassers, als wofür man ihn gehalten hat. Man wird gleich sehen, ob das, was er selbst von seinen Urkunden sagt, überzeugend genug seyn wird, die nicht leichten Eindrücke von Argwohn, die er zurück lassen muß, wieder auszuwischen.

Syncellus sagt auf eben der Seite, daß Manetho sich über diesem Punct folgendermaßen erklärt habe: er habe alle seine Nachrichten aus den heiligen Schriften des Agathodämons, einem Sohne des zweyten Hermes, und Vater des Tot hergenommen, die dieser nach der Sündfluth aus denen vom ersten Hermes in heiligen Zeichen beschriebenen, in seriadischen Lande gefundenen στηλαις getreulich in die griechische Sprache, doch mit hieroglyphischer Schrift übersetzt, und nachher in die geheimsten Archive des Priesterordens niedergelegt habe.

Es ist sehr zu verwundern, daß die meisten, die über den Manetho geurtheilt haben, die auffallenden Ungereimtheiten, und Widersprüche dieser Stelle nicht bemerkt haben. Erstlich ist Manetho der erste, der von zween Hermes redet; keiner von den alten, weder Herodot noch Plato kennen einen zweyten Merkur, und ich

ich werde unten weiter zeigen, daß wir gar nicht nöthig haben, auf den Glauben eines einzigen Priesterdichters, zween Fabelgötter anzunehmen, da der erste uns schon so viel zu schaffen macht. Keiner von den alten weiß, und auch niemand hat Dreistigkeit genug gehabt, es dem Manetho nach zu erzählen, daß Hermes der zweyte den Agathodämon erzeugt habe, und daß dieser der zweyte Wiederhersteller der vom ersten Theut erfundenen Geheimniße und Wissenschaften sey. Diese ganze Verwandschaft und Erzeugung eines Gottes, des Agathodämons von einem Helden, läuft wider das egyptische Religionssystem; man kannte weiter keinen $αγαθο δαιμων$ in Egypten, als eine gewisse unschädliche Schlange die man in den neuesten Zeiten unter diesem neu platonischen Nahmen verehrte. Warum hat man drittens nicht die $γην$ $σηριαδικην$ aufgesucht, in welchem die $σηλαι$ sich befunden haben sollen? Man schlage alle alten und neuern Geographen von Egypten nach, und sehe zu, ob denn alle diese so genauen Forscher eine so berühmte Gegend übersehen haben, die Manetho allein gekannt hat. Viertens weiß unser Manetho nicht nur, daß der zweyte Hermes nach der Sündfluth gelebt habe (wovon, als von einem gewissen Facto, kein Grieche und Egyptier vorher redete), sondern daß sein Sohn die den $σηλαις$ eingegrabene Kenntnisse

nisse des erstern Hermes in griechische Sprache übersetzt habe. Auf eine so blödsinnige Art hat sich wohl schwerlich irgend ein Lügner verrathen. Ein Sohn des Hermes einer ganz mythischen Person, von der die Egyptier nichts gewisses wußten, und die also nothwendig in den ersten Anfängen ihrer Aufklärung gelebt haben muß, dieser soll griechisch, das heißt, die Sprache eines Volks geschrieben haben, das von den mehr gebildeten Egyptiern aus dem Zustande der Wildheit herausgerissen wurde, und erst in den spätesten Zeiten Alphabeth lernte und erfand, noch zu Homers Zeit wohl Iliaden schaffen, aber keine Töne mahlen konnte, und endlich durch abgeleitete Colonisten den Egyptiern erst unter den Psammetichus genau bekannt wurde. So ungereimt dies aber auch ist, so ist es doch noch gedenkbarer als der Zusatz, womit er diese Nachricht beschließt. Der Agathodämon soll die Urkunden des ersten Hermes in die griechische Sprache, aber mit hieroglyphischen Zeichen übertragen, und die griechische Wörter durch egyptische Hieroglyphen ausgedrückt haben, die gar keine Töne, nicht einmahl egyptische Sprache, sondern allein Gegenstände mahlte —. Nun vertheidige man noch einen Menschen, der in einem so kurzen Raume so viele Unwahrheiten und Widersprüche vorzubringen dumm und dreist genug war.

Ich

Ich glaube nicht, daß Manetho alles aus dem Stegereif erdichtete, (dann beständig zu dichten, ist fast eben so schwer, als lange Zeit ohne vernünftige Bewegungsgründe zu handeln), aber daß er sie aus den eigenhändigen, in griechischer Sprache und mit Hieroglyphen geschriebenen Schriften des Agathodämons genommen, daran habe ich mehrere wichtige Gründe zu zweifeln. Vielleicht waren die ιερα γραμματα, aus welchen Josephus, Eusebius, Syncellus, und andere sagen, daß er geschöpft habe, denjenigen ähnlich, die man dem Solon und Herodot vorzeigte. Selbst zu den Zeiten des Syncellus trug man sich noch mit einer alten egyptischen Chronick herum (S. 51.), wovon er auch einen Auszug macht, und zugleich vermuthet, daß Manetho, einige nicht unerhebliche Veränderungen ausgenommen, sie bey seiner Geschichte zum Grunde gelegt habe. Die Facta dieses alten Chronikons aber streiten nicht nur mit den Erzählungen des Herodots und Plato, sondern selbst mit den Nachrichten des Manetho. Die Anzahl der Generationen, wovon es redet, ist nicht so groß als im Herodot, es weiß nur von 113. da Herodot 340. nennt: aber seine Chronologie umfasset eine viel grössere Menge von Jahren, als die Urkunden des Herodots und Plato angeben: nemlich 36525. In Ansehung der Anzahl der Generationen, und der Be-

H haushauptung der Halbgötter kommen Manetho und das alte Chronikon überein. In seiner Chronologie aber war jener, wahrscheinlicherweise aus Armuth weit bescheidener, als alle seine respectiven Vorgänger, weil seine ganze Geschichte (S. 52.) doch nicht über 3555. hinaufstieg. Nichts ist sonderbarer als das Mittel, das Syncellus (ibid.) vorschlägt, den Manetho in einen wahrheitredenden Mann zu verwandeln. Man darf sagt er, nur die 656. J. vor der Sündfluth, die er mit lauter Lügen ausgefüllt hat, und noch 534. nach der Sündfluth bis auf den babilonischen Thurmbau von seiner Zeitrechnung abschneiden, und nach dieser Operation annehmen, daß sein Menes, erster Beherrscher von Egypten, der Mitzraim der H. S. gewesen sey, so werden wir mit seiner Geschichte ganz gut zu rechte kommen können.

Diese Verbesserung setzt voraus, daß Manetho nur allein in der Chronologie gefehlet, und den ganzen Zeitraum vom babilonischen Thurmbau bis auf die Zeiten Alexanders mit lauter wirklichen Begebenheiten ausgefüllet habe. Wie läßt sich dies aber von einem Manne vermuthen, der mehr als ein ganzes Jahrtausend, selbst nach des Syncellus Bericht erdichtet, und mit Geschöpfen von seiner eigenen Erfindung bevölkert hat? Welch eine gewaltthätige Verdrehung würde dazu gehören, die Nah=

men

men und Facta der manethonischen Geschichte mit denen der heiligen Schrift und der übrigen Profanscribenten in Harmonie zu bringen? Heißt das ferner einen unzuverläßigen Geschichtschreiber berichtigen, wenn ich so viele Jahre, Personen und Facta, als mir beliebt, abschneide, und ohne weitere Gründe, als unter dem Vorwande unumgänglicher Verbesserungen, dasjenige als wahr festsetze, was sich in mein System paßt, oder wodurch mein System unterstützt werden kann? Alle nachfolgende Geschichtschreiber, und Chronologisten würden sich dieselben Freyheiten, die Syncellus sich nimmt, erlauben können, und was würde Manetho dann am Ende beweisen, wenn man ihn dazu brauchte, die entgegengesetztesten Dinge zu bewähren?

Josephus (contra Apion. L. I. c. 14.) macht sich eben der unkritischen Unvorsichtigkeit schuldig. Er will es dem Apion schlechterdings beweisen, daß seine Nation die älteste des Erdbodens sey; auf die heilige Schrift durfte er sich nicht berufen, weil er wußte daß sein Widersacher ihr nicht die geringste Gültigkeit zugestand: er sahe sich daher genöthiget, Fabeln, Nachrichten und Geschichtbücher aller Nationen zu plündern, und dasjenige herauszuheben, was zu seiner Absicht diente. In diesen Nöthen war ihm Manetho eben so willkommen als Berosus, ungeachtet er beyde in der

Folge

Folge für die unverschämtesten Lügner erklärt. Weil doch im Manetho etwas von den uralten Eroberungen der Israeliten steht, so ist er weiter nichts als ein Mann, der sich nach griechischer Art gebildet, und seine Geschichte aus den heiligen Schriften der Priester geschöpft hat. Doch setzt er, um sich in der Folge alle Freyheit im Urtheilen vorzubehalten, hinzu: ὡς φησιάυτος. Darauf fängt er die, seinem kleinen Nationalstolze schmeichelnde Erzählung von den ὑκσος, oder den Hirten-Eroberern an, die nach dem Manetho, über 500. Jahr sein Vaterland beherrscht hatten. Ueber der Freude dieser glorreichen Thaten, und dem gemachten Fund, aus einem Egyptier das hohe Alterthum seiner Nation beweisen zu können, wird er gegen die ungereimtesten Nachrichten blind, und vergißt sogar darüber, daß die Geschichte des Manetho der Erzählung des Mosis in den meisten Puncten schnurstracks entgegen gesetzt sey.

Sobald aber Manetho aufhört, den Ruhm seines Volks zu verkündigen, oder wohl gar so dreist ist, zum Vortheil seiner Vorfahren mit eben so gemäßigten Eifer zu reden, als womit Joseph die seinige vertheidigt, so verwandelt sich eben dieser Mann, dessen Zeugniß man so gut genutzt hatte, in einen offenbaren Betrüger; nun hat er seine Nachrichten nicht mehr aus sichern heiligen Urkunden ben hergenommen, sondern alles erdichtet, oder aus falschen Gerüchten geschöpft; nun fällt es ihm ein, daß Manetho schwach genug gewesen, selbst dieß Geständniß abzulegen, und mit den bewunderungswürdigsten Scharfsinn entdeckt er in der Erzählung des Manetho bis auf die kleinste Unwahrscheinlichkeiten (Lib. I. 16. 26-31.). Alles, was Manetho von der Zusammentreibung aller Unreinen und Aussätzigen, ihrer Verurtheilung zum Steingraben, ihrer Besitznehmung von Araris, endlich was er von ihrer Verschwörung gegen den egyptischen König, und deren Verbindung mit den Einwohnern von Jerusalem sagt, ist erdichtet. Hier ist er nicht mehr der Mann der aus heiligen Nachrichten geschöpft hatte, wie er zuvor von ihm sagte.

Daß aber Manetho seine egyptische Geschichte nicht blos aus den Legenden seines Ordens, sondern auch aus fremden Gerüchten zusammen gesucht habe, erhellet nicht nur aus seinem von Josephus oben angeführtem Geständnisse, und dem Zeugnisse des Syncellus (S. 16. 17.): daß er dem Berosus, seinem historischen Amtsbruder nachgeahmet habe: sondern auch aus den vielen, dem Moses entwandten, und nach seiner Manier vorgetragenen Nachrichten. Er redet wie wir oben gesehen haben, von der Sündfluth; und der Aufenthalt der Kinder Israel in Egypten ist von ihm zu der abentheuerlichen Geschichte der Ὑϰσὸς ausgebildet worden. Ovidius hat die griechische Mythologie lange so nicht verstümmelt, als Manetho die Erzählungen Moses, und unter diesen besonders die wundervolle Ausführung des ganzen Israelitischen Volks aus dem Lande der Knechtschaft. Ich will sie aus dem Josephus in der möglichsten Kürze anführen, um meinen Lesern eine Probe von der Geschichte unsers Egyptiers, und der Wahrscheinlichkeit seiner Nachrichten zu geben.

Ein gewisser König Amenophis hatte den sonderbaren Einfall, die Götter seiner Väter, gleich einem seiner Vorfahren, von Angesicht zu Angesicht zu sehen. Er theilte dieses sehnliche Verlangen einem heiligen Mann und Propheten von gleichem Nahmen mit, und dieser gab ihm den Rath, daß er ganz Egypten von allen Aussätzigen und Unreinen saubern müsse, um sich dieser Gnade würdig zu machen. Amenophis folgete dem Wink dieses Heiligen, und versamlete dahero aus dem ganzen Umfange seiner Staaten an der Zahl achtzigtausend. Anstatt aber sie ganz aus den Gränzen Egyptens zu vertreiben, verurtheilte er sie allesamt zu Arbeiten in den Steingruben von Oberegypten. Nach einem kurzen Zeitraum erlößte er sie aus dieser Sclaverey, und wies ihnen die von den Hirten ehmals besetzte, aber jetzt verlassene Stadt Avaris

zum

zum Wohnplatze an —. Dem guten Rathgeber entstanden nachher allerhand Gewissenszweifel, und Ahndungen, daß die Götter es übel nehmen möchten, wenn sie auf eine so gewaltsame Art gezwungen würden, sich sehen zu lassen. Er sah überdem voraus, daß der Haufe von Unreinen und Aussätzigen sich gegen den König verschwören, die in Jerusalem wohnende Hirten zu Hülfe rufen, und dreyzehn Jahr über Egypten herrschen würden. Voll von diesen schrecklichen Besorgnißen, aber zu muthlos, sie dem Könige bekannt zu machen, nahm er sich selbst das Leben, hinterließ aber dem Könige eine schriftliche Verkündigung aller fürchterlichen Begebenheiten, die er in seinem Leben nicht Herz genug gehabt hatte, dem Könige mitzutheilen. Es traf auch in der That alles so ein, wie Amenophis vorher gesehen hatte. Die Aussüßigen wurden Aufrührer, uab machten einen ehmahligen Priester von Heliopolis Osarsiph zu ihrem Oberhaupte, der nachher den Nahmen Moses erhielt. Dieser, fährt Manetho fort, trat alles was heilig war mit Füßen, aß ohne die geringste Bedenklichkeit, alle Götterthiere, entwöhnte seine Mitbrüder von den originalegyptischen Sitten und Gesetzen, und was das schlimmste ist, that ihnen den Vorschlag, die ὑκσος ins Land zu rufen, um mit ihnen die Vortheile, und Vergnügungen der Oberherrschaft gemein-

H 4   schaft-

schaftlich zu genießen. Seine Vorschläge wurden bewilligt, man schickte Gesandten —, und gleich machten sich nicht weniger als 200000. bewafnete Männer auf den Weg, das fruchtbare Egypten zu erobern.

Der König wurde über diesem Einfall sehr bestürzt, und versammlete eine Heersmacht von 300000. rüstigen Kriegern, in der Absicht diesen Abschaum von Räubern, und Aussätzigen von der Erde zu vertilgen. Zu rechter Zeit fiel es ihm aber ein, daß eine solche Nothwehr ein würklicher Aufruhr und Krieg wider die Götter sey; er warf daher den Gedanken der Selbstvertheidigung weg: Kinder und heilige Thiere wurden in aller Eile in Sicherheit gebracht, und er zog mit seiner ganzen Armee nach Ethiopien, wo er auch wohl aufgenommen wurde, und so viele Städte und Ländereyen erhielt, als nöthig waren, ihn mit seinen 300000 Mann, während der fatalen 13 Jahre zu erhalten.

Nach diesem Abzuge breiteten sich die ὐκσος über ganz Egypten aus, und erschöpften an diesem Lande alle nur erdenkliche Grausamkeiten eines höchst aufgebrachten Feindes, so daß sie sogar die Speisen raubten, die den göttlichen Thieren bestimmt, und ausgesetzt waren. Doch dauerte dieser Unfug nicht über die vom Verhängniß festgesetzte Zeit; so bald diese verflossen war, kehrte

Ames

Amenrophis in sein verwüstetes Reich wieder zurück, und verfolgete seine Feinde bis an die Gränze von Syrien, nachdem er eine große Menge von ihnen erschlagen hatte (Ioseph. I. contra Apion. 26-28.).

So weit Manetho. Es braucht wohl keines weitläuftigen Commentars, um einen jeden begreiflich zu machen, daß dieser Bericht der mosaischen Erzählung fast in allen Puncten widerspreche, und daß sie, auch ohne Beziehung auf die heilige Geschichte betrachtet, größtentheils höchst unwahrscheinliche Dinge enthalte. Bey mäßiger Reflexion werden sie einem jeden leicht auffallen: wer unterdessen keine Lust hat, sich anzustrengen, oder die Meynung eines andern darüber vernehmen will, der lese das 29te Cap. des Josephs, der vielleicht in keiner Stelle seiner Schriften mehr kritischen Scharfsinn gezeigt hat, als bey der Aufsuchung aller Ungereimtheiten dieses manethonischen Fragments.

Ich werde alles gesagt haben, was sich über seine historische Glaubwürdigkeit zu sagen hatte, wenn ich noch einige Bemerkungen über seine Unwissenheit in der egyptischen Religion (das scheint unbegreiflich), oder was noch schlimmer ist, über seine vorsetzliche Zerstümmelung der egyptischen Theologie werde mitgetheilt haben.

Er erdichtet aus dem Stegreif Nahmen von Göttern, wovon das alte Egypten nichts wußte, und kein einziger alter Geschichtschreiber das geringste gehört hat —. Ferner holt er aus der griechischen Mythologie Götter nach Egypten herüber, von denen Herobot und andere ausdrücklich versichern, daß sie nie in Egypten verehret worden, und endlich macht er, durch ein fast unbegreifliches Versehen, aus einem Gott mehrere, um nur das Verzeichniß der Götter, die in Egypten geherrscht haben, nicht ganz leer zu lassen. Wenn man sich von einem jedem dieser Puncte selbst überzeugen will; so darf man nur die erste aus ihm selbst herausgezogene Dynastie behm Syncellus S. 19. nachsehen, und sie mit den Nachrichten des Herobots nnd andrer Griechen (Iabl. p. 67.) zusammenhalten. Ganz unbekannte Nahmen sind die Halbgötter, Sosus und Tithoes, die man in allen Alten vergeblich suchen wird. Griechische Nahmen, die die Egyptier nie gekannt haben, sind Saturnus und Mars. Endlich sieht er den Osiris, die Sonne und den Apollo als drey verschiedene Gottheiten an, und theilt den Jupiter Ammon gleichfalls in zwo göttliche Personen, da beyde Benennungen selbst nach dem Sinne der Griechen nur eine einzige Gottheit anzeigen.

Ich würde dergleichen Beweise nicht suchen dürfen, sondern gehäuft finden, wann ich ihm die sechs Bücher των αποτελεσματικων ohne weiteres

Be-

Bedenken zuschreiben dürfte, die Jacob Grunorius zu Leiden 1698 herausgegeben hat. Sowohl dieser, als Fabricius halten dieses in Hexametern geschriebene, und aus Constellationen prophezeyende Werk für eine ächte Arbeit desjenigen Manetho, dessen Zuverläßigkeit ich bisher untersucht habe. Beyde gründen sich allein auf das Zeugniß des Suidas, und ein Paar Verse eines neuern lateinischen Dichters. Beyde finden auch ein so wahres Gepräge des Alterthums, eine so sichtbare Nachbildung des Homers darin, daß sie auch diese zu Beweisen seiner Aechtheit zu machen, sich berechtiget glauben.

Das Zeugniß des Suidas beweißt lange so viel nicht, als man gemeiniglich glaubt; man sieht nur so viel daraus, daß dies Werk zu den Zeiten des Suidas unter dem Titel des Manetho schon existirt, und daß jener den Letztern wirklich für den Verfasser gehalten habe —. Man weiß aber, daß das Urtheil dieses schwachköpfigten Lexikographen ohne weitere Unterstützung nicht den geringsten Werth hat, daß ferner alle untergeschobene Schriften lange vor seinen Zeiten gemacht, und daß er ihnen fast allen ohne Ausnahme, so viel er deren gekannt hat, die Ehre der Aechtheit wiederfahren lassen —. Man bedenke wie unwahrscheinlich es ist, daß Plutarch, Eusebius, Josephus und Syn-

cellus,

cellus, die die Schriften des Manetho so genau kannten, so weitläuftige Auszüge lieferten, und in ihrer Widerlegung so genau waren, daß alle diese Schriftsteller, dieses Werks nicht einmal sollten gedacht haben? Ich weiß nicht, ob ein egyptischer Oberpriester im Stande gewesen wäre, bessere Verse zu machnn als der M. dieser ἀποτελεσματικῶν; aber soviel getraue ich mir, nach widerholten Zeugnissen meines Ohrs, zu behaupten, daß dies sogenannte Gedicht, der Homerischen Poesie, in Ansehung derer ihr eigenthümlichen Schönheiten eben so wenig ähnlich sey, als das einschläferndste Wiegenlied einem Klopstockischen Hymnus. Nicht die, Leben und Empfindung athmende Melodie, nicht die dem ungeübtesten Ohre vortönende Musik des Homerischen Verses findet man darin, sondern todten nach den Regeln der Prosodie hineingezwungenen Rythmus, dem man es ansieht, daß die Sprache schon seit undenklichen Zeiten gesprochen worden. Freylich finden sich hier dem Homer eigene Wörter, halbe diesem Dichter entrißene Verse, einzelne die meiste Zeit durch die üble Anwendung merkwürdige Gleichniße und Bilder, Lib. I. 139 - 153. L. V. 15 - 20. Aber alle diese zusammen geplünderten Goldblättchen machen noch keinen Homer aus. Der gänzliche Mangel musikalischer Poesie, und mehrere ganz neue

neue Wörter (*) laſſen uns vermuthen, daß dieſe ἀποτελεσματικα zu den letzten kränklichen Produ‐
cten der gänzlich abſterbenden Poeſie und Spra‐
che gehören.

In allen übrigen Fragmenten des Manetho trifft man, ohngeachtet ſie ganz in griechiſche Klei‐
der verſteckt ſind, gewiße egyptiſche Grundzüge an, aus denen man doch ſieht, daß ſie von einem Frem‐
den geſchrieben worden; aber in allen dieſen ſechs Büchern wird das aufmerkſamſte Auge nichts von egyptiſchen Religionsbegriffen und Meynungen fin‐
den. Alle Conſtellationen ſind von einer griechi‐
ſchen Sphäre abgeſchrieben, und was noch mehr iſt, ganz nach dem individuellen Charakter, den ihnen die griechiſche Mythologie beylegt, perſoniﬁ‐
cirt. Mars iſt der Gott des Kriegs, und der ehe‐
brecheriſche Geliebte der Venus: Saturn, den die Egyptier gar nicht kannten, iſt der ſchreckliche Kin‐
derfreßer, und ſeine Erſcheinung ſtößt das arme menſchliche Geſchlecht in eine Fluth unſäglicher Ue‐
bel: Jupiter iſt der Gott der Götter, der Gemahl der

(*) Lib. I. 104. ηελιος (ρηξει) δύπατον, μηνυδε τοι ἀρχι‐
δικασην.

Lib V. 13. 14. εκ ςοματων ἱερων δ σοφωτατος ειπεν Ὁμη‐
ρος χειλεσιν αμβροσιοις και νεκταρεη διανοιῃ

Lib. V. 28. ὡρη δ᾿ ἀκριβυται βροτοισι τα δογματα θεια.

der Juno, und der Patron der irrdischen Könige: Merkur ist, wie bey den Griechen der Gott der Redner und Diebe. Ein jeder von diesen wird mit den ihm eigenthümlichen, und sich oft, auf durchaus griechische Abentheuer, beziehende Epithetis bezeichnet. Einige Beyspiele will ich hersetzen: Lib. I. 139. Αρες, Αρες κακοεργε και ανδρεσι, και μακαρεσσι, και πολεσιν, και ναυσι και ηερι, και πελαγεσσιν, και καρποις γαιης και ευριθροις ποταμοισιν; und V. 150. νηλεες, ακρα σοιγε πατηρην αιγιοχος ζευς, ιδ' ηρη μητηρ, αλλ' αρεκ πικρα σ'ετικτεν, και λυσσα ςυγερη, και Χαος αλομενον:

Es ist aber nicht blos mit dem χαοσ αλομενον des Hesiodus, sondern auch mit den Parcen bekannt, so wenig sich beide in sein System schicken: V. 199. I.

ιγαρτισ δυναται γενεσιν μετα τρεψεμεν ανδρων.
ηδ'αρα νηπιαχοις
συγγιγνεται ανθρωποισιν ευθοτε μοιραων ειλισσεται αμφι
μιτοισιν κλωςμασιν αρρηκτοισι σιδηρειοισι τ'ατρακτοις

In allen diesen Beyspielen ist nicht blos eine griechische Benennung egyptischer Gottheiten; sondern eine gänzliche Verwandlung ihrer Substanz. Vom Osiris und Isis ist nichts übrig geblieben; es ist

alles

alles in den griechischen Φοιβος Αποllων oder Φαε-
θων, und die Σεληνη übergangen. Außer dem
PlanetenMerkur, den er oft zum ερμησ. χρυσοπαιδιλος
individualifirt, erwähnt er (Lib. V. v. I. et fq.) des
egyptischen Hermes, seiner heiligen Bücher und geheimnißvollen στηλων. Was er aber davon sagt,
ist weder mit demjenigen, was die übrigen Alten
uns davon hinterlassen haben, noch mit dem oben
angeführten System des Manetho über diesen Schutzgott der Gelehrten übereinstimmend. Denn erstlich
gesellt er ihm den griechischen Asklepius zum Gehülfen und συμβελος zu (eine dem ganzen Alterthum
und dem Manetho unbekannte Vereinigung). Zweytens läßt er seine Weißheit nicht nur in στηλας, sondern
auch in heiligeBücher eintragen. Nichts kann demSy-
stem des Manetho, wie ich es oben aus dem Syncellus
ausgezogen habe, widersprechender seyn. Er be-
hauptete nemlich zween Hermes, wovon der erstere
der Erfinder der Wissenschaften war, und seine Ge-
heimnisse den στηλαις anvertraute, der zweyte hingegen ein Sohn des Agathodämon war der diese
Kenntnisse enträthselt, und in einem Schatze heiliger Bücher gesamlet hatte.

Es darf niemanden befremden, daß er im
Anfange des ersten und fünften Buchs dem Ptolomäus Philadelphus, dem Gemahl der Arsinoe seine
Verbeugung macht. Wer den Manetho kannte,
wußte

wußte auch, daß er unter diesem Könige gelebet, und ihm seine drey Bücher der egyptischen Geschichte zugeschrieben hatte. Diese Sage, die ein jeder sich leicht zu Nutze machen konnte, ist das einzige wodurch er uns in jenes Zeitalter hinüber zu ziehen gesucht hat; alle übrige Theile dieses Gedichts zeugen dawider —, und ich glaube daher, durch die beygebrachten Beweise zu dem Schluß berechtiget zu seyn, daß Manetho nicht der Verfaßer dieser sechs Bücher των αποτελεσματικων sey.

Sollten aber die bisher angeführten Gründe jemanden nicht überzeugend scheinen, so würde dies Werk nur noch ein überflüßiger Beweis mehr seyn, daß unser egyptisch-griechischer Zwitter, bey der größten Unwissenheit in seiner väterlichen Religion, den unläugbaren Vorsatz gehabt habe, sie durch eine fremde ganz zu verunstalten, — und daß man also niemanden weniger, als diesem egyptischen Priester trauen könne.

Siebendes Kapitel.
Diodor.

Ich komme jetzt zum Diodor, der Egypten unter dem Ptolomäus Auletes gesehen und beschrieben hat. Die Verschiedenheit und Abweichung seiner

Nachrichten von den Herodotischen ist so auffallend, daß mir nichts unbegreiflicher ist, als wie man das Volk, die Religion, die Sitten, die Diodor beschrieb, für einerley mit denjenigen habe halten können, die Herodot beschrieben hatte. Was sich von egyptischen Gebräuchen und Meynungen beym Herodot den Griechischen nur näherte, ist im Diodor schon völlig mit ihnen zusammmen geflossen.

Die politischen Nachrichten des Diodors sind auf der einem Seite viel geschmückter und zusammenhängender, auf der andern Seite aber auch viel wunderbarer, als im Herodot; die ἱεροι λογοι besonders, hatten während dieses Zeitraums sowohl an Zahl, als griechischer Bildung zugenommen: sie waren ganz aus der Mythologie der Griechen abgeleitet, oder doch auf sie gegründet, damit man die Griechen desto bequemer von ihrer egyptischen Abkunft überzeugen konnte. Die egyptischen Götter trugen nicht blos egyptische Nahmen, sondern hatten wirklich alle Attributa der griechischen Mythologie erworben. Wenn eine solche Verwandlung nicht ohne Gewaltthätigkeit geschehen konnte; so fing man an zu theilen, aus einer Gottheit mehrere zu machen: Eben diese Verlegenheit machte eine Distinction der Götter nothwendig, die man vorher gar nicht gekannt hat. Durch nichts aber unterscheidet sich Herodot mehr vom Diodor, als

durch

durch die in spätern Zeiten noch mehr überhand nehmende Begierde zu allegorisiren, von der sich im Diodor schon die deutlichsten Spuren verrathen. Erstlich schuf man die Gegenstände der Verehrung der Egyptier in griechische Gottheiten um, nur sie der griechischen Denkart gerecht zu machen, und eben diese mythischen Wesen verwandelte man nachher wieder in Elemente, und ἀρχας, um sie mit der in Egypten sich immer mehr festsetzenden Philosophie zu vereinigen. Diese Krankheit, die griechische Mythologie in eine mystische, oder symbolische Weltweißheit einzuhüllen, war durch die Stoiker nicht lange vorher in Griechenland allgemein geworden, und nach Egypten übergegangen.

Wenn man den Unterschied des Zeitalters beyder Schriftsteller, und die ausserordentlichen Veränderungen, die die Nation unterdessen in allen Theilen ihres politischen= und Religionssystems gelitten hatte, überlebt; so sieht man die Ursachen leicht ein, warum alles so ausfallen mußte, als wir es wirklich finden. Durch die Eroberung des Alexanders, und die Beherrschung der Ptolomäer wurde die griechische Sprache die herrschende, wenigstens am Hofe, und unter den Gelehrten: selbst die eingebohrnen egyptischen Priester bedienten sich ihrer, wie wir es oben von Manetho wissen, und mit ihr sog man griechische Denkart, Meynungen

und

und Vorurtheile ein: den griechischen Göttern wurden allenthalben Tempel gebauet, und weil man schon lange vorher gewohnt war, egyptische Götter mit griechischen Nahmen zu belegen; so verlohr man endlich alle Verschiedenheiten: die Gebräuche wurden identisch, oder doch mit einander vermischt und ausgetauscht, und dies gieng so lange fort, bis weder Egyptier noch Griechen wußten, wie viel Eigenthümliches sie verlohren, wie viel Fremdes sie wiederum aufgenommen hatten —. Einige Proben von den wichtigsten Veränderungen will ich mittheilen.

Alle Priester, die dem Plato und Herodot ihre Zeitrechnung mitgetheilt haben, waren gegen diejenigen noch höchst bescheiden, mit welchen Diodor über die Dauer ihrer Monarchie sich besprach. Der ganze Zeitraum in welchem Götter und Menschen regieret hatten, umfaßte doch nach dem Herodot nur 15000, nach dem Plato 8000. und nach dem Manetho nur 5000. Jahre: die Priester zu Diodors Zeiten nahmen nicht weniger als drey und zwanzig tausend Jahre von der Regierung des ersten Gottes, bis auf die Zeiten des Königs Amasis an. (L. I. p. 30.). Ausserdem vergleiche man noch die Geschichte der egyptischen Könige, besonders die des Sesostris, den Diodor Sesoosis nennt, mit den Erzählungen des Herodots, und man wird sich

sich, hoffe ich, überzeugen, daß die Tradition vom Herodot bis auf den Diodor nichts am Wunderbaren und Abentheuerlichen verlohren habe (S. 62. T. I. Ed. Wess.).

Der nicht kleine Zuwachs von Fabeln, den ihre Tradition unterdessen erhalten hatte, wurde durch das Pragmatische in der Geschichte ihrer Gesetzgebung überflüßig ersetzt. Die Priester wußten zu Diodors Zeiten so schön über die Gründe und Nützlichkeit ihrer Religion, Gesetze, Sitten und anderer politischen Einrichtungen zu philosophiren, daß nichts mehr zu bedauren ist, als daß der größte Theil dieser löblichen Einrichtungen in Egypten niemahls gefunden worden. Diodor muß es gefühlt haben, wie sehr die Nachrichten (S. 80. u. f.), die er mittheilen wollte, von der Beschreibung des Herodots, und der übrigen Vorgänger im historischen Amte abwichen, weil er sie alle samt und sonders durch einen allgemeinen, durch keine bestimmte Gründe bewiesenen Vorwurf verdächtig zu machen sucht. Sie zogen, alle sagt er, das kindische Vergnügen ihrer Leser durch wunderbare Mährchen zu amüsiren, der strengern aber weniger angenehmen Erzählung historischer Factorum vor.

Nach diesem Prolog hebt er seine Erzählung an, aus der man Egypten für eine Utopia halten solte, in welchem kein einzig Gesetz aus bloßen Gebräubräuchen und Gewohnheiten entstanden, keines länger gedauert, als es nach den Umständen der Zeit und des Volks hätte dauern sollen, wo also nicht wie in allen Reichen, Gesetze sich allmählig gebildet, und länger erhalten haben, als sie nützlich waren, sondern wo das ganze System der Gesetze von einem, oder wenigen Köpfen nach den reiffsten Ueberlegungen für alle Zeiten, und mögliche Revolutionen des Volks gegeben worden. Nichts ist erbaulicher, als die Lebensart der ältesten Könige, wie Diodor sie S. 80=82. beschreibt, aber aufrichtig zu reden, nichts ist unwahrscheinlicher. Die Gesetze heißt es, hätten dem Könige vorgeschrieben, was er in allen Stunden des Tages thun, oder nicht thun sollte. Er mußte zu gewissen Zeiten schlafen, eßen und trinken, (*) und selbst durfte er bey seiner Gemahlin nicht anders, als wenn es die Gesetze erlaubten, schlafen. Er mußte beten, sich haranguiren lassen, die Reichsgeschäfte untersuchen, und das alles in bestimmten Stunden. Selbst sein Küchenzettul war in den Reichsgesetzen so diätetisch bestimmt, daß man, wie D. sich ausdrückt, seinen Verfaßer nicht für einen philosophischen Gesetzgeber,

---

(*) Des Maaßes im Weintrinken erwähnt Eudoxus apud Plutarchum: Es hatte seine guten Ursachen, weil die Egyptier vorher keinen Handel, und also auch keinen Wein kannten. Plut. p. 353.

ber, sondern für einen Arzt hätte halten sollen. Wenn alles das was D. von den Königen erzählt, wahr wäre, so müßte man annehmen, daß Egypten die eingeschränkteste Monarchie gewesen wäre, von der wir nur überhaupt Nachrichten haben, und daß in keinem die Gesetze tyrannischer über den ersten Bürger, den König disponirt und geboten hätten, als in Egypten.

Eine solche meist aristokratische Regierungsform, mit einem schwachen Haupte ist eine künstliche und zerbrechliche Maschiene, die nicht ohne eine große Menge von Gewichten und Gegengewichten erhalten werden kann. Wo sind die Grundgesetze, die dem König nicht allein in jedem Augenblicke an die unbegreiflichste Sclaverey erinnerten, sondern auch einer andern, der königlichen entgegengesetzten Macht Mittel genug gaben, ihm dieses Joch gedultig ertragen zu machen? War es eine geistliche oder militarische Aristokratie? Adel gab es in Egypten gar nicht, nach dem eigenen Geständnisse des Diodors, und also mußte es ein, aus einem von diesem Ständen, oder aus beyden bestehender Rath seyn, der auf die elastische, zu sehr zusammengepreßte königliche Gewalt, eine ununterbrochene Reaction ausübte. Weder im Herodot, noch in andern steht was von einem solchen Reichsrath, und von Grundgesetzen, die das Verhältniß der beyden angesehegesehenen Stände unter sich, und gegen den König genau bestimmt, und einer jeden auch Macht genug gegeben hätten, die übrigen alle in denen, ihnen angewiesenen Schranken zu halten. Eine einzige Nachricht, die Diodor uns aufbehalten hat, formirt mit dieser so sehr eingeschränkten königlichen Macht einen completen politischen Widerspruch: der König besaß nemlich den dritten Theil aller Ländereyen, um sich und seinen Hofstaat zu unterhalten; diese konnte er verpachten, wann und wie er wollte, und mit den daraus herfliessenden Einkünften nach seinem Belieben schalten und walten. Ein Monarch, der reich genug ist, um über den dritten Theil aller Producten seines Reichs gebiethen zu können, wird es gewiß nicht nöthig haben, in einer so schrecklichen Abhängigkeit von Leuten zu verbleiben, deren Hülfe er sehr wohl entbehren kann.

Allein die Priester haben in diesem Falle, wie in vielen andern, einzelne Mißbräuche zu Gesetzen gemacht, und Diodor war leichtgläubig genug, ihnen hierinn zu trauen. Es ist im geringsten nicht unmöglich, daß die Priester theils durch List, theils durch die Gewalt des Aberglaubens einige kindische Seelen ihrer Könige an die vom Diodor beschriebene Lebensart gewöhnet haben. Eine solche tyrannische Beherrschung des Despoten ist bey gar nicht eingeschränkten Regierungsformen durchaus nothwenwendig; so bald der Tyrann eine unwirksame Maße ist, die einen jeden Grad ihrer Thåthigkeit durch äußere Stöße und Einwirkungen erhalten muß. Der Despot sollte billig alles thun, weil alles von seinem Willen abhångt; fühlt er sich selbst aber zu allen unfähig, so ist er aus Mangel der Selbstwirksamkeit gezwungen, sich der Leitung anderer blindlings zu überlassen. Weil nun aber oft der Tyrann der größte Sclave in dem ganzen Umfange seiner Staaten ist, und Priester, Maitreßen, oder Narren sich der Schwäche solcher Phantomen regierender Häupter zu Nutze machen, um sie allen ihren Absichten gemäß handeln zu lassen; so verändert deswegen eine solche häusliche Sclaverey der Tyrannen nicht das geringste, in der despotischen Regierungsform. Der wehrlose Theil des Volks ist deswegen nicht weniger allen Gewaltthätigen ausgesetzt, weil der Tyrann nicht unmittelbar selbst plündert, sondern in seinem Nahmen von andern plündern läßt.

Man muß es dem Diodor verzeihen, wenn er eine solche Lebensart, eine so große Einschränkung eines Monarchen auf eine lange Zeit für möglich (und wann sie auch möglich wäre) der Nation vortheilhaft hält. Die Griechen hatten alle eine fast eben so große Begierde alle merkwürdige Einrichtungen Griechenlandes in Egypten wieder zu suchen, als die egyptischen Priester hatten, sie aus
ihren

ihrem Lande abzuleiten. Die Letztern bewiesen ihnen dahero so bündig als möglich, daß ihre Vorfahren nicht nur Religion, Gottheiten, Mysterien und heilige Gebräuche, sondern auch alle Gesetze aus Egypten geborgt hätten. Sie ließen den Lykurg und Solon blos in der der Absicht nach Egypten reisen, um da die Gesetze des weisesten Volks zu studiren, und nach deren Muster ihre Mitbürger zu bilden und einzurichten (P. 107. Diod.). Um dies wahrscheinlicher zu machen, erzählte man von diesen Gesetzgebern, und ihrem Aufenthalte viele Anecdoten, die die Griechen andächtig aufsamleten, ohne daran zu denken, daß beyde Gesetzgeber es sich wohl nicht einfallen lassen konnten, eine Monarchie, wie die egyptische, sich zum Muster einer Gesetzgebung für Demokratien, oder zu diesen sich neigende Aristokratien festzusetzen.

Nichts bestätigt mich mehr in dem Verdacht, daß die egyptischen Priester die Geschichte ihrer Gesetze eben so wenig, als die ihre Religion den Griechen unverfälscht werden mitgetheilt haben, als das aus dem Diodor abgezeichnete, und dem Herodot ganz unbekante Gemählde von der eingeschränkten Lebensart der egyptischen Könige, das freylich zu allerhand Parallelen mit der Gesetzgebung des Lykurgs Anlaß geben konnte. Ein zweytes eben so auffallendes Beyspiel ist das vom Herodot eben so

wenig

wenig erwähnte, vom Diodor aber als sehr weise angepriesene Gesetz über die Diebe und Diebstähle (p. 90.). Man hatte in der festen Ueberzeugung, daß alle Diebstähle nicht könnten gehindert werden, den vortreflichen Einfall gehabt, dergleichen Entwendungen fremder Güther dadurch so unschädlich als möglich zu machen, daß man die Dieberey zu einer ordentlichen von den Gesetzen gebilligten Hantthierung machte, und diejenigen, die sich diesem edlen Gewerbe widmen wollten, in eine Zunft versamlete, die von einem Vorsteher, oder Erzdieb regiert wurde. Wenn also einer von diesen Mitgliedern glücklich genug gewesen war, einem ehrlichen Manne etwas von seinem Eigenthum zu entwenden, so legte er es bey dem Vorsteher in der Gilde nieder, und hier konnte ein jeder, nach Abzug des vierten Theils vom Werthe der entwandten Sache, das Seinige zurück fordern. Dieser Diebslohn war eine vom Gesetzgeber intentionirte Strafe für die Unachtsamkeit, wodurch man das Seinige gegen die List verschmitzter Köpfe zu vertheidigen, vergessen hatte.

Wenn auch Herodot, der aber schweigt, leichtgläubig genug gewesen wäre, diese Nachricht von dem ungereimtesten Gesetze, das vielleicht je erdacht worden, anzunehmen; so würde ich doch mit der größten Zuversicht behaupten, daß die mo-

ralis

ralische Unwahrscheinlichkeit einer solchen Einrichtung, wie Diodor sie beschreibt, das Ansehen und die Versicherung aller egyptischen Priester, und die Leichtgläubigkeit aller griechischen Geschichtschreiber überwiege. In einem Staate, wo jeder Bürger von seiner Lebensart die strengste Rechenschaft zu geben verpflichtet war, und der bloße Müßiggang, als ein Verbrechen geahndet wurde, in einem solchen Staate sollte die diebische Geschäftigkeit unnützer Faullenzer nicht nur Schutz, sondern auch Aufmunterung gefunden haben? Wie konnte ein Gesetzgeber hoffen, daß alle Diebe sich würden einschreiben, und dadurch öffentlich als Diebe brandmarken lassen, daß sie ferner alles Gestohlne angeben, und mit dem kleinsten Theile ihres Raubes zufrieden seyn würden? Der Gesetzgeber würde durch seine Gnade nichts weniger als seine Hauptabsicht erreicht haben, doch wenigstens dem Bestohlnen drey Viertheile seines geraubten Guths zu sichern. Die Diebe würden bey der wahrscheinlichen Hofnung, unentdeckt zu bleiben, gewiß nicht mit dem ihnen vom Gesetz versprochenen Lohn ihrer Ungerechtigkeit zufrieden gewesen seyn, (wer wollte Dieben von Profeßion so viel Rechtschaffenheit zutrauen?), sondern nur alsdenn zu dem Gesetze ihre Zuflucht genommen haben, wenn sie ihres Verbrechens überführt zu werden, hätten befürchten müssen.

Würde

Würde endlich ein einziger Erzdieb und Archivarius dieser Bande für eine so ausgebreitete Rotte in einem solchen Lande als Egypten war, hinlänglich gewesen seyn? Mußte der Dieb sein gestohlnes Gut erst ganz Egypten durchschleppen, um es seinem Oberhaupte anzugeben, und der Bestohlne eben so viele Meilen hintendrein ziehen, um es wieder zu erlangen?

Mich ekelt, alle Ungereimtheiten eines solchen, die Dieberey begünstigenden Gesetzes zu rügen, das Diodor als so weise preist, so viele Alte und Neuere nachgeschrieben und bewundert haben, weil man es für das Orginal der vom spartanischen Gesetzgeber eingeführten, und uns nicht genug bekannten Einrichtung hielt, die aber gewiß aus ganz andern Absichten, in einem ganz andern Lande, zuverläßig nicht um das Stehlen in eigenthümlichen Verstande zu adeln, erfunden war —. Beweißes genug, daß die Egyptier immer dreister, und die Griechen immer leichtgläubiger wurden, wenn jene nur schlau genug waren, ihren Erdichtungen Beziehung, oder Aehnlichkeit mit griechischen zu geben, oder einige hellschimmernde Farben von philosophischen Raisonnements darüber zu schmieren —. Ich komme jetzt zu den Erweiterungen der ιερων λογων.

Um

Um die gänzliche Verschmelzung der griechischen Mythologie in die egyptische Religion zu beweisen, dürfte ich weiter nichts als von der Geschichte des Osiris (Diod. p. 15-25.) einen Auszug geben. Fast alles was hier vom Osiris gesagt wird, war dem Herodot unbekannt. Dieser berichtet uns nur (II. c. 144.), daß Osiris zu der dritten Ordnung der Götter gehöre, daß Horus sein Sohn unter allen am letzten regiert habe, und vom Typhon aus dem Wege geräumt worden. Von seiner Verschwisterung und Vermählung mit der Isis, und von allen den abentheuerlichen Dingen, die man dem Diodor erzählte, weiß er nichts; er sagt nur bloß, daß man Osiris durch Διονυσος übersetze. Aus diesem unbeträchtlichen Stof hatte man bis auf die Zeiten Diodors eine der vollständigsten mythischen Geschichte heraus gesponnen.

Man hatte ihm den Nahmen des Διονυσος nicht umsonst gegeben. Diese Benennung war Ursache, daß der egyptische Gott zuletzt eben die mythische Person wurde, eben die Thaten verrichtet hatte, welche die Griechen ihrem Bachus zuschrieben; er war der Vater und Pfleger des Weinstocks, wie die Isis, wegen ihres griechischen Nahmens, Δημητηρ die Erfinderin des Ackerbaues wurde (S. 18=22.). Er hatte seinen Nahmen von Nysa, einer Stadt im glücklichen Arabien, und von seinem

Wa=

Vater dem Jupiter. Die Richtigkeit dieser Etymologie bemühete man sich S. 19. durch ein Paar Verse aus einem Hymnus, der dem Homer zugeschrieben wird, darzuthun. Osiris, heist es, S. 20., war ein zu großer Menschenfreund, als daß er die wichtigen Erfindungen des Wein= und Ackerbaues blos in den Gränzen Egyptens hätte einschliessen sollen; er versammlete daher eine große Armee, um die ganze bewohnbare Erde wie der griechische Bachus, zu durchziehen, und die Menschen, selbst wider ihren Willen glücklich und gesellig zu machen. Er setzte daher die Isis zur Regentin von Egypten ein, und stellte ihr den Hermes, als einen getreuen Rathgeber zur Seite. Dem Herkules vertrauete er das Obercommando über die in Egypten zurückbleibende Truppen an: Busiris wurde Gouverneur über die am mittelländischen Meer, und gegen Syrien liegende Länder: Antäus hingegen über die Ethiopien und Lybien begränzenden Seiten des Reichs. Seinen Bruder Apollo (der beym Herodot sein Sohn heist) nahm er als einen Gefährten seiner glorreichen Expedition mit. In seinem Gefolge war eine Menge von Personen, die den Wein= und Fruchtbau sehr gut verstanden, und den wilden Völkern, die sie antrafen, bekannt machen konnten; unter diesen thaten sich besonders Maro und Triptolemus hervor: (S. 21.). Er wandte sich zuerst

nach

nach Ethiopien, wo er das Geschlecht der Satyren antraf, die er als ein Freund der Freude, und erlaubten Belustigungen zum Amusement mit sich nahm. Aus eben der Absicht hatte er eine Menge von Sängern und Tonkünstlern bey sich, und unter diesen neun Jungfrauen, die den Apollo zum Anführer hatten, und von den Griechen nachher Musen genannt wurden (S. 22,). Aus Ethiopien kehrte er zurück, und durchzog ganz Asien bis an die äusersten Gränzen von Indien, wo er zu seinem Andenken die Stadt Nysa erbauete, und Cypreßen pflanzete. Endlich gieng er von Asien nach Europa über, setzte den Maro zum Könige von Thracien ein, von dem nachhero die Stadt Μαρωνεια den Nahmen führte. Sein Sohn Macedo wurde König von demjenigen Reiche, dem er seinen Nahmen gab. Triptolemus lehrte die Einwohner von Attika zuerst den Ackerbau, und die übrigen Künste des Friedens —. Nachdem sich Osiris auf diese Art das ganze menschliche Geschlecht durch seine Wohlthaten verbunden hatte, gieng er nach Egypten zurück, und erhielt, wegen seiner großen Verdienste, göttliche Ehre, und die Unsterblichkeit.

Die Todesart des Osiris blieb lange ein den Priestern ganz allein bekanntes Geheimniß, das aber doch endlich an weniger heilige Leute verrathen wurde. Typhon wurde das Haupt einer

Verschwörung, die dem Osiris das Leben kostete. Dieser Verräther zerstückte den Leichnam des Osiris in 26 Theile, die er seinen Mitverschwornen austheilte, um sie alle gleich strafbar zu machen, und sie sich durch diese harmonische Bosheit desto näher zu verbinden. Isis suchte mit Hülfe ihres Sohnes des Horus, den Tod ihres Gemahls an dessen schändlichem Mörder zu rächen; das Glück begünstigte ihre Unternehmung, Typhon wurde mit allen seinen verrätherischen Freunden verwundet und umgebracht. Nach diesem Siege war ihr erstes und wichtigstes Geschäft dieses, alle Fragmente des Körpers ihres Gemahls aufzusuchen; kein einziges gieng verlohren, als die Zeugungsglieder, die Typhon gleich in den Nil geworfen hatte, weil keiner der übrigen Rebellen sie annehmen wollte. Da sie ihrem ermordeten Gemahl keine andre Proben der Zärtlichkeit geben konnte, so bemühete sie sich ihn wenigstens zur Ehre eines Gottes zu erheben, und zum Gegenstande der Anbetung von ganz Egypten zu machen. Sie formte daher um einen jeden einzelnen Theil seines Körpers eine menschliche Figur von Wachs und Specereyen; und übergab einer jeden Gesellschaft von Priestern einen solchen wächsernen Osiris, mit der Versicherung, daß sie ihnen den heiligen Körper ihres Gemahls anvertraut habe. Zugleich hängte sie diesem Geschenk den Befehl an, diesen

ihnen

ihnen überlieferten Schatz zu begraben, und ja keinem Menschen zu verrathen, daß der wirkliche Osiris in ihrem Tempel beygesetzt sey. Durch diesen Kunstgrif, mit dem sie wahrscheinlicherweise nur Leute hintergehen konnte, die hintergangen seyn wollten, erreichte sie zwo Absichten zugleich: daß nemlich eine jede Gesellschaft von Priestern den wahren Osiris zu haben glaubte, und daß ihrem geliebten Gemahl in allen Theilen Egyptens göttliche Ehre erwiesen wurde, weil man alle Reliquien dieses großen Wohlthäters anzubeten glaubte. Sie belohnte die Folgsamkeit der Priester auf eine königliche Art, indem sie ihnen den dritten Theil von ganz Egypten zum ewigen unveräuserlichen Eigenthum anwies, um aus diesen Einkünften sich selbst, ihre Küster, und die heiligen Thiere mästen zu können.

Herodot, der sich lange in Egypten aufgehalten hatte, und alle ἱεροὺς λόγους, besonders die, welche Spuren der griechischen Religion an sich trugen, so sorgfältig samlete, weiß von allen mythischen Abentheuern, und besonders von der zuletzt erzählten Mordgeschichte des Osiris gar nichts: ein zuverläßiger Beweiß, daß diese ganze Fabel zu seinen Zeiten noch nicht erdichtet war. Sie setzt auch in der That einen gänzlichen Abfall von der väterlichen Religion, und eine zu genaue Bekannt-

K schaft

schaft mit allen Theilen der griechischen Mythologie voraus, als daß man ihre Geburt in die Zeiten dieses Geschichtschreibers setzen könte, wo die wenigsten Priester sich durch griechische Gelehrsamkeit gebildet hatten. Der erste Abschnitt, in welchem Osiris in den griechischen Dionysos metamorphosirt, und noch überdem eine Menge von Fragmenten aus der griechischen Fabel und Geschichte eingeschaltet wird, ist vielleicht dem Diodor unter allen Griechen zuerst erzählet worden, weil sie weder im Plutarch, noch Strabo, noch Porphyr, und andern, aus einem ältern Geschichtscheriber angeführet wird. Der zweyte Theil hingegen ist freylich auch von späterer Erfindung als Herodots Zeitalter; aber doch älter, als Diodor, weil Plutarch, die Ermordung des Osiris, und die übrigen darauf folgenden Begebenheiten aus den Eudoxus citirt (T. II. 353.).

Wer durch die jetzt angeführte Fabel von der stets zunehmenden Begierde der Egyptier sowohl, als der Griechen die Religion der Erstern in die Mythologie der Letztern zu verwandeln, noch nicht überzeugt ist, der höre folgende Geschichte, die vor dem Diodor noch niemand erwähnt hat, und so viel ich weiß, keiner der nachfolgenden Griechen dem Diodor nach zu erzählen dreist genug gewesen ist (Lib. I. S. 107. 108.). Orpheus hat, so erzählzählten die egyptischen Priester, den ganzen μυθος vom άδης, den elysischen Gefilden u. s. w. aus den egyptischen Leichen = Ceremonien zusammengesetzt. Euer Seelenführer Merkur, sagten sie (Ἑρμης ψυχοπομπος) ist kein anderer, als der Führer des neugefundenen Apis, der diesen Gott an einer gewißen Stelle einem andern überliefert, der die Larve des Cerberus angehängt hat. Eure elysischen Gefilde sind die fruchtbaren, und mit den schönsten Blumen übersäete Wiesen am acherusischen See, nahe bey Memphis, wo die Gräber der angesehensten Egyptier sind. Euer Charon ist der Schiffer gleiches Nahmens in Egypten, der gegen eine kleine Belohnung die Körper der Verstorbenen über den Fluß setzet. Orpheus hat also weiter nichts gethan, als aus einer wirklichen Geschichte eine Fabel gemacht, und ihre Scene aus dieser Welt in eine dichterische verlegt.

Es wäre in der That höchst wunderbar, wann unter so vielen Griechen, die nach Egypten reisten, und sich gemeiniglich am längsten in Memphis aufhielten, kein einziger diese auffallende Aehnlichkeit zwischen den egyptischen Leichenceremonien, und ihren vaterländischen μυθοις bemerkt hätte, oder gesetzt, daß sie auch alle unachtsam genug gewesen, sie zu übersehen, warum kein egyptischer Priester einen andern vor oder nach dem Diodor

dar=

darauf zu merken, gezwungen hätte. Alle, die von Memphis reden, erwähnen der berühmten Gräber der Mumien; mehrere beschreiben die Leichenbegängniße der Egyptier; aber weder Herodot noch Strabo reden von einer dem Cerberus ähnlichen Maske, noch vom See Acheron, noch vom Charon. Keiner nach dem Diodor hat die Erklärung der egyptischen Priester zuverläßig gefunden; und Elysium in den Gefilden um Memphis gesucht (*).

Eine so ausschweifenden Freyheit im Erdichten als diejenige ist wovon ich gleich Beyspiele anführen werde, würde man sich nicht haben erlauben dürfen, wenn man nicht das Mittel dieselbe Gottheit zu vervielfältigen, in zwo oder drey Personen zu theilen, und zugleich mehrere, vorher unbekannte Ordnungen ganz neuer Götter einzuführen erfunden, und gebraucht hätte. Eine Unbequem-

lich-

(*) So wie die Griechen fast allen Städten von Egypten griechische Nahmen gegeben haben; so muß auch in spätern Zeiten, als in welchen Griechen und Römer Egypten besuchten, die von Diodor angeführte Fabel Ursache geworden seyn, daß man dem, die Stadt Memphis begränzenden See, den Maillet recht oder unrecht für den See Möris ausgiebt, einen aus ihr abgeleiteten Nahmen gegeben hat. Sie wird noch jetzo Barque de Caron genannt. Maillet I. 266. Siehe auch II. 87. S.

lichkeit vermied man freylich dadurch; aber man brachte auch zuletzt eine so ungeheure Verwirrung in die egyptische Götterlehre hinein, daß man sich unmöglich selbst wieder heraushelfen konnte.

Darinnen waren (S. 14.) die egyptischen Priester zu Diodors Zeiten mit allen den Lehrmeistern der vorhergehenden und nachfolgenden Griechen einig, daß ganz Egypten die Sonne und den Mond verehret, und zwar unter dem Nahmen Osiris und Isis angebetet hätte. Diese nennten sie die ersten und ewigen Götter, und ließen sie die erste Ordnung ausmachen, der sie aber eine zwote Claße irrdischer Götter an die Seite setzten (p. 17.) Θεους επιγειες, die zwar gleich den Menschen sterblich gewesen, aber doch wegen der ihren Mitbrüdern erzeigten Wohlthaten durch göttliche Ehrenbezeugungen nach dem Tode verherrlicht worden wären. Dergleichen sind die Sonne, Saturnus, Rhea, Jupiter, und überdem auch Juno, Vulcan, Vesta, und Mercurius. Die Priester, fährt Diodor fort, können sich nicht darüber vereinigen, welcher von diesen Göttern zuerst regiert habe; einige entscheiden für die Sonne, andre für den Vulcan. Eben so wenig stimmen sie in Ansehung der Genealogie ihrer Götter überein. Nach dem Vulcan, oder wie einige sagen, nach der Sonne soll Saturn mit seiner Gemahlin Rhea geherrscht, und

K 3 wie

wie einige behaupten, den Oſiris und die Iſis, nach dem Zeugniß anderer aber, den Jupiter und die Juno erzeugt haben. Jupiter und Juno wurden wiederum Aeltern von fünf göttlichen Kindern, die Diodor in folgender Ordnung nennt: Oſiris, Iſis, Typho, Apollo und Venus. Gleich daraus fängt er die Mythologie des Oſiris an, woraus ich oben ſchon einen Auszug gegeben habe —. Hierüber einige Bemerkungen.

Die älteſten Egyptier kannten keinen doppelten Oſiris: einen unſterblichen Gott, einen und eben denſelben mit der Sonne, und eine zwote mythiſche, dem griechiſchen Bachus ähnliche Perſon; Vielweniger trennten ſie Oſiris und Sonne, als zween verſchiedene Weſen von einander, wie die Prieſter beym Diodor S. 14. 17. thun. Die Sonne und der Mond ſind die beyden erſten unſterblichen Götter, und gleich darauf erſcheint der ηλιοσ als der Erſtgebohrne der θεων επιγειων wieder. Wir haben die egyptiſchen Prieſter, wie Diodor dieſen offenbaren Widerſpruch überſehen? Um aber das Maas der Ungereimtheit recht voll zu machen, werden ſie zum drittenmahl als Kinder des Jupiters und der Juno wiedergebohren. Schon oben habe ich aus dem Herodot gezeigt, daß die Egyptier ſchlechterdings von keiner Vergötterung ſterblicher Menſchen etwas wußten und wiſſen woll-

wollten. Und nahmentlich sagt er, daß die Egyptier weder Juno, noch Rhea, weder Vesta noch Saturn kannten, die doch alle hier in Claße der Θεων ἐπιγειων schimmern.

Nachdem man aber alle Verfälschungen und Verdrehungen gebraucht, alle Distinctionen, und Kunstgriffe erschöpft hatte, um die egyptische Religion in die Mythologie hinein — und wieder heraus zu philosophiren; so verfiel man noch auf eine zweite Methode, wodurch sie ganz unkentlich wurde. Man sah nemlich die ganze Religion, und selbst den sich noch immer vermehrenden Vorrath von Allegorien als mystische Hüllen an, in welchen die erhabenste Weißheit, und die richtigsten Begriffe von Gott und seinen Eigenschaften verborgen wären. Man hatte wie ich oben schon erinnert habe, diese Methode zuerst auf die griechische Religion nicht gar lange vor Diodors Zeiten anzuwenden, angefangen: sie war aber nur in den Gränzen einer Sekte geblieben, ohne die allgemeine Formel eines ganzen Zeitalters zu werden. Ungeachtet sie aber damahls noch in ihrer Kindheit war, so trift man doch schon deutliche Spuren davon in den Raisonnements der egyptischen Priester beym Diodor an.

Die Sonne und der Mond (S. 15.) sind die Könige der Welt; sie schaffen alles was lebt, aus und durch fünf Principia (ςοιχεια), die ich mit

mit den griechischen Nahmen hersetze, weil ich sie im deutschen nicht zu unterscheiden im Stande bin: το πνευμα, το πυρ, το ξηρον, το υγρον, το αερωδες. Diese Ausflüße der Götter, sagten die Priester beym Diodor, haben unsere Vorfahren alle für Götter gehalten; το πνευμα haben sie Jupiter genannt: und dies wird mit Stellen aus dem Homer bewiesen. Das Feuer nannten sie ἡ Φαιϛος, und die Erde μητήρ oder Δημητηρ. Το υγρον hieß bey den Alten ωκεανος, und das wird wieder mit Stellen aus den Homer belegt.

Alle diejenigen, welche unter Αθηνη etwas anders als das fünfte Principium, die Luft verstanden, haben sich sehr geirret. Sie wird mit Recht für eine Tochter des Jupiters, und eine reine unbefleckte Jungfrau gehalten, weil die Luft unveränderlich ist, und bis an die entferntesten Theile der Schöpfung bringt. Man hat ihr den Nahmen γλαυκωπισ wegen ihres schönfarbigten Glanzes, aber gewiß nicht wegen der blauen Augen gegeben.

Die Egyptier kannten keine fünf Elemente, und beteten sie weder unmittelbar, noch unter den Larven und Symbolis griechischer Götter an. Keiner von den ältesten und neuesten Griechen sagt es, daß sie in dem Gott, den die Griechen Ζευς nannten, den Aether; in der Αθηνη die Luft; im ἡΦαιϛος, das Feuer; im ωκεανος, die Feuchtigkeit;

in

in der Δημητηρ die Erde verehrt hätten. Vom ωκεανος wußten sie gar nichts: Δημητηρ, Αθηνη, waren eben dieselbe Isis, die noch mehrere Nahmen hatte. Was ἡΦαιςος sey, wird in der Folge deutlicher gezeigt werden.

Achtes Kapitel.

Plutarch.

Ungeachtet Plutarch in einem Zeitalter lebte, wo der äusere Gottesdienst der Egyptier schon durchaus mit griechischen Ceremonien überladen, und das eigenthümliche System der Theologie in ein Chaos fremder, gar nicht zusammenhängender Fabeln verschwunden war; so wäre er doch mehr als irgend ein andrer Geschichtschreiber und Forscher im Stande gewesen, Wahres vom Falschen zu unterscheiden, wenn er mit dem großen Scharfsinn, den er besaß, mehr Vorsicht in Prüfen, und mehr anhaltenden Fleiß im Untersuchen angewandt hätte. Allein so durchaus mit platonischen Ideen angefüllt, die er allentalben fand, und wo sie nicht waren, hinein zauberte; so geneigt, die ungereimtesten Fabeln, als ächte egyptische ἱερους λογους anzunehmen, um das Verdienst zu haben, erhabene Gedanken, und philosophische Hypothesen heraus zu klauben; mit einem solchen, aus der wahren Lage herausgebrachten Kopfe, konnte er unmöglich dasjenige leisten, was er ohne diese Schwachheiten zu leisten im Stande gewesen wäre.

Eben die Kunst zu enträthseln, die er anwandte, war die Ursache von einer gar nicht zu verbessernden Verwirrung, wodurch die wahre Gestalt der egyptischen Religion noch mehr, als durch allen mythischen Unsinn verstellt wurde. Seine Abhandlung περι Ισιδος και Οσιριδος wurde daher ein Gewebe von Vermuthungen, und willkührlichen Erklärungen, woran kein alter Egyptier gedacht hatte, und die nicht einmal das Verdienst der Uebereinstimmung hatten. Er, der alle Anlagen zu einem pragmatischen Geschichtschreiber hatte, wurde unter den Griechen eben das, was Kircher und Huet unter uns geworden sind; künstlicher Erfinder auffallender Hypothesen, denen er die äusere Gestalt von wirklicher Geschichte zu geben wußte.

Beyde Religionen, die egyptische und griechische hatten sich zu Plutarchs Zeiten nicht blos in Egypten bis zur Unkenntlichkeit vermischt, sondern so zerrüttet waren sie auch schon bis in Griechenland, und so gar nach Delph vorgedrungen, wo die ursprüngliche Religion der Griechen sich am längsten hätte erhalten sollen. Klea die philosophische Schwärmerin, der Plutarch seine Abhandlung zuschrieb,

schrieb, war Oberpriesterin zu Delph, und zu gleicher Zeit vom Vater und Mutter in die großen Geheimniße des Osiris eingeweiht.

Wenn wir aber auch in den spätern Zeiten dergleichen Facta nicht anträfen, wenn die Vergleichung des Plutarchs mit dem Diodor auch nicht lehrete, daß fast alle Ceremonien, heilige Gebräuche, und Feyerlichkeiten griechischer, und überladener geworden; so würde man die Ausartung der egyptischen Religion allein schon aus der noch immer zunehmenden Ungereimtheit, und Erweiterung der Fabeln schließen können.

Die egyptische Mythologie im Plutarch verhält sich gegen die vom Diodor beschriebene eben so, wie die Letztere gegen den kleinen Vorrath der im Herodot enthaltenen Traditionen. Ungeachtet Plutarch solche μύθες nicht mit der Sorgfalt samlete, mit welcher Diodor sie aufzeichnete, und noch überdem S. 357. gesteht, daß er von den Fabeln des Osiris die unglaublichsten und abgeschmacktesten Umstände abgeschnitten habe; so bleiben doch in seiner Erzählung noch immer ganze Sammlungen der ungereimtesten und lächerlichsten Dinge übrig, von denen man weder beym Diodor noch Herodot das geringste antrift.

Er nimmt, (S. 355.) wie Diodor, den Saturn und die Rhea als die ältesten Stammväter

des

des ganzen Götter-Geschlechts an; er geht aber gleich darauf in der Zahl und den Nahmen der Götterkinder von ihm ab: besonders wird der Ruf dieser guten Göttin im geringsten nicht geschont. Die Sonne verfluchte sie, weil sie schwach genug gewesen war, dem Saturn Gunstbezeugungen zu erlauben, auf welche nur ein rechtmäßiger Gemahl Anspruch machen konnte. Vermöge dieses schrecklichen Fluchs sollte sie die Frucht ihrer verbothenen Liebe weder im Jahre, noch in irgend einen Monathe zur Welt gebähren. Die arme Göttin wäre also ewig schwanger geblieben, wenn nicht Hermes, der zweyte begünstigte Liebhaber, in einem Spiel mit dem Monde, dieser Göttin der Zeit von 70 Tagen einen abgewonnen, und also aus 360 Tagen 5 andere herausgebracht hätte, an welchem Rhea, ungeachtet des auf ihr ruhenden Fluchs, Mutter werden konnte. Sie gebahr also am ersten Tage den Osiris, am zweyten den Horus, am dritten den Typhon, der die Seite der Rhea zerriß, und durch diese Oefnung ans Tages Licht trat, am vierten die Isis, und am fünften die Nephtis. Den Apollo und die Rhea hatte sie von der Sonne; die Isis vom Hermes, und den Typhon und die Nephtis von dem Saturn empfangen. Den dritten dieser, zum ganzen Jahr hinzugefügten Tage habe man für unglücklich gehalten, weil die feindseeligen Göt-

ter

ter Typhon und Nephtis an ihm gebohren worden. Wie wenig die abgeschmacktesten Dinge diesen Erweiterern der μυθων gekostet, kann man aus folgendem Umstande abnehmen: Osiris und Isis, heißt es, liebten sich schon vor ihrer Geburth so inbrünstig, daß sie auch im Mutterleibe der Liebe pflegten.

Nach diesen vorläufigen Erinnerungen, kommt er auf die eigentliche Geschichte des Typhon und Osiris, aus deren Vergleichung mit der Erzählung des Diodors man sich von dem Geschmack und der Unverschämtheit der μυθολογων überzeugen kan. In Ansehung der Erfindungen des Osiris, und seiner, durch Güte und Menschenfreundschaft angefangenen, und glücklich vollbrachten Welteroberung, stimmt Plutarch mit dem Diodor überein; in allen übrigen Puncten ist er ihm entgegengesetzt, oder geht doch wenigstens sehr von ihm ab. Während der Abwesenheit des Osiris hatte Typhon weder Muth noch Gelegenheit, Neuerungen anzufangen; die ausserordentliche Wachsamkeit der Isis hielt seinen ungemessenen Ehrgeitz in den gehörigen Schranken. Nach der Rückkehr des Osiris hingegen setzte er alle bis dahin ruhenden Triebfedern in Bewegung, und machte mit 72 Gehülfen, und einer ethiopischen Königinn Aso eine Verschwörung, den Osiris mit gemeinschaftlicher Hülfe aus dem Wege

zu

zu räumen. Nie hat man wohl durch ein kleineres und lächerlicheres Mittel seinen Zweck glücklicher erreicht, als bey dieser Gelegenheit. Typhon ließ einen großen, vortreflich gearbeiteten Kasten oder Sarg, machen, und ohne weitere Vorbereitung zu einem großen Gastmahl herein bringen, bey welchem Osiris sowohl, als er, mit seinem übrigen Verschwornen gegenwärtig war. Man konnte das Meisterstück nicht genug bewundern; endlich versprach Typhon es demjenigen, dessen Körper am genauesten hinein paßte, zu geben. Alle übrigen Gäste versuchten es; bey keinem aber wollte die Probe glücken, bis endlich sich auch Osiris hinein legte: sogleich fielen alle Verschworne über ihn her, wurfen den Deckel über die Oefnung, und nagelten ihn theils zu, theils verwahrten sie alle sich berührende Seiten mit heißem geschmolzenen Bley. Nach dieser sonderbaren, und mit so vielen Vorbereitungen verbundenen Handlung setzte man den eingeschlossenen Osiris in den Nil, von dessen Wellen er auch durch den tanaitischen Arm bis zum Meer fortgetragen wurde. Nach einer Sage über den Ursprung der Satyren, die des Diodors Nachrichten nicht unähnlicher seyn könnte, fährt er in seiner Erzählung weiter fort: die trostlose Isis irrte in Egypten herum ihren Gemahl zu suchen; sie ließ niemanden, selbst Kinder nicht ungefragt, und

diese

dieſe waren es auch, die ihr zuerſt die Nachricht
gaben, daß der Kaſten des Oſiris durch den tanai-
tiſchen Arm des Nils dem Meere zugeſchwommen
ſey. Die Göttin belohnte dieſe, ihr von den Kindern gegebene, Nachricht mit der Gabe der Weiſſa-
gung, die ſie ohne es zu wiſſen in ihren Spielen
an heiligen Tagen und Oertern ausüben. Endlich
wurde der Kaſten nach Byblus verſchlagen und
auf einer Eryka ſanft niedergeſetzt, die in
kurzer Zeit bis zum Erſtaunen aufwuchs, und den
Kaſten ſelbſt ganz bedeckte. Der Herr des Landes
bewunderte die Größe und Schönheit dieſes Ge-
wächſes, beſchnitt die den Sarg umfaſſende Krone,
und ſetzte ihm nachher eine andre Stütze unter.
Durch einen göttlichen Hauch oder Geiſt erfuhr Iſis
die Niederlage des ſo lange vergebens geſuchten
Kaſtens, erhub ſich darauf nach Byblus, und was
man wohl nicht vermuthen ſollte, ſetzte ſich ganz
bemüthig und niedergeſchlagen an einer Quelle nie-
det; um ihre Thränen ungeſtöhrt mit deren Gewäſ-
ſer vermiſchen zu können. Sie redete mit keinem
Menſchen, als mit den Kammerdamen der Königin,
denen ſie überirrdiſche Grazie, und göttlichen Wohl-
geruch mittheilete. Die Königin merkte dieſe wundervolle Verwandlung und empfand die heftigſte
Begierde, dieſe Fremde näher kennen zu lernen.
Sie ließ ſie daher zu ſich rufen, und erhob ſie, zum

Be-

Beweis ihres gnädigen Zutrauens, zur Säugamme ihres königlichen Prinzens. Alten Nachrichten zu Folge, soll der König Malkander, die Königin aber Astarte, Soasis, oder Memanus geheißen haben. Isis, die sich überhaupt nicht als gewöhnliche Menschen und Götterkinder aufführete, reichte dem kleinen Prinzen, statt der Brust einen Finger, und brannte des Nachts alles Sterbliche und Irdische, was er um sich trug, durch ein übernatürliches Feuer aus. Sie selbst verwandelte sich des Nachts in eine Schwalbe, und flog mit dem traurigsten Gewinsel um den theuren verschlossenen Leichnam ihres Gemahls her. Die Königin schöpfte endlich, man sagt nicht aus welchen Ursachen, Verdacht, und fing an, die göttliche Ernährerin ihres Sohns in nächtlicher Stille zu belauschen. Hier sah sie ihren geliebten Prinzen hell brennen, und erhob bey diesem Anblick ein klägliches Geschrey, wodurch sie demselben auf einmal die Gabe der Unsterblichkeit raubte. Nach dieser Entdeckung bat sich die Göttin, die den Sarg des Osiris tragende Stütze aus. Sie wurde ihr zugestanden, darauf umwickelte sie dieselbe mit einem Gewande, goß die herrlichsten Balsäme über sie aus, und so zubereitet überlieferte sie dieselbe der Königin, die sie in einem Tempel niederlegte, wo sie bis auf die spätesten Zeiten verehrt wurde. Endlich umarmte sie den traurigen Sarg, und

brach

brach in so durchbringende laute Klagen aus, daß der jüngste der königlichen Prinzen darüber in eine tödliche Erstarrung fiel. Den ältesten nahm sie samt dem Sarge mit, und fuhr in einem kleinen Schiffe davon. Während ihrer Fahrt ergrimmte sie über die zu reißende Wellen des Flußes Phädrus so sehr, daß sie ihn ganz austrocknete. Bey der ersten Windstille eröfnete sie den bis dahin verschlossenen Sarg, und ließ mit angeschmiegten Gesichte an dem geliebten Antlitze des Osiris ihrer übermäßigen Betrübniß freyen Lauf. Der arme Prinz, den sie geraubt hatte, wollte sehen, was sie machte; wurde aber mit einem so drohenden entsetzlichem Blick empfangen, daß er auf der Stelle starb. Hier hält sich Plutarch bey dem Nahmen dieses Prinzen u. s. w. auf, dessen Geschichte ich übergehe, weil sie nur eine Episode ist. —

Nach ihrer glücklichen Ankunft in Egypten begab sie sich zu ihrem Sohn Horus, der in Buto erzogen wurde: versteckte aber doch aus Vorsicht den Sarg, in welchem ihr Gemahl noch immer eingeschlossen lag. Unglücklicherweise mußte Typhon auf eine Jagdpartie an den Ort kommen, wo sie den Osiris hingelegt hatte, und ihn auch beym hellen Mondenschein entdecken. Er war grausam genug seine Rache noch an dem Leichnam auszulassen; zerstückte ihn in vierzehn Theile, und warf diese aufs

L ge-

gerathe wohl an verschiedenen Theilen von Egypten aus. Isis vernahm dieß neue Unglück bald, fing wieder an zu suchen, und war auch so glücklich, alle Fragmente zusammen zu bringen, die Genitalien ausgenommen, die der Oxyrinchus verschlungen hatte. Sie heiligte aber statt dessen, den Phallus eine genaue Kopey des Originals, den die Egyptier deswegen auch bis auf die Zeiten des Plutarchs verehrten. Endlich erschien Osiris dem erwachsenen Horus aus dem Reiche der Schatten, um ihn in den Kriegen wider den Typhon zu unterstützen. Um seinen Verstand auf die Probe zu setzen, legte er ihm verschiedene Fragen, die auf gar keine bestimmte Art gut beantwortet werden konnten, vor. Ungeachtet Horus sie alle nach der Art eines Schülers auflösete, gerieth Osiris doch in ein bewundernbes Staunen, und faßte von dem Erfolge seiner Unternehmungen wider den Typhon die glücklichsten Vorbedeutungen, die auch vollkommen erfüllt wurden. Horus überwand seinen Feind nach einem hartnäckigen Gefechte von einigen Tagen, und lieferte den gefesselten Typhon seiner Mutter aus, weil er ihn bey ihr in sichern Händen glaubte. Allein eben die Isis, die alle Anschläge des freyen mächtigen Typhon mit so vieler Weißheit vereitelt hatte, entsprach in diesem Falle den Erwartungen ihres Sohnes nicht: sie ließ ihn, den Mörder und

Zer-

Zerfleischer ihres Gemahls, mit einer unverzeihlichen Nachläßigkeit entwischen. Horus ereiferte sich wider dies unpolitische Verfahren seiner nach gar keinen Grundsätzen handelnden Mutter so sehr, daß er ihr den königlichen Schmuck vom Haupte abriß, den Hermes aber durch eine, wahrscheinlicherweise nicht gleich geltende Coeffure von ein Paar Ochsenhörnern ersetzte. Zur Dankbarkeit machte der in Freyheit gesetzte Typhon dem Horus einen Proceß, worin er seine Geburth verdächtig, und die eheliche Treue der Isis anzuschwärzen suchte. Allein er wurde abgewiesen, und Horus dagegen als ein ächter Sohn von allen Göttern erkannt. Horus überwand seinen Feind zum zweyten mahl in zwoen Schlachten, die ihn völlig zur Ruhe brachten. Am Ende setzt Plutarch noch eine Aneckdote hinzu, die mit der ganzen Göttergeschichte streitet, und überdem so unglaublich ist als irgend eine von denen, die ich aus ihm angeführet habe. Er sagt nemlich, daß die Isis von ihrem verstorbenen Gemahl noch einen Sohn den Harpokrates empfangen habe, der aber an seinem ganzen Körper schwach gewesen sey, und sich besonders durch kraftlose verzogene Beine ausgezeichnet habe.

Nach den Auszügen, die ich kurz vorher aus dem Herodot und Diodor gemacht habe, würde es eine sehr überflüßige Arbeit seyn, aus der Vergleichung

chung derselben mit der egyptischen Mythologie, wie ich sie aus dem Plutarch abgeschrieben habe, zu beweisen, daß die Anzahl der μυθων in dem genauesten Verhältniße mit der Vermischung der seit den Ptolomäern in Egypten herrschenden Religionen sich vervielfältiget habe, daß sie in eben dem Grade ungereimter, und sich widersprechender geworden, und daß man sie also unmöglich für Religionsvorurtheile der alten Egyptier halten könne, da sie vielleicht in den neuern Zeiten, wo sie ausgeheckt worden, selbst nur von ihren Erdichtern erkannt und geglaubt worden.

Allein bey der Methode, nach welcher Plutarch alles zu verstehen und auszulegen sich gewöhnt hat, kann keine Fabel, Sage oder Erdichtung zu ungereimt seyn. So bald man einer feurigen Einbildungskraft erlaubt, von dem Buchstaben abzugehen, und nach einer uneingeschränkten Hermeneutick alles willkührlich zu erklären, so läßt sich gar nichts so unsinniges träumen, worinn man nicht auf die eine oder andere Art einen vernünftigen Sinn hinein denken könnte. Damit man aber überzeugt werde, daß ich dem Plutarch nichts ohne Grund zur Last lege, und daß seine Auslegungen nicht einmahl neuegyptische Raisonnements und Theologie enthalten, so will ich erst einige Proben von den Grundsätzen geben, nach welchen er die

egy-

egyptischen μυθους beurtheilte, und endlich mit mehrern Beyspielen beweisen, daß Plutarch sich selbst nicht gleich bleibe, sondern eine und eben dieselbe Fabel aus mehrern, fast gar nicht verwandten platonischen Hypothesen ableite. Alsdenn wird man hoffe ich, keine ächte egyptische Theologie mehr in seiner Abhandlung suchen, wie Graf Caylus that, der wie alle übrige, nicht darauf acht gab, daß die im Plutarch enthaltene Auslegungen nicht einmahl von jungen egyptischen Priestern, sondern von dem griechischen Philosophen selbst herrühre (*).

Nachdem er einige μυθους vom neuesten Gepräge angeführet hatte; setzt er zu seiner, und der Fabeln Rechtfertigung folgendes hinzu (S. 353.). Diese Erzählungen enthalten nichts unvernünftiges und fabelhaftes; sie sind auch nicht, wie einige glauben, vom Aberglauben erfunden, und der äussern Religion einverleibet werden, sondern einige von ihnen sind reich an sittlichen und nützlichen Grundsätzen, andere hingegen enthalten artige Anecdoten, oder Anspielungen aus der Naturgeschichte.

Einige

(*) Schon Eusebius Praepar. Euang. III. c. I. wirft ihm Ungleichheit in seinen Auslegungen der griechischen Mythologie vor.

Einige Seiten nachhero erklärt er sich noch deutlicher. Er beschließt die Erzählung vom Osiris, die ich kurz vorher in einer freyen Uebersetzung geliefert habe, mit folgenden Worten: Ich brauche es, sagt er zur Klea, nicht zu erinnern, daß man um mich des Ausdrucks vom Aeschylus zu bedienen, seinen Mund reinigen müßte, wenn alle die Sachen, die ich erzählt habe, von der seeligen und unsterblichen Natur der Gottheit selbst gelten sollten. Du verabscheust selbst diejenigen, welche so unheilige und rohe Begriffe vom höchstem Wesen hegen. Daß sie aber wirklich den leeren Erdichtungen und grundlosen Fabeln nicht ähnlich sind, die unsere Dichter und Mythologen aus sich selbst heraus zu spinnen pflegen, ist mehr als wahrscheinlich. So wie die Mathematiker den Regenbogen für ein bloßes in den Dünsten abgemahltes Bild der Sonne halten, so sind auch alle diese Erzählungen, nur Abdrücke von höhern Wahrheiten, die sie in sich schließen. — Es wäre daher (S. 374.) lächerlich, wenn man die μυθους nach dem Buchstaben erklären wollte; man muß im Gegentheil ihre Aehnlichkeit mit vernünftigen Gedanken aufsuchen, und sie darnach beurtheilen.

Nirgends aber kann man die Denkungsart des Plutarchs deutlicher wahrnehmen, als auf der 377. 378. S. Alle diejenigen, sagt er irren, die die

Vege-

Begebenheiten des Osiris und der Isis aus Erscheinungen, und Naturbegebenheiten erklären, die Egypten allein eigenthümlich sind. Diese Leute sehen nicht ein, wie ungerecht sie mit dem übrigen menschlichen Geschlechte verfahren, indem sie ihnen diese großen Götter rauben, die sie allein in Butos und Memphis einschließen, und mit solchen Symbolis und Geschäften beehren, die nur allein in Egypten Platz finden. Alle Menschen kannten die Isis, und die übrigen sie begleitende Götter, ungeachtet sie die egyptischen Benennungen erst spät erfahren haben. Ein anderer weit größerer Nachtheil, der aus einer solchen Einschränkung der Götter auf das einzige Egypten entstehen könnte, ist dieser, daß man nemlich in Gefahr ist, die göttliche Natur zu erniedrigen, und sie mit gewißen Theilen der leblosen Körperwelt zu vermischen. Mit solchen Begriffen kann man in Flüßen, Winden und Jahrszeiten Götter; in Weine den Bachus, im Feuer den Vulkan verehren. Daher entstehen aber gotteslästerliche Begriffe, die den Schöpfer mit seinen Werken verwechseln. Gott, setzte er hinzu, ist nicht leblos, wir empfinden ihn nicht in den Gegenständen, die in unsere Sinne wirken, sondern wir haben uns zu seinem Wesen aus den vielen uns erwiesenen Wohlthaten, aus seinen Werken erhoben. Die Gottheit ist allenthalben dieselbe

selbe bey den Griechen sowohl als bey den Barbarn, bey denen, die unter dem Südpol wohnen, oder unter dem Nordpol erstarren. Allein man verehrt sie unter verschiedenen Benennungen, und mit oft sehr unähnlichen Gebräuchen, so wie wir alle dieselbe Sonne, denselben Mond mit verschiedenen Nahmen belegen.. Um sich also, bey allen Erzählungen und Begebenheiten der Fabeln, nicht zu versündigen, muß man die Philosophie zur Führerin wählen, um mit ihrer Hülfe ihren geheimen Sinn zu erreichen, und das anscheinende Gottlose ablösen zu können —. Man kann es dem Plutarch nicht streitig machen, daß er dieser Methode nicht sehr treu geblieben wäre. Nur wäre es zu wünschen, daß er nicht dieselbe Geschichte aus so sehr verschiedenen Hypothesen auf eine so vielfache Art erklärt hätte.

Nichts ist ungegründeter sagt er (S. 360. 361.), alsdie Meynung des Evemerus, der alle Götter von Menschen ableitete, und sie entweder für Gesetzgeber oder Feldherrn hielt, die die übertriebene Dankbarkeit der schwachen Sterblichen zu übermenschlichen Naturen erhoben hätte. Man ist der Wahrheit viel näher, wenn man sie alle, und unter diesen auch den Osiris und Isis für Dämonen hält, die Pythagoras, Plato und Xenokrates für eine Mittelgattung zwischen Göttern und Menschen
hielt

hielten, von welchen sie weder alle Vollkommenheiten, noch alle Fehler hätten. Hier breitet er sich weitläuftig über die Dämonen, und die Meynungen der ältesten Dichter und Philosophen aus, und wiederholt es endlich noch einmahl, daß die Isis sowohl, als Osiris aus guten Genüs endlich in wirkliche Götter verwandelt worden, und eine ihrer großen Macht gemäße Ehrerbietung an allen Enden des Erdbodens erhalten hätten.

Einige Seiten nachher scheint es, als wenn er diese mit so vieler Mühe und Gelehrsamkeit ausgeputzte Auslegung gänzlich vergessen hätte. Er sagt nemlich S. 364. mit der Miene des eigenen Beyfalls, und der Selbstüberzeugung, daß die weisern unter den Priestern nicht blos den Nil Osiris, und das Meer Typhon nennten, sondern daß sie unter Osiris alle ernährende Feuchtigkeit in der ganzen Natur verstünden, so wie Typhon alles Austrocknende und Verzehrende bedeute. Er läßt diese Egyptier unter andern sich auf den Thales und Homer berufen, die beyde das Wasser, als das erste Principium aller Dinge festgesetzt haben sollten. Beym Homer sey wenigstens der Ωκεανος der egyptische Osiris, und die Thetis sey keine andere, als die Isis. Er fängt sogar an seinen Beweis auf die Ableitung des Ausdrucks Οσιρις aus der griechischen Sprache zu stützen.

Bey der Methode unsers griechischen Philosophen war es nicht nur leicht, allen Fabeln einen vernünftigen Sinn zu geben; es war eben so leicht, alle übrigen Auslegungen unter einen Gesichtspunct zu bringen, und auf die schicklichste Art zu vereinigen. Man hat, sagt er S. 369., unter dem Typhon, bald das Meer, bald eine auszehrende Hitze, bald einen verzehrenden Wind, oder eine schädliche Finsterniß verstanden; alle haben gewissermassen recht, weil Typhon alles Unvollkommene und Schädliche in der ganzen Natur bedeutet. Nach diesem Ausspruch erklärt er nicht nur die Theologie der alten Völker, sondern alle Systeme der griechischen Dichter und Philosophen aus der Hypothese von zweyen unabhängigen Principiis, wovon das eine die Quelle alles Guten, und das andere die Ursache alles Bösen sey. Seine Hermentik ist eine wahre Zauberkunst: sie zieht aus einer Meynung und Begebenheit unzählige andere heraus, und mit eben so großer Leichtigkeit schmelzt sie die unähnlichsten, und entgegengesetzten Systeme verschiedener Nationen und Denker in eine einzige Hypothese zusammen.

Je länger er die egyptische Mythologie bearbeitet, von destomehr Seiten stellt sie sich ihm dar, und destomehr ähnliche oder unähnliche Gedanken fallen ihm ein, mit der er sie vergleichen, und woraus er sie erklären kann. Nachdem er die platonische

sche Lehre von der Weltseele (370. 371.) vorgetragen, und zugleich den Satz festgesetzet hat, daß es unmöglich sey, alles Unvollkommene, und Unordentliche aus dieser Welt wegzuschaffen; so macht er eine Anwendung davon auf die egyptische Theologie. Der beßere Theil der Weltseele, der alles Erquickende, und Leitende λογος ist Osiris: so wie die in allen Elementen, und Gegenständen der Natur herrschende Ordnung ein Ausfluß und Bild deß selben ist. Der unordentliche, gesetzlose Theil der Weltseele so wohl als Materie, dasjenige was er Typhon nennt, ist in so unübersetzbaren und theils der griechischen Sprache überhaupt, theils der platonischen Philosophie ganz eigenthümlichen Bildern ausgedrückt, daß ich gezwungen bin den Text selbst herzusetzen: τυφων δε, της ψυχης, το παθητικον και τιτανικον και αλογον, και εμπληκτον του τε σωματικου το επικλητον, και νοσωδες, και ταρακτικον αθριαις και δυσκρασιαις, και κρυψεσιν ηλιου και αφανισμοις σεληνης, οιον εκδρομαι και αφανισμοι και τυφωνες. Wer nur einigermaßen mit dem System des Plato, wie Plutarch es ausgelegt hat, bekannt ist, kann schon zum voraus errathen, was aus der Isis werden wird. Er gesteht freylich S. 372, daß alle Egyptier in dieser Göttin den Mond verehren, daß Feyerlichkeiten, Symbola, und selbst ältere Traditionen diese Meynung bestätigten:

allein

allein sagt er, wir wollen ihre Natur aus der schon einmal gebrauchten Hypothese erklären. Dieser zufolge ist Isis die Mutter aller Wesen, das Substratum alles dessen, was ist und wird, die Plato τιθηνη καὶ πανδεχης nennt. Den Nahmen μυριωνυμος hat sie deswegen erhalten, weil sie aller der Eindrücke fähig ist, die der große Demiurg ihr mittheilen will. Sie hat eine angebohrne Liebe zu diesem Demiurg, und ungeachtet sie alle mögliche Formen anzunehmen im Stande ist, sehnt sie sich doch immer nach den Eindrücken der höhern Vollkommenheit. Mann kann fährt er S. 373. fort, mit Recht sagen, daß die Seele des Osiris unsterblich sey, sein Körper hingegen vom Typhon zerstücket, und von der Isis wieder zusammengesetzt werde. Das eigentliche Urwesen bleibt ewig, und unveränderlich wie es ist; die Bilder hingegen, Aehnlichkeiten und Abdrücke von Vollkommenheiten, die es der Materie einverleibt, sind eben so vergänglich, und leicht zu vernichten, als die dem Wachse mitgetheilte Formen. So wie aber Osiris der Schöpfer des ganzen, oder doch die alles regierende Weltseele; Isis, die aller Formen fähige, gegen das Gute sich aber mehr neigende Materie ist; so kann man unter Ω'ρος dem Sohne der Isis nichts anders, als die sichtbare Körperwelt verstehen, die Plato κοσμος nennt, und eine gemein-

schaft-

schaftliche Zeugung des höchsten wirkenden Gottes, und der allen diesen Wirkungen leicht nachgebenden Materie ist. Ungeachtet diese Welt die vollkommenste Copey der Verständlichen ist, die in dem Verstande Gottes existirt; so kann sie dennoch, der ihr vom Typhon aufgebürdeten Beschuldigung τῆς νοθείας nicht ganz entgehen, weil sie nicht so rein, und vollkommen, als der Schöpfer des Ganzen ist, sondern durch die Vermischung mit der Materie verlohren hat. In eben diesem Tone fährt er fort, alle Symbola und Eigenschaften des Harpokrates zu erklären, die man theils errathen, theils in ihm selbst nachlesen kann. Am Ende der 373. S. fängt er sogar an aus dem Dreyeck, dem Symbolo der platonischen Schöpfung einen Commentar über die egyptische Theologie zu machen. Allenthalben drückt er platonische Begriffe in platonischen Bildern, und Gleichnißen aus; rückt aber sehr oft schon so nahe an die alexandrinischen Schwärmereyen, daß man ihn für einen Schüler des Porphyrs, oder Plotins halten sollte. Die Aehnlichkeit in Sprache, schwärmerischen Ausflügen, und Lieblingsausdrücken ist aus einem andern Betracht sehr wichtig; hier aber würde es eine unverzeihliche Ausschweifung seyn, wenn ich mich länger dabey aufhalten wollte. Ich verweise nur auf eine Stelle, wo sie sich am meisten äusert (384.).

Es

Es ist also wohl weiter keinem Zweifel ausgesetzt, daß die philosophischen Raisonnements des Plutarchs keine ächte egyptische Dogmatik sind, und daß Plutarch sie nicht einmahl andern abgeliehen habe, weil sie aus ihm allein eigenthümlichen, Hypothesen herfließen. Es bleibt aber noch immer die Frage übrig, woher Plutarch die vielen Fabeln hergenommen habe, deren weder Diodor, noch Herodot erwähnt, und die bisweilen den übereinstimmenden Zeugnißen aller übrigen Schriftsteller entgegen gesetzt sind.

Leser, die den Plutarch als Geschichtschreiber nur einigermaßen kennen, wissen es schon aus andern Datis, daß man ihm gar kein Unrecht thue, wenn man ihm die größte Unvorsichtigkeit in der Auswahl der Urkunden vorwirft. Auch in dieser Abhandlung beruft er sich ohne die geringste Bedenklichkeit auf Schriftsteller, die das ganze Alterthum, und an andern Orten er selbst für verdächtig erklärt hatte. Mehrmahlen führt er den Manetho und Heraklides Ponticus an, ohne die geringste Zweifel wider ihre Nachrichten zu äusern. Den Werth des Erstern habe ich oben geprüft; und der Letztere war in ganzem Alterthum als der windigste Marktschreyer, und Erdichter bekannt, weswegen man ihn auch γραοσυλλεκτρια nannte. Ein eben so großer Fehler ist dieser, daß er in den wenigsten

Fällen,

Fällen, und gerade da, wo man die Gewährsmänner am liebsten wissen möchte, gar keine bestimmte Zeugen anführt, sondern seine Leser mit den Worten ιϛορουσι, ενιοι δε λεγυσι, in der grösten Verlegenheit läßt. Man würde die allmählige Erweiterung der Mythologie, und der ιερων λογων noch viel genauer bestimmen können, wenn Plutarch in diesem Puncte weniger nachläßig gewesen wäre.

Nicht darüber wundre ich mich so sehr, daß Plutarch mehr, und ungereimtere μυθους anführt, als seine Vorgänger; nur das weiß ich nicht zu erklären, wie er gewiße Dinge berichten konnte, denen nicht blos alle frühern, sondern auch die spätern Geschichtschreiber widersprechen. Von der Art ist seine Beschreibung von den Opfern rother Ochsen, S. 363. Man heiligt sagt er, nur solche Ochsen, die eine rothe, den Typhon ähnliche Farbe haben zu Opfern, weil alles was geopfert wird, den Göttern nicht angenehm seyn muß. Ein solches Thier würde zu dieser Bestimmung ganz unbrauchbar seyn, wenn es auch am ganzen Leibe nur ein einziges schwarzes oder weißes Hährchen hätte. Herodot und Diodor sagen gerade das Gegentheil.

Nachdem er (S. 368.) die verschiedenen ihm bekannten Vermuthungen über den Anubis und die wahre Natur dieser Gottheit, vorgetragen hatte; setzt er hinzu, daß sie ehmahls in Egypten

außer-

außerordentlich verehret worden, jetzo aber deswegen so sehr vernachläßiget sey, weil zu der Zeit, als Kambyses den Apis getödtet, und den Thieren zum Raube vorgeworfen habe, der Hund allein sich von dem heiligen Leichnam dieses ermordeten Gottes gesättiget habe. Weder Herodot, noch Diodor, noch Strabo erwähnen dieser Geschichte; sie rechnen einstimmig den Hund zu den heiligsten Thieren, die alle Egyptier mit Ehrfurcht ansahen. Herod. II. 65. 66. Diod. p. 95 Strabo XVII. 559. p. Ed. Caſ. pri. Allen Zeugnißen der spätern Geschichtschreiber zufolge, hat der Gott Anubis, ein der plutarchischen Beschreibung schnurstracks entgegengesetztes Schicksal gehabt. In der ältesten Zeit war der Hund blos heilig, wie andere Thiere; nachdem er aber ein Begleiter des Osiris geworden war, wurde er ein wirklicher Gott, und nicht blos verehrt, sondern angebetet.

Schon zu Plutarchs Zeiten gingen Bücher unter dem Nahmen des Hermes herum, allein er scheint sie nicht gekannt, und auch nicht für ächt gehalten zu haben. Man muß sich nicht darüber wundern, sagt er, daß ich einige egyptische Nahmen und Götter aus der egyptischen Sprache ableite: in den so genannten Schriften des Hermes sollen sich schon mehrere Beyspiele dieser Art finden.

Nur

Nur noch eine Bemerkung habe ich nachzuholen. Plutarch war in seinem Zeitalter nicht der einzige, der über die egyptische Fabeln philosophirte. Er sagt es selbst, und führt S. 366. 367. Beyspiele an, daß man die egyptischen ἱερους λογους eben so zu erklären suche, wie die Stoiker die Mythologie: und zwar nicht allein aus Naturbegebenheiten, und Gegenständen, die sich auf der Erde fänden, sondern auch aus den Lehrsätzen der Astronomie (368.).

Neuntes Kapitel.

Porphyrius und Jamblich.

Ich kann, wie Eusebius (im ganzen dritten Buch de Praepar Euang.) den Porphyr sogleich mit dem Plutarch verbinden: beyde hatten gleiche Absichten, die egyptische sowohl als griechische Religion durch eine Menge gezwungener Allegorien zu Systemen erhabener Weißheit zu erheben: beyde sind auch in gleicher Schuld. So viel ich weiß, hat niemand unter den Alten das Ungegründete ihrer Methode besser gezeigt als Eusebius in der angeführten Schrift.

Die wichtigsten Fragmente, wo Porphyr die Sucht, in ungereimte Fabeln einen philosophischen Sinn

Sinn hinnein zu denken, am meisten geäusert hat, finden sich beym Eusebius im 4. 7. 9. 11. 13. Cap. des dritten Buchs. Sie sind größtentheils aus verlohrnen Schriften dieses Philosophen hergenommen: doch ist der Brief des Porphyrs, aus dem er (cap. 4.) nur ein Fragment anführt, ganz zu uns gekommen. Die Stelle die er in eben diesem Cap. aus dem Buche περι εποχης anführt, findet sich gleichfalls in dieser Schrift L. IV. §. 9. Ed. Roer.

Nachdem er in den vorhergehenden Absätzen eine recht idealische Beschreibung von der Lebensart der Priester, ihren heiligen Geschäften und Verrichtungen gegeben, fängt er den neunten Paragraphen so an: Auf diese Art haben sie sich endlich zu einer so genauen Gemeinschaft mit der Gottheit erhoben, daß sie endlich erkannt haben: die Gottheit durchdringe nicht blos den Menschen, theile sich nicht blos unserer unsterblichen Seele mit, sondern gehe in eben dem Maaße durch die ganze lebende Natur. Aus diesem Grunde haben sie fast in allen Thieren Funken und Abdrücke der Gottheit, verehret; und selbst einem Menschen dem Bilde der Gottheit, in dem Flecken Anabis göttliche Ehre erwiesen.

Unter allen Ursachen und Vermuthungen, die die Geschichtschreiber von der ausserordentlichen Verehrung der Thiere angeben, wird man die des

Por=

Porphyrs vergebens suchen, weil weder Herodot, noch Diodor und Plutarch einen solchen Begrif von der Gottheit, und ihrer Ausbreitung durch die ganze Natur hatten. Wir können sie also ungescheut zu den Verschönerungen rechnen, wodurch nach dem Zeugniß des Eusebius (III. 6.) die neuern Philosophen das sinkende Ansehen der Fabel= und Religionssysteme zu erhalten suchten —. Alle die Grundsätze und Hypothesen von dem Schöpfer des Ganzen, den unkörperlichen Ideen, verständlichen Kräften, die in weit spätern Zeiten erfunden worden, zwingen sie, wie Eusebius richtig bemerkt, auf eine gewaltsame Art in die Träume der alten Fabel, und Religion hinein, um dadurch die Aufmerksamkeit der Forscher zu beschäftigen, und zu hintergehen.

Außer der zu philosophischen Erklärung des Thierdienstes der Egyptier findet sich in der angeführten Stelle des Porphyrs ein Factum, das ihm wahrscheinlicherweise durch die von ihm gewagte Vermuthung abgedrungen worden: ich meyne die Verehrung eines lebendigen Menschen in dem Flecken Anabis. Das allgemeine Stillschweigen aller vorhergehenden, und nachfolgenden Schriftsteller ist ein unüberwindlicher Gegenbeweiß, besonders da viele von ihnen Egypten von einem Ende bis zum andern durchgereiset hatten, und wenn sie eine so merkwürdige Erscheinung auch nicht selbst gesehen,

hen, doch wenigstens von andern gehöret hätten. Wollte Porphyr aber seine Erklärung über den Ursprung der göttlichen Verehrung der Thiere nur einigermaßen geltend machen, so mußte er ein solches Beyspiel nothwendig anführen. Wie unwahrscheinlich wäre es sonst gewesen, daß man Thiere wegen der in ihnen wohnenden Gottheit angebetet, und den irdischen Gott, den Menschen, ganz übersehen hätte! Es war noch immer schlimm genug, daß man die Thiere in allen Theilen Egyptens, und den Menschen nur in einem einzigen Winkel verehrte.

Wie leicht es diesem Philophen gewesen sey, alle Theile der Mythologie aus ihrem System zu erklären, sieht man aus der prächtigen Beschreibung des griechischen Jupiters, die ich hier nur beyläufig anführen will (Lib. III. c. 9.) Ζευς ουν ο πας κοσμος, ζωον εκ ζωων, και Θεος εκ Θεων, etc. Alle Attributen dieses Gottes der Fabel weiß man zu bedeutenden Symbolis der höchsten Gottheit und ihrer Eigenschaften zu machen. Eusebius fand es nöthig auf diese künstliche Deutereyen ein ganzes Capitel von Widerlegung zu wenden. Mit Recht wirft er diesem Philosophen (Lib. III. c. 10. p. 107.) eine sich niemahls gleichbleibende Unbeständigkeit vor: bald sagt er, ist euer Gott ein gewisses feuriges, die ganze Natur belebendes Wesen; bald ein

gar

gar nicht zu beschreibendes πνευμα: und endlich macht man gar eine weltschaffende Gottheit daraus. Ich möchte wohl wissen, fährt er fort, wie man mit dieser Auslegung, die Götter Genealogie, und die auf und absteigende Linie des Jupiters vereinigen könnte? Alle alten Θεολογοι sagen, daß κρονος sein Vater sey, und daß dieser wieder von Ουρανος abstamme. Jupiter sey also der weltbauende Demiurg, das Principium aller Dinge, die Urquelle der Wesen; wie kann man denn vor ihm eine Zeit annehmen, wo er noch nicht war, Wesen behaupten, die gar nicht von ihm abhangen, in denen sogar sein eignes Daseyn gegründet war —? So scheinbar die Auslegungen der spätern Philosophen auch dann und wann werden, so unwidersprechliche Schwierigkeiten, und Widersprüche erheben sich von allen Seiten, wenn man sie, wie Eusebius hier, eine Zeitlang in der Nähe und von allen Zeiten betrachtet. Im eilften Capitel liefert Eusebius noch eine Probe der philosophischen Auslegungen des Porphyrius über die griechische Mythologie, und begleitet eine jede mit anpassenden Prüfungen. Am Ende desselben, kommen Auszüge aus dem Porphyrius über den höchsten Gott der Egyptier vor, die mit allen Nachrichten der übrigen Griechen, die ich angeführt habe, und in einem der folgenden Abschnitte noch anführen werde, gerade im Widerspruch sind.

Herodot erzählt, daß man in Oberegypten eine Schlange verehre, die unschädlich sey; Plutarch führet den inländischen Nahmen derselben κνηφ an, und setzt hinzu, daß ihre Anbeter, sie für unsterblich (*) hielten, und sie mit dem Nahmen des αγαθοδαιμων beehrten. Porphyr nun macht aus dieser Schlange den höchsten Gott, und Demiurg. Man bete ihn, sagt er, in menschlicher Gestalt an, seine Farbe sey schwarzblau, und ausserdem unterscheide er sich durch eine Scherpe (ζωνη) und einen Scepter. Auf seinem Haupt trage er einen geflügelten Schmuck, ὁτι λογος δυσευρετος, καὶ κεκρυμμενος, καὶ ȣ φανος, καὶ ὁτι ξωοποιος, καὶ ὁτι βασιλευς, καὶ ὁτι νοερως κινειται. Man sagt, so läßt Eusebius den Porphyr fort reden, daß dieser höchste Gott ein Ey im Munde führe, aus welchem wiederum ein Gott gebohren sey, der in egyptischen Φθα, im griechischen Vulkan heiße: das Ey selbst bedeute die Welt. Diesem Gott sey das Schaaf heilig, weil die ersten Menschen lauter Milch getrunken hätten. Die Welt stelle man gleichfalls in menschlicher Gestalt vor, deren Füße aber zusammen gewachsen wären. Ihre Kennzeichen wären ein bis auf die Füße herabfallendes vielfarbiges

---

(*) Diese Meynung erhielt sich bis auf die Zeiten des Horapollo Lib. I. §. I.

tes Gewand, und eine auf dem Haupte ruhende goldene Kugel.

In dieser Stelle sind die zum Grunde gelegten Facta eben so falsch, als die Auslegungen erzwungen, und die Beziehungen der symbolischen Zeichen auf die auszudrückenden Urbilder gesucht und entfernt sind. Keiner als Porphyr, sagt es, daß κνηφ der höchste Demiurg sey, daß er in der menschlichen Gestalt vorgestellt werde, daß aus dem Ey der Phthas gebohren, daß dies Ey die Welt sey, und die Welt wiederum in menschlicher Form gebildet werde. Welche Aehnlichkeit zwischen den Insignien des höchsten Gottes, und den dadurch geoffenbarten Eigenschaften? Wer sieht nicht, daß Porphyr das Symbolum der Welt, mit den Statüen des Harpokrates verwechselt habe? Ich unterschreibe daher das Urtheil des Eusebius im dreyzehnten Capitel ohne Einschränkung, worinnen er sagt, daß Porphyr, ohne es zu merken, sich selbst widerspreche, wenn er die egyptischen μοθευ zu unkörperlichen Kräften, und Wesen hinnauf leite, da er doch an einem andern Orte dem Chäremon beygepflichtet habe, der überhaupt läugne, daß die Egyptier je unkörperliche Wesen verehret hätten. Die Schrift, worin dieses gesagt wird, will ich jetzo ihrer Sonderbarkeit wegen etwas genauer prüfen.

Sie ist nemlich in Form eines Sendschreibens abgefaßt, das Porphyr an einen egyptischen Priester Anebo abgelassen hat, um sich sowohl über die innere Beschaffenheit der egyptischen Religion, als andere wichtige Gegenstände aus der Geister und Götterlehre unterrichten zu lassen. Porphyr hat sich in diesem Briefe ganz verleugnet; er ist hier ein ganz andrer Denker, als er es in allen seinen übrigen, zu uns gekommenen Schriften ist. Eben der entscheidende Schwärmer, der über Gott, und seine Diener so dreiste Behauptungen wagt, der von dem geistigen Tode des Menschen, von der Entkörperung unserer Seele, und der durch Fasten und Kreuzigungen endlich zu erreichenden Vereinigung mit der Gottheit, mit so inniger Ueberzeugung und so warmen Gefühle redet, der er sich allenthalben angelegen seyn läßt, dies dichterisch-philosophische System bey allen Völkern, in allen heiligen Fabelsammlungen wieder zu finden: eben der Porphyr tritt hier in der Gestalt des kältesten Untersuchers auf, legt über Materien, bey denen er sonst geschwärmt hatte, Fragen vor, die die Mine von Zweifeln haben, und äusert bey den wichtigsten Grund Bedenklichkeiten in einer solchen Wendung, daß man sieht, wie wenig er zum voraus gehoft habe, daß sie aufgelöset werden würden. Wenn nicht die aus dem innersten System der

neuern

neuern Platoniker hergenommene Fragen, die nur ein Eingeweihter vortragen konnte, die Antwort des Jamblichs auf alle Theile dieses Briefes, und ein sehr vollständiger Auszug des Augustius alle Zweifel an der Aechtheit dieser Schrift fast unmöglich machten; so könnte man leicht in Versuchung gerathen, aus der Verschiedenheit der Denkart, die in diesen Briefe, und den übrigen porphyrischen Schriften herrscht, auf die Verschiedenheit ihrer Verfasser zu schliessen. So sonderbar diese Erscheinung auch ist, so ist sie doch nicht ganz ohne Beyspiele. Der kälteste Untersucher kann nie so sehr gegen die Nachstellungen der Phantasie und Empfindung auf seiner Huth seyn, daß er nicht dann und wann träumen oder schwärmen sollte: und eben so können die stets mit dem wärmsten Gefühl dichtende Philosophen sich nicht immer in einem stets gleichen und so unverrückten Grade von Ueberzeugung erhalten, daß sie nicht bisweilen in den Augenblicken der schlafenden Phantasie von Zweifeln angewandelt werden sollten. Vielleicht ist dieser Brief die Frucht eines solchen kritischen Zeitpuncts: vielleicht hatte er diese Bedenklichkeiten nur zu seiner eigenen Nachricht zur künftigen Untersuchung aufs Papier geworfen, und in das geheime Archiv esoterischer Schriften niedergelegt. Diese Vermuthung hat viele Wahrscheinlichkeit, weil die Sprache in diesem Briefe ausserordentlich vernachläßiget und dunkel ist; die Sätze durch keine periodische Kunst verbunden, oft unzusammenhangend, und in Fragen Reihen hinter einander gestellt sind.

Ich muß hier, da ich den Porphyr blos als einen Geschichtschreiber beurtheile, alle die Zweifel und Bedenklichkeiten übergehen, die er als ein neuplatonischer Philosoph wider die Lieblingssätze seiner Mitdenker, und Zeitgenossen macht; alle Schwierigkeiten, die er wider die Ordnungen der Dämonen, ihre Erscheinungen, und die Mittel, sie gehörig von einander zu unterscheiden, äusert: Ferner die feinen Entblößungen der zu seiner Zeit allgemein herschenden Vorurtheile über die tausendfachen Künste zu weißagen, und der durch theurgische Operationen gesuchten Herrschaft über die Geisterwelt. Ich will nur einiges aus dem letztern Theile des Briefes anführen, wo er sich zu dem Anebo wendet, um die innere Beschaffenheit der egyptischen Theologie, und Religion zu erfahren.

Ich möchte gerne wissen fragt er, was die Egyptier sich von der ersten wirkenden Ursache aller Dinge für Begriffe machen; ob sie sich dieselbe als ein verständliches Wesen, oder als etwas, was noch über diesem erhaben ist, denken (ποτερον νουν, η υπερ νυν): Ob sie nur ein einziges unabhängiges Principium annehmen, oder ihm noch eines, oder meh=

mehrere zu Gehülfen, und Mitarbeitern geben? ob
es körperlich oder unkörperlich sey? ob sie glauben
daß es alles in sich enthalte, oder ob sie eine form-
lose Materie behaupten, die noch vor der Bearbei-
tung des Demiurgs existirt habe? ob die Welt von
einem einzigen, oder mehrern Wesen hervorgebracht
sey? ob sie eine ὕλη, und gewiße elementarische
Körper kennen? ob jene erschaffen, oder ewig sey?
Nach dieser Menge von Fragen fügt er gleich eine
Nachricht hinzu, die genug zeigt, wie wenig be-
friedigende Antworten er auf die vorgelegten Fragen erwartet habe. Chåremon, (von dem er übrigens sehr viel hält) und viele andere behaupten,
daß die Egyptier keine ober- und außer-weltliche
Ursache aller Dinge annehmen, sondern blos die
glänzenden Heere des Himmels, Sonne, Mond
und Sterne anbeten. Diese halten die Sonne für
den Demiurg der Egyptier, und finden in allen
feyerlichen Uebungen und Gebräuchen der Nilbe-
wohner nichts als Beziehungen auf den Stand dieser auf Erden alles erquickenden Himmelskörper.

    Beym ersten Anblick scheint es unbegreiflich,
wie eben der Mann, der kurz vorher von dem Thierdienste so theosophisch redet, und den κνηφ mit
so vieler Zuversicht für den Demiurg, und Weltschöpfer ausgab, hier so ungewiß seyn, und der
ganzen Schöpfungsgeschichte, die ich eben aus dem

Eu-

Eusebius angeführt habe, nicht mit einem Worte erwähnen könne. Ein gewisser Beweis, daß er das, was er über diese Materie in frühern Schriften gesagt hatte, selbst nicht glaubte, und für nichts weniger, als historische Wahrheiten, und auf diese gegründete richtige Auslegungen hielt!

Eine so ketzerische Schrift konte nicht lange unwiderlegt bleiben. So stand auch gleich sein eigener Schüler Jamblich wider ihn auf, der noch etwas mehr Dogmatismus, und etwas weniger Menschenverstand hatte als sein Lehrer, und beantwortete eine jede Frage im Nahmen eines egyptischen Priesters Abammo, der sich (L. I. c. I.) selbst für einen Lehrer des Anebo ausgiebt, an welchen Porphyr geschrieben hatte. Die ganze Abhandlung ist in zehn, nicht gar zu lange Abschnitte getheilt, aber noch immer viel zu weitläuftig für das, was er gesagt hat.

Ich wundere mich weniger darüber, daß Porphyr einen solchen Brief geschrieben, als daß Jamblich ihn so beantwortet hat. Er führt nemlich seinen Lehrer bey einer jeden Frage in seine eigenen Vorlesungen zurück, und giebt ihm vielleicht mit einigen unbeträchtlichen Zusätzen von Distinctionen getreulich dasjenige wieder, was er aus seinem Munde empfangen hatte. Er belehrt ihn aus seinem eigenen, und den übrigen alexandrinischen Pla-

tonistonikern eigenthümlichen System, was Gott, was Dämon, was Weißagung sey, wie man die erstern von einander, und die letztern von Betrügereyen unterscheiden könne. Wenn Porphyr zu der Zeit, als er den angeführten Brief schrieb, durch so dunkle in ermüdende Aphorismen eingekerkerte Raisonnements hätte befriediget werden können; so würde er sich der Mühe haben überheben können, sich an einen vielwissenden Egyptier zu wenden; er würde sich selbst widerlegt, seine Zweifel aus diesen, ihm ehmahl unwiderruflich scheinenden Speculationen aufgelöset haben.

In den ersten sieben Büchern, oder Abschnitten antwortet er auf lauter Fragen, die mit der Theologie der Egyptier nicht die geringste Verbindung haben, und die ich also übergehen kann, weil ich hier nicht das System der Alexandriner, wie Jamblich es verschnitten und ausgeputzt hat, vorzutragen habe. Erst im achten Buch kommt er zu demjenigen Theile des Briefes, wo Porphyr sich nach den Meynungen der Egyptier über die Gottheit erkundiget; und hier verdienen also die Antworten des Jamblichs sowohl, als die Quellen, aus welchen er sie geschöpfet hat, einige Aufmerksamkeit.

Hier fängt er an, eine wichtige Mine anzunehmen. Unsere Alten, (sagt er im Nahmen des Egyptiers Abammo,) sowohl, als neuern Weisen haben

ben von dem obersten Wesen, und denen von ihm abhängenden Götterordnungen nicht dieselbe Begriffe gehabt. Unser göttliche Hermes (c. 1. Lib. VIII.) hat sie alle, nach dem Bericht des Seleukus in zwanzigtausend, oder wie Manetho sagt, in 36525. Büchern vorgetragen. Ich will diese Wahrheiten, so weit es in meinen Kräften ist, zusammenfaßen; sey aufmerksam und höre.

Darauf giebt er gleich im zweyten folgenden Capitel eine Beschreibung der obersten Gottheit, die ganz unübersetzlich ist, weil gar kein Menschenverstand darinnen ist, und so viel ich davon verstehe, so gar Widersprüche darinn vorkommen: προ των οντων όντων, και των ὁλων ἀρχων ετι Θεοσ ἑις, πρωτος και τȣ πρωτου Θεου, και βασιλεως, ακινητος εν μονοτητι της ἑαυτȣ ἑνοτητος μενων. Der größte Unsinn kann nicht mit mehr Feyerlichkeit und Pomp überkleidet werden als hier geschiehet. Ich mag die Stelle wenden wie ich will, so kann ich mir von dem Wesen, was er hier beschreibt, keine deutliche Vorstellung machen. Ein Gott, der noch vor dem ersten Gott und König existirt, der in der Einheit seiner Einheit ewig fortdauert, übersteigt alles, was ich mir denken kann. Was folget, ist noch rasender: Ουτεγαρ νοητον αυτω επιπλεκεται, ȣτε ἀλλο τι παραδειγμα δε ἱδρυται του αυτοπατορος, αυτογονου, και μονοπχοτορος Θεȣ, τȣ οντως αγλȣ.

Wenn

Wenn man das erstere Kolon auch wegnehmen, das δε herauswerfen, und dann denn ganzen zweyten Theil dieses Perioden, ὐτεχλο τι παραδειγμα, etc. so verstehen wollte, daß ausser dem ersten Gott, weiter keine für sich bestehende Substanz existire, so wüßte ich doch nicht, was man überhaupt mit dem ersten Gliede: ὐτεγαρ νοητον αυτω επιπλεκεται anfangen soll. Diese Nichtverflechtung des Verständlichen in das Wesen Gottes ist mir, ich gestehe es aufrichtig, ganz unbegreiflich. Die dritte Periode mit allen ihren Pendanten ist eben so undurchdringlich dunkel und enthält so viel man davon errathen kann, die offenbarsten Widersprüche mit den vorhergehenden. Es giebt sagt er, noch etwas größeres und ewigeres; eine Quelle von allen was ist; ein Behälter aller verständlichen Urbilder: Μειζον γαρτι και πρωτον, και πηγη των παντων, και πυθμην των νοεμενων πρωτων ειδων οντων. Aus dieser Einheit hat der selbstgenngsame Gott sich ausgeflammt, und ist daher sein eigener Vater, sich selbst allein genug. Doch alle Versuche, diese Sybillensprüche, zu enträthseln, sind selbst bey der größten Freyheit, sich neue unverständliche Wörter zu bilden vergeblich. Απο δε τε ἑνος τουτε ὁ αυταρκης Θεος ἑαυτον εξελαμψε και αὐτοπατωρ, και αυταρκης —. Αρχη γαρ ουτος και Θεος Θεων. Man höre weiter: Μονας εκ τε ἑνος, πρρεσιως, και αρχη της

της εσιας. Dunkler und unsinniger hätte er nicht reden können, wenn er sichs auch vorgesetzt hätte. Aus ihm schließt er endlich, ist die Wesenheit (εσωτης), und das Wesen, daher wird er auch νεταρχης genannt. Diese ἀρχαι sind die ältesten unter allen, die Hermes selbst vor den Etherischen, Himmlischen, und Feuergöttern aufstellt. Von den erstern und letztern hat er hundert, von den himmlischen Göttern aber tausend Bücher geschrieben; das heißt Mysterien durch Wunder bestätigt.

Noch einer andern Ordnung, fährt er im dritten Capitel fort, hat er den himmlischen Göttern den ηατφ vorgesetzt. Dies ist ein sich selbst denkendes verständiges Wesen, das alle seine Gedanken in sich und auf sich selbst kehrt. Diesen (so widerspricht er sich selbst in jeder Periode) setzt er die untheilbare Einheit, und das, was er πρωτον μαγευμα nennt, vor; er giebt ihn auch den Nahmen ἑικτων. In diesem existirt (immer Widersprüche) das erste sich selbst denkende Wesen, das Urbild, was nur allein durch Stillschweigen erkannt wird. Der eigentliche schöpferische Geist (ὁ δε δημιεργικος νους), der Vorsteher der Wahrheit und Weißheit, der die unsichtbare Kraft geheimnißvoller Wahrheiten ans Licht bringt, heißt Αμεν. In so ferne er alles, mit der größten Kunst

und

und Wahrheit zu Stande bringt Φθα; und Osiris, in so ferne er wohlthätig ist. Feinere, aber zugleich unbestimmtere Unterschiede der Gottheit, und ihrer Benennungen möchten wohl nicht erfunden werden können.

Mehrere Proben seiner egyptischen Weißheit wird man mir gerne schenken, so sehr er sich auch auf Myriaden hermetischer Schriften beruft. Alle hat er sie nicht gelesen (das versteht sich von selbst), aber auch nicht einmal gesehen, weil er die Zeugnisse des Seleukus und Manetho anführt, ohne einem von diesen Schriftstellern Recht zu geben. Unterdessen muß er doch einige Schriften, die man zu seinen Zeiten dem Hermes zuschrieb, gekannt haben, weil er (S. VIII. c. 4.) sagt: die Bücher die man dem Hermes zueignet, enthalten wirkliche hermetische Grundsätze, ungeachtet sie in der neuen Sprache der Philosophen geschrieben sind. Sie sind aus dem Egyptischen von Männern übersetzt, die der Philosophie nicht unkundig waren. Ihren Werth werde ich gleich näher prüfen.

Die meisten Urkunden, die ich bisher untersucht habe, sind so unzuverläßig befunden worden, daß wir die größte Ursache zur sorgfältigsten Prüfung hätten, wenn man uns auch Schriften vom Horus Apollo oder Hermes selbst vorlegte.

N Zehn-

Zehntes Kapitel.
Horapollo.

Die beyden Bücher των ιερογλυφικων, die wir jetzo noch übrig haben, führen einen prächtigen Titel. Aldus las in seiner Handschrift Ωρυ Απολλονος Ιερογλυφικα, welcher Lesart aber der augsburgische Codex, die Zeugniße der Alten, und der Genius der griechischen Sprache widersprechen, wie Cornelius de Pauw in seiner Vorrede, und den Anmerkungen, S. 273 sehr gut gezeiget hat.

Fast alle Commentatoren, Mercier, Höschel und Pauw halten den Grammatiker Horapolle für den Verfasser, der zu des Kaysers Theodosius Zeiten lebte, und erst in Alexandrien, nachher aber zu Constantinopel lehrte. Unglücklicherweise führt Suidas diese ιερογλυφικα nicht in dem Verzeichniße dieses zu seiner Zeit sehr berühmten Grammatikers an; und denn heist es auch in der Ausgabe des Manutius, daß ein gewisser Philippus sie aus dem Egyptischen in das Griechische übersetzt habe, da der alexandrinische Grammatiker doch alle seine Schriften in griechischer Sprache geschrieben haben soll. Fabricius spricht diese ιερογλυφικα daher dem Horapollo ab, und hält sie für ein ächtes Produkt des Horus, des Sohnes der Isis, das Philippus, oder ein anderer (denn hier entscheidet er nichts)

ins

ins Griechische übersetzt habe. Ich sollte fast glauben, daß Fabricius seine Vermuthung zurückgenommen hätte, wenn er den Horapollo ganz, und zwar mit Aufmerksamkeit, durchgelesen hätte.

Erstlich sind die beyden Gründe, aus welchen er dem Horapollo diese Schrift abspricht, von gar keiner Wichtigkeit. Wer weiß es nicht, daß alle Verzeichniße der Werke solcher Männer, deren Leben Suidas kurz beschreibt, fast niemahls vollständig sind, und hätte ferner Horapollo ein gebohrner Egyptier nicht eben so gut ein Werk in seiner Muttersprache schreiben können? Ich würde mit dem Pauw nichts widersprechendes hierin finden, wenn es auch gar nicht zweifelhaft wäre, ob sie wirklich aus dem Egyptischen übersetzt worden, welches ich der Handschrift des Albus allein nicht zutraue, da der Uebersetzer Φιλιππος uns sonst ganz und gar nicht bekannt ist. Die übrigen Gründe, warum diese ἱερογλιφικα nicht wohl im Egyptischen geschrieben, sein können werde ich gleich nachher anführen.

Es ist mir aber nicht darum zu thun, diese Schrift dem Grammatiker Horapollo zu vindiciren, aber so viel getraue ich mir, nicht aus verdächtigen Zeugnißen unzuverläßiger Schriftsteller, sondern aus dem Werke selbst zu beweisen, daß sie, ihr Verfasser sey wer er wolle, wahrscheinlicherweise von einem Barbarn ursprünglich in griechischer

Sprache geschrieben worden, und zwar zu einer Zeit, wo Sprache sowohl als Philosophie bis auf den tiefsten Grad ihres Verfalls herab gesunken waren; — daß sie endlich nichts weniger als einen Schlüßel zu der alten hieroglyphischen Schrift enthalten.

Daß sie wahrscheinlicherweise von einem Ungriechen herrühre, der mit dem rechten Genius der Sprache nicht bekannt war, wird aus den vielen Soldcismen, und wider alle Analogie der Sprachen laufenden Ausdrücken klar. Welcher Grieche hat jemahls εἰς ἧτταν ερχεϑαι, für überwunden werden gebraucht (Lib. I. c. 6.)? Wie ganz wider alles Genie der Sprache, und den Gebrauch zu reden das απροϊτος für häuslich, für eine Person, die nicht gerne aus ihrem Hause geht, II. 64. Wie sehr mußte die griechische Sprache ausgeartet seyn, wenn man ασατος, für unbeständig, II. 69. I. 10. πειϑηνιος, für gehorsam, I. 62. λειψον, für Entfernung II. 34. brauchen konnte! Das πατρων II. 51. ist aus den neuesten Zeiten, wo die griechische Sprache ihre eigene Reichthümer eingebüßt, und vernachläßiget hatte, und aus der weit ärmern Sprache der Herrscher der Welt nur dem undichterischen verdorbenen Ohre von Sclaven erträgliche, Worte borgte.

Man würde weit mehr Fehler wider die griechische Syntax, und beleidigende Soldcismen antreffen, wenn der Verfasser nicht fast lauter nackte Präpositionen, ohne die geringste periodische Einkleidung hingeworfen hätte. Weil er gar nicht schön schreiben wollte, so war es auch nicht möglich, viele Fehler zu begehen. Er durfte nur die Hülfswörter richtig setzen, das Verhältniß der Präpositionen zu den Substantiven, und dieser gegen einander kennen, um so zu schreiben, wie er schrieb. Aber das heißt keine Sprache kennen, keine Prosa schreiben.

Nichts verräth den ungriechischen Neuling, oder Nichtkenner mehr, als der häufige unzeitige Gebrauch blos dichterischer, oder veralteter Wörter. Ich führe nur einen kurzen Abschnitt an, wo sie aber recht gehäuft sind, II. 57. Er beschreibt hier die Todesart des Phönix: Wenn dieser Vogel eben sterben will, so stürzt er sich mit Gewalt zur Erden nieder; durch den heftigen Fall erhält er eine Wunde und aus dem Blute, was aus dieser Wunde fließt, entsteht ein neuer Phönix: Οταν με λη τελευταν ὁ Φοινιξ, ρησσει ἑαυτον επι την γην, και οπην του ρηγματος λαμβανει και εκ του ιχωρος του καταρρεοντος δια οπης αλλος γεννατα. Daß ρησσει, ρηγμα, οπη, ιχωρ, theils veraltete, und dichterische, theils höchst unbestimmte Ausdrücke sind, darf ich

Kennern der Sprache wohl nicht mit vieler Weitläuftigkeit beweisen.

Daß aber diese ungriechische Schrift ursprünglich nicht in einer andern, z. E. der egyptischen Sprache geschrieben worden, erhellet aus verschiedenen Etymologien, die er aus dem Griegischen hergenommen. So sagt er (I. 17.) sey Horus απο του των ωρων κρατειν, und das Kameel καμηλος, απο του τον μηρον καμπτειν benennt (Lib. II. 100.). De Pauw hält diese Stellen und noch einige andere für verdächtig, und von dem Uebersetzer Philippus eingeschoben (in praef.); allein wir wissen aus mehrern Beyspielen, daß egyptische εξηγηται, und γραμματεις inländische Gottheiten und Gebräuche aus griechischen Etymologien abgeleitet haben. Wäre es einmahl erwiesen, daß ein Uebersetzer sich so viele Freyheiten bey seinem Original erlaubt hätte, als Pauw dem vermeyntlichen Philippus Schuld giebt; so würde es gar nicht der Mühe werth seyn, uns bey einem so sehr verunstalteten Werk einen Augenblick aufzuhalten.

Nichts ist aber auffallender, als daß man die in diesen beyden Büchern enthaltenen Erklärungen für reine aufrichtige Enträthselung der alten hieroglyphischen Schrift gehalten hat. Wenn die alte egyptische Schriftsprache auch nur halb so reich gewe-

gewesen wäre, als die jetzige Schinesische; so müßte sie doch wenigstens 40000 Charactere enthalten haben, und Horapollo erklärt ihrer ungefähr 190.

Horapollo giebt uns eigentlich keinen Unterricht über die hieroglyphische Schrift (die war zu den Zeiten dieses Schriftstellers längst unverständlich geworden, wie ich nachher zeigen werde); was er sagt, enthält einige Erläuterungen über die figürlichen Attributa von Gottheiten, und die symbolischen Vorstellungen gottesdienstlicher Gegenstände, wie sie zu seinen Zeiten gewöhnlich waren. Diese Symbola waren größtentheils nichts weniger als alt; man verließ die gewöhnlichen, und vertauschte sie mit neuen, wenn man merkwürdige, nachher nicht bemerkte Eigenschaften und Aehnlichkeiten entdeckte. Selbst in diesen ιερογλυφικοις sind viele Eigenschaften, Handlungen und Gestände symbolisch bezeichnet, die die alten Egyptier gar nicht kannten. Die ältesten Egyptier kannten keinen Mars, keine griechische Venus, und doch führet Horapollo (I. 8.) zwey Symbola an, worin auf den unerlaubten Umgang dieser beyden Gottheiten der griechischen Mythologie angespielet wird. Mars und Venus werden nach dem Bericht dieses Schriftstellers durch zween Habichte, einen männlichen und einen weiblichen vorgestellt; weil die Männin dieser Vogelart unter allen die brünstigste ist,

ist, und zu allen Zeiten dem lockenden Ruf des männlichen Vogels gehorsam ist. Auch wurden sie unter den Bildern zwoer Krähen vorgestellt.

Herodot sagt ausdrücklich, daß die Egyptier keine Juno verehrten; Horapollo hingegen führt ein Symbolum an, das die Minerva sowohl, als die Juno vorstellen sollte. Der Geyer ist eine bildliche Vorstellung beyder Göttinnen —; weil (hier sehe ich nicht die geringste Aehnlichkeit zwischen dem Zeichen und Bezeichneten) Minerva die oberste Halbkugel des Himmels, und Juno die untere bedeutet (I. 12.). So kommt im zweyten Buche ein Symbolum der Muse vor, deren Herodot gar nicht, und Diodor erst in der griechischen Fabel vom Osiris erwähnt. Sieben Buchstaben zwischen zweyen Figuren eingeschlossen, sind ein Ausdruck sowohl des απειρου und des Verhängnißes, als der Musen.

Die ältesten Egyptier (dies werde ich nachher beweisen) kannten gar keinen unkörperlichen Schöpfer und Erhalter der Welt. Im Horapollo kommt gleichfalls ein Symbolum der obersten Gottheit mit neuplatonischen Wörtern beschrieben vor. Sie stellen I. 61. 64. den κοσμοκρατορ, und παντοκρατωρ, unter dem Bilde einer ganz vollständigen Schlange vor. Dieser παντοκρατωρ, (setzt er in der letzten Stelle hinzu) ist der alles durchdringende Geist. Ὁυτω γαρ αυτοις τε παντος κοσμου το δικαι ση πνευμα. Es ist als wenn er dem Jamblich abgeschrieben hätte (de Myst. Aeg. VIII. c. 5.) - - δ τὸ ἦτε τε Θευ ονομα ἐκρέδωκε το δικαιυ δἰ ὁλου του κοσμου:

Ich habe oben durch die Vergleichung der griechischen Schriftsteller gezeigt, daß die heiligen Sagen und ἱεροι λογοι um desto seltner werden, je höher man in das Alterthum der egyptischen Geschichte hinauf steigt, und daß sie in eben dem Verhältniße zu nehmen, in welchem die griechische Religion in Egypten einländischer geworden, und ihre Mythologie sich mit der egyptischen Theologie vermischt hat. Eben dieses muß ein jeder Kenner bey den Attributen, und symbolischen Eigenschaften der egyptischen Götter wahrgenommen haben. Fast alle symbolischen Verzierungen, wodurch man in den spätern Zeiten den Osiris, Harpokrates und die Isis characterisirt hat, gründen sich auf heilige Sagen, die erst nach dem Herodot und Diodor erfunden worden. Je neuer ein Monument ist, desto überladner ist es mit symbolischen Vorstellungen. Ein jeder neuer ἱερός λόγος, in welchem eine vorher nicht bekannte Begebenheit, oder That irgend eines Gottes erzählt wurde, gab dem Künstler der ihn hörte, zu neuen Verzierungen und Attributen Anlaß. Ueber diese Materie werde ich mich

viel

vielleicht an einem andern Orte weitläuftiger ausbreiten.

So viel aber erhellt doch aus dem, was ich gesagt hat, daß der Verf. unmöglich die Absicht gehabt habe, die ganze hieroglyphische Schrift zu erklären, daß er wahrscheinlicherweise nur gesucht, die Attributa der Götter zu seiner Zeit, und die nicht allen verständlichen Charactere, die man den Amuleten einzugraben pflegte, aus einander zu setzen. Beydes konnte er ganz wohl verrichten, ohne die geringste Kenntniß von der ältesten Schrift zu haben. Damals war es wichtig zu wissen, was man unter gewissen Gemählden zu seiner Zeit verstand, nicht was sie in den verlohren gegangenen Hieroglyphen für eine Bedeutung gehabt hätten.

Eilftes Kapitel.

Hermetische Schriften.

Ich komme jetzt zu den letzten Quellen der egyptischen Geschichte, zu den hermetischen Büchern, aus denen viele ein System der egyptischen Religion und Philosophie zusammen gesetzt haben. Bevor ich sie aber prüfe, will ich einige Betrachtungen über ihren vorgeblichen Verfasser, den Hermes, vorausschicken.

schtelen. Meine Absicht ist nicht, alles was die (*) unten angeführten Schriftsteller vom Hermes gesamlet haben, zu wiederholen, sondern einige Winke zu geben, wie meiner Meynung nach diese Compilationen genutzt, und von einander gesondert werden könnten.

Es ist unmöglich zu sagen, was Hermes gewesen sey, und was er wirklich gethan habe; vielleichter zu beweisen, was er nicht gewesen sey, und was er nicht gethan habe.

Es kann niemanden einfallen, ihn als eine Person der zuverläßigen Geschichte, seine Begebenheiten als historische Facta, zu betrachten, so bald man bedenkt, daß er eine unbestimmte Anzahl von Jahrhunderten über den Anfang der egyptischen Geschichte hinaus liege, und daß alles, was wir von diesem unbekannten mythischen Halbgott wissen, aus unzuverläßigen, und widersprechenden Ueberlieferungen herfließe, die noch dazu in dem Zeitraum der Geschichte mit immer zunehmenden Erdichtungen sich vermischt haben. Alsdenn erst wird sich eine Geschichte dieses Mannes hoffen lassen, wenn man die Geschichte der Fabelzeiten eines jeden

---

(*) Francis. Patricius in praefat. ad Hermetis Fragm. in Philos. de Vniu. Venet. 1595. Fabric. Bibl. Graec. Vol. I. et Iabl. V. V.

jeden alten Volks aus noch zu findenden Urkunden wieder aufbauen wird.

Ferner sind die Schriftsteller, die uns diese Sagen aufbehalten haben, nichts weniger, als mit einander übereinstimmend. Ihre Zeugniße sind nicht nur unter einander widersprechend, sondern werfen die Gesetze der physischen, und sittlichen Natur übern Haufen; enthalten Wunder, und vereinigen in einem Individuo Eigenschaften und Vorzüge, die in allen vergötterten Helden nie coexstirt haben, und coexstiren konnten. Man giebt ihn allein für den Erfinder aller bürgerlichen und religiösen Einrichtungen, für den Schöpfer der Staatsverfassung, Religion, für den Vater aller Künste und Wissenschaften aus —, und doch währete nach ihm die Zeit der Unwissenheit so lange fort, daß man darüber das Leben, die Thaten und Begebenheiten dieses Wundermannes in wirkliche Geschichte zu faßen vergaß.

Alles ist daher vom Hermes unbekannt: Sein Nahme, Vaterland, Würde, Zeitalter und Verdienste ums menschliche Geschlecht, oder doch die egyptische Nation, wie man aus der Vergleichung der von eben genannten Schriftstellern gesamleten Zeugnißen sehen kann. Bald schrieb und sprach man ihn Theut, bald Thoyt, bald Thoth, alle Griechen aber Hermes, wie die Römer Mercurius

rius aus. Die meisten halten ihn für einen gebohrnen Egyptier, andre laſſen ihn aus Phönicien, Griechenland und gar Italien nach Egypten wandern. Plato hielt ihn für einen bloßen $\Theta ειος$ $ανηρ$ oder für einen Dämon, der viele wichtige Erfindungen gemacht habe. Diodor für einen Begleiter, Rathgeber der Iſis, oder des Oſiris; andere für einen wirklichen König. Sein Zeitalter wird von den älteſten Schriftſtellern entweder gar nicht, oder durch Epochen beſtimmt, die uns eben ſo unbekannt ſind. Die meiſten Neuern halten ihn für älter als Moſes ſelbſt, wie Huet; nach den entfernteſten Aehnlichkeiten hat man ihn mit merkwürdigen Perſonen der heiligen Geſchichte identificirt: und hieraus kann man mit Recht ſchließen, daß er mit keinem einzigen mehr, als mit allen übrigen Menſchenkindern zufällige und gemeinſchaftliche Aehnlichkeiten habe.

Wer alles dieſes zuſammen nimmt, wird mirs hoffentlich nicht übel nehmen, wenn ich aufrichtig erkläre, daß ich nichts davon weiß, was Hermes war, und that; daß ich daran zweifele, ob es jemahls jemand gewußt habe, und künftig entdecken werde, und daß ich dahero alle Unterſuchungen über dieſen Punct für den unverantwortlichſten Zeitverluſt halte.

Wenn es ſich aber auch nicht mehr beſtimmen läßt was Thoth oder Hermes war, ſo können wir doch

doch vielleicht bestimmen, wofür die Egyptier ihn hielten, oder doch gegen Fremde ausgaben. Diese Frage ist in der Geschichte der egyptischen Religion, und Philosophie von größerer Wichtigkeit, als jene erstere, es ist uns gleichgültig, was die Gegenstände ihrer Anbetung und Verehrung waren, aber wichtig, was man von ihnen glaubte, und wofür man sie hielt —. Hier müssen wiederum die verschiedenen Schriftsteller unter den Griechen sorgfältig unterschieden, ihre Nachrichten einzeln erwogen, nicht aber in einen Bündel, als von gleichem Werthe zusammen geworfen worden. Kritische Absonderung ist, wie bisher, also auch hier der einzige Weg, wo nicht zur historischen Wahrheit, doch wenigstens zur genauesten Erkenntniß unhistorischer Erdichtungen.

I.) In den ältesten Zeiten war Thoth weder National= noch Stadt= und Dorfgott der Egyptier; nicht einmal der Heilige oder Vorsteher der Priester. Herodot kennt ihn weder von dieser Seite, noch als den Erfinder der Schrift, mehrerer Künste und Handwerker. Es ist im höchsten Grade unwahrscheinlich, daß das gänzliche Stillschweigen des Herodots über den Thoth, als Gott, Heiligen, Erfinder, Schriftsteller blos auf Vergessenheit gegründet seyn sollte. Er kommt mehrmahlen auf ἱερους λογους, auf die heiligen Geschichtbücher der

egy=

egyptischen Priester, auf die dieser Nation eigenthümlichen Erfindungen, und in keinen dieser Stellen sollte die Association der Ideen ihm mit den Schriften den Verfasser, mit den Entdeckungen den Erfinder zugeführt haben —? Nach allen Regeln der Wahrscheinlichkeit muß man schließen, daß zu Herodots Zeiten Thoth oder Hermes unter den Egyptiern, und ihren Priestern das nicht gewesen sey, wofür er nachher gehalten wurde.

Er erwähnet des Hermes zweymahl Lib. II. 51. et II. 158. In der erstern Stelle sagt er, daß die Griechen die Gewohnheit, die Bildsäulen des Merkurs mit den ορθοις αιδοιοις vorzustellen, nicht von den Egyptiern, sondern von den Pelasgern gelernet hätten. In der zweyten Stelle beschreibt er den prächtigen Tempel der Bubastis oder Diana, in Buto, und setzt am Ende hinzu, daß an dessen Eingange ein langer und breiter gepflasterter Weg sey, der allenthalben mit sehr hohen Bäumen umgeben sey, und auf einen Tempel des Hermes führe. So wied diese Stelle gemeiniglich verstanden; ich will das Griechische aus gewissen Absichten hieher setzen: τη δε και τη της οδου, δενδρεα ουρανομηκεα πεφυκε, φερει δ' ερμεω ιρον. Diese Art zu reden, ein Weg trägt einen Tempel, ist höchst ungewöhnlich, und die Sache selbst nicht weniger sonderbar. Wenn man aber auch eine andere Leseart:

φερει

Ὅρπει δ' ἐς ἕρμεων ἱρὸν nimmt, so ist der Uebergang gezwungen, und die Kürze, womit er hier gleich abbricht, unnatürlich. Ich vermuthe daher daß Herodot hier nicht ἱρὸν gesetzet, und nicht vom Tempel des Hermes habe reden wollen; sondern daß entweder ἱερὰς, oder sonst ein Wort hier stehen müße, das sich auf die Bäume von denen er redet, oder auf deren Früchte bezieht. Er sagt sonst nirgends von einer göttlichen Verehrung des Hermes, nichts von Tempeln, Festen und Altären dieses Gottes: auch hier hat er also nicht davon geredet, oder er würde sich auch weiter über diese Materie ausgebreitet haben.

Plato redet weitläuftiger von Thoth, alleine lange nicht so befriedigend, als alle die, welche sich auf ihn berufen haben, geglaubt, und andere haben glauben machen.

Im Philebüs (T. II. p. 18.) sagt er: daß der Sage nach (ὡς λογος) in Egypten entweder ein Gott, oder ein göttlicher Mann, Θειος ανθρωπος, gewesen, welcher die Sprache eigentlich artikulirt, Vocalen und Consonanten von einander gesondert habe. Im Phädrus III. p. 274. läßt er den Sokrates über den Theuth weitläuftiger reden. Ich habe von einem alten Gotte in Naukratis gehört, dessen (δαιμονος) Nahme Theuth heist, daß er nicht nur die Kunst zu zählen, sondern auch die Kunst zu rech-

rechnen, die Geometrie, Astronomie, Schriftzeichen, nebst vielen Arten von Spielen erfunden habe. Er soll zu den Zeiten des in Theben wohnenden, und über ganz Egypten herschenden Königs Thamus gelebt, und ihm in einer Unterredung, auſſer seinen übrigen Künsten, die Kunst zu schreiben, als eine der heilsamsten Hülfsmittel und Unterstützungen des Gedächtniſſes, empfohlen haben, gegen welche letztere der König aber mehrere Einwürfe machte. Sokrates rückt die Disputation des Theuths und Thamus, und die Gründe von beyden Seiten ein; es ist sonderbar, was man in diesen beyden Stellen alles übersehen hat.

Aus ihrer Vergleichung erhellt: 1) daß Plato in ihnen nicht blos einerley sagt, sondern sich sogar widerspricht. In der erstern macht er den Thoth zum bloßen Ausbilder der artikulirten Sprache; in der zweyten übergeht er diese Erfindung ganz, und legt ihm hingegen eine Menge anderer bey, die kein einziger der $\vartheta\varepsilon\iota\omega\nu$ $\alpha\nu\vartheta\rho\omega\pi\omega\nu$ erfunden hat, und erfinden konnte. In der ersten zweifelt er, ob Theuth ein Gott oder göttlicher Mann sey; in der zweyten rechnet er ihn zu den alten Göttern, und nennt ihn (ein Widerspruch nach seiner eigenen Sprache) einen Dämon. 2) Wenn aber eine von beyden Stellen zum Grunde gelegt werden soll; so muß man aus mehrern Gründe die kürzeste und erste aus dem Philebus wählen. Den Phädrus schrieb Plato als ein dichterischer Jüngling, lange vor Sokratis Tode, und seiner Reise nach Egypten, und es war daher unmöglich, daß er wie Jablonski meint (V. §. 6.), die in demselben enthaltene Nachrichten von egyptischen Priestern erhalten konnte. Aber auch ohne dieses Datum würde man allein aus dem Streite, und den Gründen, die er den Theuth und Thamus für ihre Meynungen anführen läßt, den historischen Werth dieser Stelle zu bestimmen im Stande gewesen seyn. Es scheint aber auch, als wenn er die angeführten Nachrichten von Theuth nicht für historisch gewiß, und richtig habe ausgeben wollen, indem er dem Phädrus folgende Antwort auf die Nachrichten des Sokrates in den Mund legt: Es ist dir leicht sagt er, nicht nur egyptische Raisonnements, sondern auch Fabeln aus andern Völkern und Gegenden nach deinem Belieben zu dichten. Sokrates lehnt diesen Vorwurf gar nicht ab, sondern geht gleich zu der eben verlassenen Materie fort. Legt man nun 3) die erste Stelle aus dem Philebus zum Grunde; so sieht man, daß Plato bey reifern Jahren, und nach dem Anwachs seiner Kenntniße in Ansehung des Theuths ungewiß war, ob er ein Gott oder göttlicher Mann gewesen sey. Er muß selbst in Egypten hierüber nichts zuverläßiges figes angetroffen haben. Endlich 4) ist es merkwürdig, daß er ihn nicht durch Hermes übersetzt, und ihm auch nicht die Eingrabung der Wissenschaften in Säulen (σηλας), oder ihre Niederlegung in Schriften zuschreibt, da er doch an mehrern Stellen von alten Geschichtbüchern redet.

Mauetho war der erste (Sync. p. 40.), der zween Thoths oder Hermes nannte; der dem ersten und ältesten den Nahmen τρισμεγιςος gab, ihm die Einätzung der Wissenschaften mit hieroglyphischer Schrift in σηλας zuschrieb, und den Sohn des zweyten, den Agathodämon, zu einem Widerhersteller der Wissenschaften, zu einem Uebersetzer der Erfindungen des Erstern, und einem eigentlichen Schriftsteller machte. Er gab zuerst vor, seine Nachrichten aus den in den Priesterarchiven niedergelegten Schriften, geschöpft zu haben. Vor ihm dachte man weder an die σηλας des ersten Mercurs, noch an den Agathodämon, den Sohn des zweyten: man ließ es sich noch vielweniger einfallen, den Letztern für den Verfasser aller heiligen Bücher zu halten, mit deren Besitz die egyptischen Priester prahleten. Gerade also in der ungereimtesten Stelle des unverschämtesten Lügners ist der Hauptsitz der wichtigsten, und bekanntesten Sagen, die man sehr übereilt, für allgemeine Nationalüberlieferungen gehalten hat.

Diodor redet von Hermes fast eben so, wie Plato in Phädrus (Lib. I. p. 19. Ed Weff.). Nur setzt er zu den Erfindungen des Hermes die Leyer, die Religion und deren Gebräuche, und endlich die niemahls in Egypten gewöhnliche Leibesübungen ($\pi\alpha\lambda\alpha\iota\sigma\rho\alpha$) hinzu. Ueberdem nennt er ihn einen $\iota\epsilon\rho\text{o}\gamma\rho\alpha\mu\mu\alpha\tau\epsilon\upsilon\varsigma$ des Osiris, und einen Rathgeber der Isis.

An einer andern Stelle scheinen die Priester (S. 53.) den Hermes zu Diodors Zeiten schon als ihren Vorsteher angesehen zu haben. Sie machen sagt er, unter den Erfindungen einen Unterschied: Künste und wissenschaftliche Kentniße leiten sie alle zum Hermes hinnauf; die Entdeckung der nothwendigsten Bedürfniße des geselligen Lebens eignen sie ihren Königen und Beherrschern zu. Diese letztere Nachricht ist der wichtigste Umstand, wodurch Diodor sich vom Plato unterscheidet (*).

Den

(*) Ein neuer Beweis, wie sehr die Egyptier in den neuern Zeiten sich selbst verkannten, und alles selbst die Ueberlieferungen, die einen Zustand der äußersten Wildheit voraussetzen, von den Griechen annahmen. Herobot redet ganz anders von den Erfindungen der Egyptier, ohne jedoch den Hermes, Osiris, oder sonst irgend eine einzelne Gottheit, oder Person zu nennen. Sie haben (II. 4. 82. und an andern Orten) zuerst die Bestimmungen der Zeit, den Lauf der Sonne; zuerst Altäre, Opfer, Balsamirung der Leichen, Divination, Göttersprache, und die Lehre von

der

Den Manetho (dies kann man auch hieraus schließen) muß Diodor nicht gekannt haben; er sagt nichts von σηλας, nichts vom Agathodämon, als Schriftsteller, nichts von hermetischen Schriften.

In den kurzen Zeitraum zwischen dem Diodor, und Clemens von Alexandrien muß die Zeit der Büchererdichtungen fallen, von denen Diodor noch nichts wußte. Dieser gelehrte aber zu schwärmerisch leichtgläubige Kirchenvater führt nicht bloß Orakel der Sybillen, und zoroastrische Schriften, sondern auch (Str. VI. 757.) 42. heilige Bücher an, die die vorher nicht unter solchen Nahmen bekannten Classen von Priestern dem Hermes, einem zum Gott gewordenen Menschen Str. I. 399. zuschrieben, auswendig lernten, und sogar in öffentlichen Processionen mit großen Feyerlichkeiten, vor sich hertrugen. Daß diese Bücher nicht von Hermes waren, bedarf nach dem, was ich oben gesagt habe, keines Beweises. 1) Ein Mann kann so viele Wissenschaften nicht erfinden, vielweniger über eine jede schreiben. 2) Wenn Thoth so viel Gelehrsamkeit der Nation mitgetheilet hätte, so würde seine Geschichte, und die Geschichte der folgenden Jahrhunderte

der Unsterblichkeit der Seele erfunden. Nirgends erwähnt er der Erfinder, und Erfindungen solcher Geschäfte und Bedürfniße, die den Hauptgegenstand der Tradition eines ehemals barbarischen Volks ausmachen.

derte deutlicher seyn. 3) Aeltere Schriftsteller würden dieser bestimmten Anzahl von Schriften wenigstens erwähnt haben. 4) Es läßt sich sehr daran zweifeln, nicht ob die Priester in Alexandrien zu Clemens Zeiten 42 Bücher besessen zu haben, vorgegeben haben, sondern, ob sie wirklich über alle Arten von Wissenschafte 42 Abhandlungen gehabt haben. Das Erstere konnte Clemens wissen, da er in Alexandrien lebte; allein das Letztere konnte sich dieser gute Kirchenvater eben so gut aufbinden lassen, als daß diese 42 Bücher wirklich vom Hermes wären. Selbst hatte er sie nicht gesehen, weil er sonst wahrscheinlich Stellen und Auszüge aus ihnen angeführt hätte. 5) Die Priester mögen nun aber 42 dergleichen Bücher besessen haben, oder nur zu besitzen vorgegeben haben, so zeigt die Nachricht des Clemens so viel an, daß sie zu seinen Zeiten den Thoth als den Erfinder aller wissenschaftlichen und heiligen Schriften verehrten. Mit diesen beyden Attributis wurde die Fabel von Thoth, so zu sagen versiegelt: alle nachfolgende Zeitalter, und Schriftsteller sahen ihn als den Heiligen des Priesterordens, als den Urheber aller egyptischen Weißheit, und heiligen Bücher an.

Als einmal die Meynung von dem Daseyn hermetischer Schriften unter Egyptiern und Römern ausgebreitet war; so fanden sich Betrüger von

allers

allerhand Art, welche die bis dahin geheim gehaltene Schriften der egyptischen Weisen herauszugeben sich rühmten. Zu Plutarchs Zeiten gingen Bücher unter dem Nahmen des Hermes herum, die er aber, so egyptisch er auch gesinnt war, durchzulesen sich nicht die Mühe genommen hatte. Galen verwarf die medicinischen Schriften des Hermes, als ungereimte, und offenbar untergeschobene Stücke. Ihre Anzahl wuchs mit der Anzahl der Betrüger und Leichtgläubigen immerfort bis sie unter dem Jamblich zum Unglaublichen groß wurde. Je gröber aber die Erdichtungen, je ungereimter ihr Inhalt wurde, desto fester wurde der Glaube an sie unter den schwachen pietistischen Alexandrinern, die unter dem Plutarch und Proklus auf diese, die zoroastrischen Schriften, die sybillianischen Orakel, die Orphika, und Eleus. Orgia ihre ganze Theologie gründeten, aus ihnen die Kunst zu schwärmen, und in Ekstasen zu fallen lerneten, und endlich die ehrwürdigsten Weisen ihrer Nation, und in gewissen Verstande den Plato selbst gegen die elenden Geburten unwissender, halbrasender Erdensöhne vertauschten.

Aus allen diesen erhellet, daß die ältesten und bewärtesten Geschichtschreiber vom Thoth entweder gar nichts oder etwas widersprechendes sagen, daß Herydot ihn nicht als den Erfinder von

Künsten und Wissenschaften, Plato und Diodor nicht als Schriftsteller kennen, daß der größte Theil der Sagen, die man als alt und ächt egyptisch herum getragen hat, individuelle, und mit allen übrigen Nachrichten streitende Erdichtungen des Manetho sind, daß man ihn erst in spätern Zeiten für einen Schriftsteller —, und Patron des Priesterordens gehalten, und daß endlich wahrscheinlich am Ende des ersten, und in der Mitte des zweyten Jahrhunderts dem Hermes Bücher angedichtet worden, die vom Plutarch, Galen und den ersten Alexandrinern nicht geschätzt, von den letztern Schwärmern hingegen zur Grundlage ihrer Philosophie gemacht, und von den Kirchenvätern des vierten und fünften Jahrhunderts für ächt gehalten wurden.

II. Ehe ich weiter gehe, will ich noch etwas über die Gedanken einiger Neuen von zween Merkurs sagen. Mosheim ad Cud. Tom. I. c. IV. §. 18. und Iablonſ. V. §. 13. nehmen zween Thoths an, und gründen ihre Behauptung auf die schon oft berührte Stelle des Manetho beym Syncellus S. 40. Mosheim stellt sich diese beyden Männer in folgender Hypothese vor: der erste Thoth war der Erfinder der Wissenschaften, und der hieroglyphischen Schrift unter den ältesten Bewohnern Egyptens. Diese seine Erfindungen grub er, weil der Gebrauch des Papyrus noch nicht eingeführet war, in στήλας ein:

ein: Große Revolutionen und besonders Ueberschwemmungen zerstreueten und verminderten die von ihm aufgeklärten Egyptier; mit dem Wohlstande der Nation gingen Wissenschaften, und besonders die hieroglyphische Schreibart verlohren. Die alten Einwohner zogen vielleicht nach Indien und China hin, und nach einem gewissen Zeitraum rückten in das verlassene Land Völker von andern Sitten, Gesetzen und Religion ein; unter diesen fand sich einer, der die Arithmetik, Geometrie und übrigen Wissenschaften wiederherstellete, und deswegen mit dem Ehrennahmen eines zweyten Hermes, wovon sich die Sage erhalten hatte, belegt wurde. Er machte die Egyptier ferner nicht mit der hieroglyphischen, sondern buchstäblichen Schrift bekannt; stellte sich aber um sich destomehr Ansehen zu geben, als wenn er alle seine Kenntniße aus den hin und wieder ausgegrabenen, und mit unbekannten hieroglyphischen Figuren beschriebenen σηλαις geschöpft und übersetzt hätte. Hieraus entstanden dann die hermetischen Schriften, deren Manetho erwähnt, und die er selbst genutzt hat.

Diese Erklärung muß, aus einem gewissen Gesichtspunct betrachtet, etwas wahrscheinliches an sich haben, weil mehrere, deren Nahmen ich nicht einmahl anführen mag, dem seel. Kanzler nachgeirret haben; in der Nähe betrachtet, ist sie nicht viel besser, als die Stelle des Manetho, worauf sie gebründet ist. Sie ist nicht nur im ganzen Detail unhistorisch, von allen wahren Factis und Ueberlieferungen entblöst, sondern hat auch in allen ihren Theilen so viele Unwahrscheinlichkeit, und Schwierigkeiten, daß ich nicht umhin kann, die auffallensten davon hier aus einander zu setzen.

Er nimmt erstlich etwas mit der Vernunft und Geschichte streitendes an, wenn er behauptet, daß ein einziger Manu, der erste Hermes in Stande gewesen sey, nicht nur mehrere Wissenschaften, sondern zugleich ein so schweres Zeichensystem, als das hieroglyphische ist, in einer solchen Vollkommenheit zu erfinden, und auszubilden, daß er dadurch eine Menge wissenschaftlicher Kenntniße vermöge der so mühsamen Eingrabung in Steine der Nachwelt habe überliefern können. 2) Eben so unbegreiflich sind die Revolutionen, wodurch er ein ganzes cultivirtes Volk aus seinen väterlichen Sitzen ausziehen, mit ihnen Wissenschaften und Hieroglyphen unter andre Himmelsstriche reisen, Egypten entvölkern, und in Barbarey zurückfallen läßt. Von solchen totalen, den Verfall des Mutterlandes, der Gesetze, Religion und Wissenschaften nach sich ziehenden Auswanderungen schweigt die Geschichte gänzlich; und die Vernunft kann die

Aus=

Auszichung eines gesitteten Volks aus einem fruchtbaren, bebaueten Lande in ferne veröhete Gegenden nicht anders als für ein Wunderwerk in der sittlichen Welt erklären. 3) Die Ueberschwemmungen, die M. hier zu Hülfe nimmt, konnten sich (die allgemeine Sündfluth ausgenommen), wegen der physischen Lage des Landes nicht über ganz Egypten ausbreiten. Oberegypten ist viel zu hoch über die Oberfläche des Meers erhaben, als daß sich in der Zeit unserer Geschichte, und Ueberlieferungen eine bis ins Innere von Afrika hinauf dringende Fluth denken ließen. Wenn man aber auch die Wirklichkeit dieses Factums zugäbe; so würden entweder alle Einwohner von ganz Egypten ohne Ausnahme ersäuft seyn, oder, wenn sie zu einem geordneten Auswandern Zeit hätten, gewiß in Ethiopien hinein, nicht durch Unteregypten und die arabischen Wüsten gezogen seyn, wo sie wegen der Niedrigkeit des Bodens am meisten zu befürchten hatten. 4) Eben so wenig sehe ich die Ursachen ein, warum das übrig gebliebene Häuflein cultivirter Egyptier nach dem Ablauf der Gewässer alle ihre Kenntnisse verliehren, und bis zur Barbarey verwildern mußten. Dergleichen Rückfall einer aufgeklärten Nation in den Stand der Unwissenheit, ist keine so leicht zu begreifende und natürliche Begebenheit, als hier vorausgesetzt wird: am wenigsten in einem

Lande,

Lande, das wie Egypten, gar keine beträchtliche Wälder hat, in welchen Familien sich zerstreuen, und von einander verlieren konnten. 5) Noch mehr Deus ex Machina und wundervoll, als alles Vorhergehende ist der zweyte Merkur, den er mit frischen Colonien in Egypten sich niedersetzen, und die barbarischen Einwohner zur ehemahligen Stuffe von Cultur und Sittlichkeit zurück führen läßt.

Waren alle neuankommende Colonisten ungefähr so aufgeklärt, als der Merkur, oder war er der einzige in seiner Art unter allen alten und neuen Bewohnern Egyptens? Setzt man den ersten Fall; so frage ich gleich: woher kam ein so großer Hanfe aufgeklärter Menschen, den Egyptiern Gesetze, Künste, und Wissenschaften wieder zugeben. Die Geschichte kennt gar kein so früh, oder noch früher ausgebildetes Volk, als die Einwohner Egyptens. Aus den Ebenen von Chaldäa würden sie nicht haben ausgehen können: diese sind ungleich niedriger als Egypten, und würden noch mehr einer gänzlichen Vertilgung unterworfen gewesen seyn. Von Ethiopien und dem innern Afrika konnten sie eben so wenig kommen; von diesen beweist es die alte und neue Geschichte, daß sie nie bis auf den heutinen Tag von so cultivirten Menschen bewohnet worden, als Egypten schon zu Herodots Zeiten nährte.

Warum

Warum vertauschten ferner so ausgebildete Menschen ein gesittetes und sicheres Vaterland gegen eine so unsichere, und mit den rohesten Barbaren angefüllte Gegend, als Egypten nach der Mosheimschen Voraussetzung war? Wie konnte endlich ein einziger unter diesen neuen ausgebildeten Bewohnern, Erfinder aller der Wissenschaften werden, die die Egyptier verlohren hatten, und wegen der mit Hülfe seiner Genoßen bewirkten Aufklärung des kleinern Theils der überwundenen egyptischen Barbarn, auf die Dankbarkeit der ganzen Nation, auf die Ehre eines zweyten Thoths Anspruch machen? Nimmt man hergegen 6) an, daß die neuangekommenen Bevölkerer Egyptens seinen alten Einwohnern an Mangel der Cultur gleich waren, und daß nur einer aus ihrem Mittel von neuem alle die Erfindungen gemacht, wodurch sich der erste Thoth selbst bey den verwilderten Ueberbleibseln unsterblich gemacht hatte; so häuft man Wunder auf Wunder, und stürzt sich in alle die Schwierigkeiten zum zweytenmahl hinein, die ich Anfangs aufgezählet habe. 7) So wenig es endlich wahrscheinlich ist, daß dieser zweyte Thoth allein alphabetische Schrift habe erfinden können; so unglaublich ist es, daß er auch die einfältigsten überredet habe, seine Weißheit aus den Monumenten des ersten Hermes gelernt zu haben, da er

we-

wenigstens doch einige Proben, solcher Charactere, und einige Schlüßel zur Entzieferung der ältesten Schrift hätte liefern müssen —. Die ganze Hypothese würde leichter einfacher und begreiflicher geworden seyn, wenn Mosheim entweder nur einen einzigen Frembling, ausgerüstet mit allen Kenntnißen einer cultivirten Nation zu den unwissenden Egyptiern hätte kommen, oder, nach dem Zustande der Wildheit, einen eingebohrnen Egyptier aus ihrem eigenen Mittel hätte aufstehen laßen, der im ersten Falle von außen her die verlohrnen Kenntniße ergänzt, oder, im zweyten Falle, das geleistet hätte, wozu, der gewöhnlichen Meynnng nach, ganz Egypten den ersten Hermes fähig geglaubt hat.

Allein es war gar nicht nöthig, des doppelten Thoths willen, so viele Hypothesen in eine zusammen zu schmelzen, um einen Schriftsteller zu retten, der an eben der Stelle, wo er von zweyen Thoths redet, durch eine ganze Reihe von Widersprüchen und Unmöglichkeiten bey einem jeden vernünftigen Kritiker alle Glaubwürdigkeit verlohren hat. Sein Zeugniß würde nichts gelten, so bald das Daseyn zweyer Merkure aus andern Urkunden nur einigermaßen zweifelhaft wäre. Viel zuverläsiger können wir jetzo, da Plato, Herodot und Diodor, alle nur von einem einzigen Thoth, oder

Mer-

Mercur reden, seinen Hermes den dreymahl größten mit seinen στηλαις, syriadischen Laube, griechischen in Hieroglyphen verfaßten Schriften, und allen seinen Dämonen, aus dem Reiche der Geschichte, und wahrscheinlicher Ueberlieferungen in das unermeßliche Reich alt seyn sollender egyptischer Schimären verweisen.

III. Nach diesen Betrachtungen über den Hermes selbst, komme ich jetzt zu den philosophischen Schriften, die man ihm untergeschoben hat, die Patricius und andre für ganz ächt, Cudworth, wo nicht für ächt, doch wenigstens für Behälter mancher alten Lehren und Glaubensartickel gehalten haben. Ich rede hier nur blos von den Philosophischen, dem Asklepius und Pömander, nebst den Anhängseln, womit fast alle Ausleger den letztern versehen haben; die zur Chimie, Medicin und Physik gehörigen müssen anderswo beurtheilt werden. Die wichtigsten litterarischen Nachrichten von ihnen findet man im ersten Bande der griechischen Bibliothek des Fabricius.

Nachdem, was ich vom Hermes gesagt habe, würde es unnütz seyn, die Unächtheit der griechischen hermetischen Schriften weitläuftig darzuthun; selbst alsdenn unnütz, wenn nicht Isaac Casaubon in seinen Exercitationibus Baronianis Genev. 1654. (Ex. I. cap. 10.) hier alle Beweise erschöpft hätte.

Man

Man darf nur wissen, daß in allen ohne Ausnahme, platonische und zwar neuplatonische, in vielen christliche Sprache und Glaubenslehren herrschen: daß kein Schriftsteller sie vor dem vierten Jahrhunderte nach Christi Geburth anführe: daß Sitten und Denkart ganz griechisch, und hingegen keine Spur egyptischer Orginalität darinn anzutreffen sey; nur diese Puncte darf man wissen, um mit den größten Kritikern alle sogenannten hermetischen Schriften für unächt und untergeschoben zu erklären.

Allein wenn ihre Unterschiebung und Unächtheit auch für gewiß angenommenen wird, so bleiben in Ansehung dieser Schriften noch immer folgende wichtige, (versteht sich für Liebhaber der alten Litteratur wichtige.) Fragen übrig: Gibt es keine Data in und außer ihnen, woraus man die Zeit ihrer Erdichtung genau zu bestimmen im Stande wäre? Sind sie von einem oder mehrern Verfassern? Wie ist der Inhalt beschaffen? Aus welchen Quellen sind die Begriffe und Grundsätze geschöpft? Sind sie alle von gleicher Unbeträchtlichkeit, oder ist es der Mühe werth, auch einige von diesen untergeschobenen Schriften ihres innern Werths wegen, oder als Zeugen der Denkart eines gewissen Zeitalters, durchzulesen —?. Vielleicht ist es einigen nicht unangenehm, diese Puncte etwas

erläu-

erläutert zu sehen, und die Beobachtungen, die mir bey ihrer Prüfung aufgestoßen sind, mit den ihrigen zu vergleichen.

Die erste philosophische hermetische Schrift ist der ποιμανδηρ, der mehrmahlen theils einzeln, theils in andern Schriften, in griechischer Grundsprache, und in lateinischen Uebersetzungen herausgekommen ist. Fabricius hat alle Ausgaben (Lib. I. c. 7. Bibl. Graec. Vol. I.) aufs genaueste mit einander verglichen, und ihre Unterschiede angezeigt. Ihre Litterargeschichte darf ich also aus diesem bekannten Buche nicht wiederholen, da ich wenigstens für die Genauigkeit des größten Theils derselben einstehen kann.

Nicht alle Ausgaben des Pömanders enthalten gleich vie Capitel, Bücher, Abschnitte, wie mans nennen will, auch nicht in derselben Ordnung. Die vollständigste ist die Ausgabe in der schon oben angeführten Philosophia de Vniuersis von Franciscus Patricius: und auf diese werde ich mich auch beziehen.

Von allen zwanzig Büchern, oder Capiteln des Pömanders ist kein einziges, das vor dem vierten Jahrhundert von irgend einem Schriftsteller weder vom Plutarch, noch Porphyr und Jamblich, die doch so gierig nach egyptischer Weißheit suchten, angeführet würde. Lactanz und Augustin, Kirchenväter

väter des vierten Jahrhunderts, sind die ersten, die Stellen aus ihnen anführen; mehrers findet sich in des Cyrills Schrift wider den Kayser Juilan: das meiste in den Eklogen des Stobäus, wie man aus dem Verzeichniß des Fabricius sehen kann. Diese Anzeigen der Schriftsteller, woraus ein jedes Capitel des Pömanders genommen worden, ist nicht so genau, als es seyn könnte und sollte; ich würde sie hier berichtigen, wenn nicht diese Arbeit aus der Durchsuchung so weniger Schriftsteller von einem jeden, den sie interessirt, so leicht angestellt werden könte, und die höchste Genauigkeit für meine Absicht überflüßig wäre, da ich nur den Zeitpunct wissen will, in welchem einiges aus den Pömander zuerst angeführet worden. Ungefähr so, wiewohl nicht ganz so bestimmt, würde man das Zeitalter dieser Schriften aus ihrem Inhalte anzugeben im Stande gewesen seyn: aus diesem erhellt, daß sie fast alle in die letzten Zeiten des neuern Platonismus fallen, wo alle Arten von Religionen, und philosophischen Systemen zusammen geschmolzen, und weder die einen, noch die andern rein und lauter erhalten wurden.

Ungeachtet Patricius und die andern Herausgeber alle Fragmente der hermetischen Schriften im Pömander zusammengefaßt, oder hinein geschaltet haben, so würde man sich doch sehr irren, wenn

man

man deſſen zwanzig Capitel mit ihren Anhängſeln für ein einzig zuſammenhangendes Werk von einerley Verfaſſer hielte. Nicht nur die verſchiedenen Titel der Bücher, woraus Stobäus, und die übrigen Schriftſteller, ſie abgeſchrieben haben, zeigen eine Mehrheit von Schriftſtellern an, die nicht in einerley Zeitalter gelebt haben, ſondern Form, Inhalt und Vortrag beweiſen dies auch unwiderſprechlich. Einige ſind in dialogiſtiſcher Form geſchrieben, und in dieſen redet bald ein göttliches Weſen ποιμανδηρ, bald νες, und Hermes Trimegiſtus iſt Zuhörer; in den meiſten iſt Hermes Lehrer, und Thoth, Asklepius und Ammon ſind die welche zuhören, oder ſich unterrichten laſſen; in andern, wie in der κορη κοσμε redet Iſis, in andern Oſiris, und noch andern Asklepius —. Eine zwote Claße von Fragmenten iſt nicht in Dialogen abgefaßt, nicht an ein einzelne gegenwärtige Zuhörer, ſondern an ein ganzes Publicum gerichtet —. Die dritte und letzte Art ſind wie Briefe an abweſende Jünger geſchrieben.

In Anſehung des Inhalts kann man die Bruchſtücke des Pömanders in zwo Hauptklaßen eintheilen. In der erſten ſind chriſtliche Sprache und Begriffe herrſchend, und nach ihnen muß ſich das ganze platoniſche Syſtem beugen. In dem größten Theil trift man hingegen gar keine Spuren

chriſt-

christlicher Begriffe an; alles ist platonisch; in dem Verstande platonisch, wie man es im vierten Jahrhundert nahm. Der ächte Plato wird nicht selten verfälscht, und seinen spätern Jüngern, besonders dem Plotin aufgeopfert.

Zur ersten Klaße gehören der ποιμανδηρ, der Λογος ιερος und der Κρατηρ, oder die Μονας (Lib. II. III. XII. Edit. Patric.). Im ersten erscheint der oberste Gott unter dem halbchristlichen Nahmen Pömander dem Hermes, um ihm das Innerste der Wesen aufzuschließen, und den Ursprung aller Dinge zu lehren. —. Ich bin, so redet er den Hermes an, der Pömander, und komme deine Wünsche zu erfüllen, die ich bis auf ihre kleinsten Regungen kenne —. Auf einmahl verändert sich der Schauplatz; alles wird dem Hermes in einem Nu eröfnet; die ganze Natur verwandelt sich in ein süßes, heiteres, unaussprechliches Licht: allein kurz nachher steigt eine fürchterliche undurchbringliche Finsterniß herab, die sich wieder in ein feuchtes unordentliches Wesen (ὑγραν φυσιν τεταραγμενην) verwandelt. Jenes Licht fährt Pömander zum Hermes fort, bin ich selbst die oberste Weißheit, νυς, dein Gott, der ich vor der feuchten Natur war, die aus Finsterniß entstand; das helle aus dem νους abstammende Wort ist der Sohn Gottes. Woher aber fragt Hermes, die Nahmen, die ich hörte? — Es war das was in dir sieht und

und hört, das Wort des Herrn. Der νυς selbst ist Gott der Vater; sie sind nicht von einander verschieden; ihre Vereinigung macht das Leben aus. Weil ich glaube, daß man die Sprache des neuen Testaments noch deutlicher im griechischen selbst erkennen wird; so will ich den Text hersetzen: Ὁ δε εκ νοος φωτεινος λογος υιος Θευ, τι υν φημη in andern Ausgaben steht φημι); ετω γνωθι, το ενσοι βλεπον και ακυον, λογος κυριυ, ὁ δε νυς, πατηρ Θεος. Ου γαρ δισανται απ'αλληλων. Ενωσις γαρ αυτων εσιν ἡ ζωη.

Allein in dieser fast ganz christlichen Sprache redet der Pömander nicht immer fort; er mischt gleich bey Erklärung des Weltbaues die Lieblings-Philosophie des vierten Jahrhunderts ein. Nach einigen nicht sehr deutlichen Betrachtungen redet der Pömander folgendergestalt fort: Weil Gott der νυς sowohl männlich als weiblich (ἀῤῥενοθηλος), und ganz Licht und Leben war, so gebahr er auf eine verständliche Art (so müssen die Wörter απεκυησε λογω verstanden werden) einen andern weltschaffenden νυς, welcher selbst Gott, und eines feurigen, geistigen Wesens war. Dieser brachte wiedrum sieben Weltregierer hervor, die in eben so vielen Kreysen die sichtbare physische Welt zusammen hielten. Ihre Regierung heißt Nothwendigkeit (ἑιμαρμενη). Sogleich sprang aus den sich senkenden Elementen der Gottheit das Wort Gottes in das reine Werk der Natur hervor, und vereinigte sich mit dem weltschaffenden νες, mit dem es gleiches Wesens war. Επηδησεν ευθυς εκ των κατω Φερων ϛοιχειων τȣ Θεȣ, ὁ τȣ Θεȣ λογος ες το καθαρον της Φυσεως δημιȣργημα. Καη ἡ νωθη τῷ δημιȣργωνῳ, ὁμο ȣσιας γαρ ην.

Die gleich darauf folgende Schöpfungsgeschichte des Menschen ist das sonderbarste Gemische von christlichen Lehren und platonischen Träumen, in welchem aber die letztern fast mehr verdorben, und verunstaltet sind, als die erstern. Gott der Vater sagt Pömander schuff den Menschen sich selbst gleich, machte ihn zu seinem Liebling, weil er überschwenglich schön war, und sein eigenes Bild an sich trug. Der Mensch wollte Gott nachahmen und selbst schaffen; er überschaute daher die Werke der sieben Weltregierer: diese verliebten sich in ihn, und theilten ihm ein jeder die ihnen eigenthümliche Gaben mit. (Hier fängt Pömander an lauter Galimathias zu reden, und seine Weißheit in mehr als egyptische Finsterniß zu verhüllen, aus der er endlich mit folgender Allegorie hervortritt.) Der Mensch senkte sich ganz in die Natur, und da er in ihr den Abglanz der Gottheit, und die Wirkungen der sieben Weltregierer wahrnahm, lächelte er er aus inbrünstiger Liebe, und brannte für Sehnsucht, sich mit dieser unaussprechlich schönen Natur zu vermischen. Gedanke und Begierde wurde That, und so erzeugte er die nicht vernünftige αλογον μορφην. Die Natur erwiederte Liebe mit Liebe, umfing den schönen Menschen, und wurde ganz mit ihm eins, gänzlich vermischt —. Daher ist der Mensch unter allen Thieren auf Erden von einer doppelten Natur, sterblich wegen seines Leibes, unsterblich wegen des wesentlichen Menschen (δια του εσιωδη ανθρωπον) —. Dies ist das große Geheimniß, fährt Pömander fort, das bis auf den heutigen Tag verborgen war; der Mensch brachte durch seine Vermischung mit der Natur das staunenswürdigste Wunder hervor: sie gebahr nemlich sieben Menschen, die alle den sieben Weltregierern entsprechende Eigenschaften hatten, und sowohl männlicher, als weiblicher Natur waren. Τȣ τό εsι το κεκρυμμενόν μυsηριον μεχρι της δε της ἡμερας. So blieb alles bis auf den Umlauf einer gewissen Zeit; da aber diese Zeit erfüllet war, wurden die vereinigenden Bande dieser Zwitter Naturen durch den Willen Gottes aufgelöst, und die Menschen wurden in männliche und weibliche getheilt. Gott sagte hierauf durch sein heiliges Wort Seyd fruchtbar und vermehret euch, alle ihr Geschöpfe und Werke, die ich hervorgebracht habe.

Ὁ δε Θεος ευϑυσ ειπενάγιῳ λογῳ αυξανεϑε εν πληϑει παντα τα κτισματα καὶ δημιεργηματα.

Die Stellen, wo der Verf. des Pömanders mit der Schrift übereinstimmt, und er ihre Aussprüche in platonische Grillen verdrehet, darf ich nicht anzeigen, weil die einem jeden von meinen Lesern von selbst auffallen werden: ich will daher nur kurz die Puncte berühren, wo er den Plato sich selbst ganz ungleich gemacht hat.

Plato kennt sieben Vorsteher von Sphären, oder Weltregierer eben so wenig, als einen Menschen, der von ihnen charackteristische Eigenschaften erhalten hätte, von ihnen wäre geliebet worden. Physis oder Natur ist bey ihm weder handelndes noch leidendes Principium weder in seinem philosophischen, noch Allegorien-System; Vermischung des Menschen mit der personificirten Natur würde selbst für den Dichter Plato ein zu ungeheures Bild gewesen seyn: und er war daher weit entfernt, das Sinnliche, und Unvernünftige in der gemischten zusammengesetzten Natur des Menschen aus seiner Vereinigung mit der φυσις abzuleiten. Man darf endlich nur das Gastmahl des Plato gelesen haben, um zu fühlen, wie unplatonisch es sey, die Liebe ohne weitere Bestimmungen, als den Ursprung des Uebels, oder aller irrdischen Gebrechen, und Unvollkommenheiten in der menschlichen Natur anzunehmen.

Der

Der λογος ιερος, und der κρατηρ sind dem Pymander im Inhalt und Manier ganz ähnlich, nur daß sie kürzer sind und im ersten gar keine dialogistische Form erscheinet, im zweyten hingegen Hermes zum Tat redet. Ich zeichne daher nur folgende Stellen aus.

Es war, heist es, im Anfange des λογος ιερος eine unendliche Finsterniß im Abgrunde; zugleich Wasser; und ein feiner nur gedenkbarer Geist (πνευμα νοερον), der durch göttliche Allmacht im Chaos war. Ein heiliges Licht stieg herab, und alle Götter beschäftigten sich mit der Theilung und Auseinandersonderung der Elemente. (Die Sinne der letzten Worte habe ich aus dem griechischen blos durch Vermuthung gezogen; das Original ist hier äuserst verdorben).

Gleich sonderbar und merkwürdig ist der Anfang des κρατηρ, oder der μονας. Gott heist es, schuf die ganze Welt nicht mit Händen, sondern durch sein Wort λογος; sein Wille allein ist sein Leib (σωμα), der nicht berührt, ausgemessen und gesehen werden kann, und nur sich selbst gleich ist. Die Welt und Erde zu zieren, brachte er den Menschen hervor, ein unsterbliches Wesen in einem sterblichen Thiere. Der Mensch wurde ein Zuschauer der Werke Gottes, bewunderte sie, und erkannte den Schöpfer, θεατης γαρ εγενετο των εργων τε θεε ὁ ἀνθρωπος, και εθαυμασε, και εγνω-
ρισε

ρως τον ποιησαντα. Die Vernunft (λογος) theilte er allen gleich aus; aber nicht den überirrdischen Sinn (so läßt sich νες hier am besten übersetzen). Diesen entzog er niemanden aus Neid; sondern er setzte ihn den Seelen, als einen zu erringenden Preis aus. Er füllte daher einen Becher mit νες an, gab ihn einem Herold, den Herzen der Menschen (ταις των ανθρωπων καρδιαις) folgendes zu verkündigen: taufet euch in diesem Becher, die ihr glaubt, daß ihr zu demjenigen wiederkehren werdet, der diesen Becher gesandt hat, und die ihr wißt, zu welchem Zweck ihr geschaffen seyd —. Alle die, welche der Ankündigung folgeten, und sich im νες eintauchten, wurden vollkommen Menschen; diejenigen hingegen, welche hier nicht gehorsam waren, wurden den unvernünftigen Thieren gleich, und machen bloß ihre Sinne und Begierden zu Führern ihrer Handlungen. Den Becher (Tom. III. Plat. Tim. p. 41.) hat der Verf. aus dem Plato entlehnt, der die Seelen der Menschen in eben den Becher, in welchen die Seele des Ganzen gebildet worden war, von dem höchsten Gotte mischen ließ. Allein Plato wußte von keinem solchen Unterschiede von λογος und νες; kannte keinen mit überirrdischen Sinn angefüllten Becher, wußte von keinem Eintauchen, und ließ die menschliche Seele durch ganz andere Wege und Mittel zur Glückseeligkeit, zur Reinigung,

zum

zum Anschauen der ewigen Ideale von Schönheit, Wahrheit, Gerechtigkeit und Güte, zur Vereinigung mit Gott gelangen. Wenn man die Bilder und Ausdrücke vom Taufen, Glauben, Ankündigen, Herolden und Belohnungen zusammen nimmt und statt ϰϱς Gnade setzt; so wird es niemanden schwer werden, zu errathen, aus welcher Schule der Verf. dieses Capitels seine Gedanken entlehnt hat.

In allen übrigen Capiteln des Pömanders treffe ich keine so sichtbare und unzweydeutige Spuren der christlichen Sprache und Lehre an; einige enthalten lauter platonische Gedanken in einer überplatonischen Sprache. Von der Art ist die fünfte Abhandlung, daß der unsichtbare Gott das sichtbarste aller Wesen sey. Der Beweis Gottes aus der Schönheit und Ordnung der Welt und ihrer Theile, die wirklich prächtige Beschreibung der erstaunlichen Ordnung der über unsern Häuptern sich bewegenden Himmelskörper, die Auseinandersetzung der Brauchbarkeit, und des Nutzens der Theile des menschlichen Körpers, und ihrer geschickten Zusammenfügung ist völlig im platonischen Geschmacke.

In eben dem Tone ist die Declamation (Cap. 8.) geschrieben, daß das größte Uebel in der Unwissenheit, und Nichterkenntniß Gottes bestehe. Wohin stürzt ihr euch Menschen! die ihr

trun=

trunken von dem Becher der Unwissenheit seyd, den ihr ausgeleert habt. Seyd nüchtern und sehet mit den Augen eurer Herzen über euch. Suchet den, der euch in den Hafen der Seeligkeit (λιμενα της σωτηριας) einführen kann. Seht mit den Augen euren Herzen, auf denjenigen, der gesehen seyn will, den ihr aber mit euren leiblichen Augen und Sinnen nicht fassen könnet. Zuvor müßt ihr aber den Rock, den ihr traget zerreißen, das Gewebe, das Substratum, und die Stütze der Unwissenheit, das Band der Verderbniß, den finstern Kerker, den lebenden Tod, den empfindenden Leichnam, das bewegliche Grab, und den innigen in euch wohnenden Dieb wegwerfen, der — hier gestehe ich aufrichtig, den Schriftsteller nicht zu verstehen, so leicht die Ausdrücke an sich selbst sind: λησην, των ιδιων φιλει μισενται, και δι ων μισει, φθονυντα.

Alle übrigen sind ohngefähr in einem ähnlichen Tone geschrieben, voll von nicht merklich verdorbenen, wiewohl immer etwas übertriebenen platonischen Ideen, und so beschaffen, daß ich wenigstens keine Spuren darinn entdecken kann, die auf die genaue Bestimmung der Zeit, worin sie erdichtet worden, führen könnten. Allein folgende drey Capitel haben etwas auszeichnendes, oder doch so sehr veränderte platonische Ideen, daß man die Originale,

nale, wornach ihre Verfasser sich gebildet haben, leicht zu entdecken im Stande ist.

Das Merkwürdigste von diesen Capiteln ist das, was den Titel Schlüßel κλεις führt. Es hebt sich gleich mit den Wirkungen der göttlichen Erscheinungen, oder des unmittelbaren Anschauens der Gottheit an, und enthält in einem kurzen Auszuge eben das, was Jamblich weitläuftiger von seinen ἐπιφανειαις sagt. Das Anschauen der Gottheit (γνωσις) ist eine göttliche Stille, ein Zustand der Unthätigkeit aller äusern Sinne. Wer sie sieht hört und denkt, kann nichts anders sehen, hören und denken, kann überhaupt seinen Leib gar nicht bewegen. —. Die ganze Seele, und alle ihre Kräfte werden erleuchtet: ganz in göttliches Wesen verwandelt. Gedanken und Ausdrücke sind durchaus Jamblichisch (*), wie auch in folgender Stelle: Alle Seelen sind Theile der Weltseele, und werden ihren Thaten gemäß in der Welt herum gewälzt. Einige werden glücklicher und steigen immer zu edlern Klaßen hinnauf; andre werden unglücklicher, und sinken in niedere Ordnungen herab. Die Seelen der kriechenden Thiere gehen in schwimmende; dieser ihre in freywandelnde Erdgeschöpfe über: diese steigen wider in Körper von Vögeln, und die

Wä-

(*) S. das 2. Buch de Myster. Aegypt.

Vögelseelen in menschliche Körper hinnauf. Bleibt die Seele im menschlichen Körper böse, so geht sie wieder rückwärts bis zu den Insecten hinab: im entgegen gesetzten Fall wird sie in die Chöre der Götter aufgenommen, deren zwo Gattungen sind: irrende und feste unwandelbare. Ihre höchste Verderbniß besteht in der Unwissenheit dessen, was göttlich und unveränderlich ist; im Gegensatz von γνωσις.

Folgende Gedanken über die Ineinandergründung der Seelentheile und Kräfte sind sehr Cabbalistisch; vielleicht mit einem Ketzersystem des vierten Jahrhunderts, das ich nicht kenne, nahe verwandt; wenigstens sonderbar genug, um hier kurz bemerkt zu werden. Die Seele des Menschen wird auf folgende Art bewegt: (besser kann ich die griechischen Wörter nicht übersetzen, ψυχη ανθρωπȣ οχειται τον τροπον τȣτον): der νȣς existirt und wirkt in den λογος der λογος in die Seele (ψυχη), die Seele in den Geist (πνευμα), der Geist ist und wirkt wieder durch Adern und Blut —. In den Zeiten der reinen Anschauung zieht die Seele sich in den Geist, der Geist ins Blut zurück; und von seinen Gewändern abgelößt, wandelt der reine νȣς in einem feurigen Körper alle Theile der Schöpfung durch —. Diese Absonderung der verschiedenen Seelentheile kommt dem Thoth so sunderbar vor, daß er sich gleich bey dem Hermes befragt, wie

dies

dies möglich sey, da der eine Seelentheil doch in dem andern eingeschlossen sey: der νɤς in der ψυχη, diese im πνευμα, u. s. w. Hermes antwortet: daß diese ganze Einwickelung des νɤς in so viele Hüllen und Gewänder nur des irrdischen Körpers wegen nothwendig sey; er könne nemlich nicht ganz nackt in eine solche Behausung eingekerkert werden. Er nehme daher die Seele zu seiner Hülle; da auch diese noch göttlich sey, so brauche sie den Geist, und dieser Geist belebe erst den thierischen Körper. Wenn also der νɤς aus dem irrdischen Leibe herausgeht, so nimmt er sogleich sein eigenthümliches Gewand, die Feuerhülle an, mit welcher er unmittelbar nicht in ihm wohnen könnte, weil alles was irrdisch ist durchs Feuer verzehret wird.

Dies Stück ist in der That eine Sammlung der allersonderbarsten Lehrsätze. Bisher enthielt es jamblichische und cabbalistische Schwärmereyen; jetzt in der Lehre von den Strafen der bösen Seelen nähert es sich den Gedanken des Plotins, die mit dem kurz vorher angeführten System der Seelenwanderung im Widerspruch zu seyn scheinen. Eine ausgeartete menschliche Seele heist es, straft sich durch ihre eigene Verbrechen, und das Bewustseyn derselben; Gottlosigkeit ist die brennendste Flamme. Allein es streitet mit allen gesunden Begriffen, daß eine vernünftige Menschenseele in den Leib eines un-

ver-

vernünftigen Thieres fahre. Dies ist das Gesetz der Gottheit, eine jede menschliche Seele von einer solchen Beschimpfung zu bewahren. Eben den Grund giebt Plotin auch an; allein es scheinet nicht als wenn der Verf. des gegenwärtigen Stücks ihn auch brauchen könnte, da er eine Auf= und Ab=steigung der Seelen aus Menschenkörpern zu den Göttern, und rückwärts aus jenen in Gewürme angenommen hat.

Im zehnten Capitel redet der νες zum Hermes über den Ursprung und die Anordnung der Dinge. Hier verläßt mich meine kleine Kenntniß der philosophischen Geschichte; das Zeitalter dieses Stücks kann nur von jemanden genau bestimmt werden, der in den Systemen und Sprachen der Ketzer des dritten und vierten Jahrhunderts sehr bewandert ist. Gott, sagt er, schaft den Aeon (Αιων), dieser die Welt, die Welt die Zeit, diese bringt endlich das Entstehen (την γενεσιν) hervor. Das Entstehen ist und bewegt sich in der Zeit; diese in der Welt; alle in einander, und endlich in Gott. Gott ist daher die Urquelle alles dessen, was ist. —. Alles ist voll von Gott; mit Gottheit an=gefüllt: in der ganzen Welt ist nichts unwirksam. Gott ist selbst wirkend; Gott ist allenthalben: nirgends also ein gänzliches Verschwinden von Leben und Kraft. Alles würde da zusammen fallen, und

sterben,

sterben, wo Gott sich zurück zöge. Nirgends ist Tod: allenthalben nur Auflösung.

Die κορη κοσμȣ (14 Cap.), von der Stobäus uns nur ein Fragment aufgehoben hat, und die ganz vollständig allein in der Ausgabe des Patricius steht, der sie mit aus Cypern brachte, ist wegen ihrer originalen Ungereimtheit merkwürdig. Diese Schrift ist zuverläßig aus den letzten Zeiten der sterbenden griechischen Litteratur, wo Geschmack, Kritik, Philosophie und Sprache in gleichem Grade verdorben war; ein trauriges Denkmahl ihrer Erniedrigung, und eines von den überzeugenden Beweisen, daß Despotismus und Aberglaube einzelne Menschen schwach und kindisch, ganze Nationen läppisch und sich ungleich machen.

Die Sprache dieser Abhandlung allein verräth es, daß sie nicht mit den übrigen Capiteln in einem Zeitalter gebohren sey. Allenthalben findet sich der Schein erhitzender Poesie, und der inbrünstigsten Andacht in dem gedankenleersten harttönenden Gewäsche, und den kältesten Figuren der lächerlichsten Rethorik ausgedrückt. Nicht blos Götter und Menschen, sondern Seelen, himmlische Körper, sogar Elemente werden redend eingeführt; der Verfasser ist um desto reicher an unphilosophischen Fictionen, je ärmer er an großen und wahren Gedanken ist.

Wie

Wie mußte das Publicum beschaffen seyn, vor welchem ein elender Schriftsteller das Herz hatte, die Isis, als eine Schülerin des Plato bald in der Sprache Mosis, und bald in der Sprache ganz neuer Schwärmer redend einzuführen, von sechzig Blitzen oder Folgurationen der Gottheit (von denen die letztern immer weniger vortreflich waren, als die erstern), ferner von der Mischung der Seelen, von Temperamenten, dem Einflüße des Himmelsstriches und der Gestirne zu ihrem Göttersohn Horus schwatzen zu laßen! Wie voll Zutrauens auf den Wahnsinn seiner Zeitgenoßen mußte ein Mann seyn, der kühn genug war, etwas für hermetisches Original auszugeben, in welchem durchaus nichts egyptisches, als einige der ganzen abergläubischen Welt bekannte Nahmen egyptischer Götter waren —. Er muß von dem gänzlichen Mangel der Kritik und Gelehrsamkeit seines Zeitalters innigst überzeugt gewesen seyn, weil er grob genug war, Nahmen von Helden und egyptischen Göttern zu erdichten, wovon alle Geschicht= und Fabelschreiber bis dahin nicht das geringste gewußt, und gesagt haben.

Hermes sah alles, wußte alles (heißt es nicht weit vom Anfange), und schrieb, oder grub seine Gedanken der Nachwelt zum Unterricht ein. Sein Sohn Tot wurde der Besitzer, und die Niederlage aller

aller väterlichen Weißheit; Theilnehmer wurden gleichfalls Asklepius, Imuth, Spanus, Hephästobulus, und andere, die diese Weißheit unter dem Wink der alles regierenden Vorsehung verkündigen sollten. Sey aufmerksam, mein Sohn! (sagt Isis nicht lange nachher) du hörst verborgene Weißheit, die einer deiner entfernten Vorfahren (προπατωρ) vom Hermes selbst empfangen hat. An einer andern Stelle wird Osiris für den Führer der Seelen und der Leiber eines jeden Volks ausgegeben. Asklepius ein Sohn des Vulcanus ist der Erfinder der Arzneykunde, Arnetaskenis der Schöpfer der Weltweißheit und der eben genannte Asklepius Imuthes der Vater der Dichtkunst. Wenn ein einziger Thor für so viele alte Götter, so viele neue Geschäfte, und für alte schon vertheilte Erfindungen, so viele neue Nahmen erfand, und bey aller Unverschämtheit seiner Fictionen dennoch für zuverläßig gehalten wurde; wie kann es denn noch jemanden wunderbar vorkommen, wenn die egyptische Religionsgeschichte je länger, je widersprechender wurde?

Ich komme jetzt zum Asklepius, der ein Fragment aus einem größern, dem Hermes zugeschriebenen griechischen Werke λογος τελειος ist, woraus Lactanz und Stobäus Stellen anführen, die Fabricius (L. I, c. 8, B. G.) gesamlet hat. Das

Original vom Asklepius ist verlohren gegangen, wir haben ihn jetzo nur noch in einer lateinischen Uebersetzung, die man, nach Anleitung der Handschriften, dem Apulejus zuschreibt und die Augustin (Lib. VIII. c. 23, 24. de Ciuit. Dei) gekannt hat. Für keine Schrift interesirt sich Cudworth (IV, S. 18.) mehr als für dies Gespräch, worinn Hermes seinen Sohn, in Gegenwart des Tot und Ammon, von Gott und der Welt unterrichtet. Er hält sie freylich nicht für eine Schrift des Hermes selbst; glaubt aber, daß sie egyptischen Ursprungs sey, lauter egyptische Dogmata enthalte, und vom Apulejus wirklich übersetzt worden. Aus diesem Werkchen allein kann man, seinem Urtheile nach, sehen, wie viel Plato, Pythagoras, und andre Griechen den Egyptiern zu danken haben.

Wer den Asklepius mit Aufmerksamkeit gelesen hat, wird leicht zugeben, daß er zu den frühsten Schriften gehöre, die unter dem Nahmen des Hermes erdichtet worden. Das platonische System ist in ihm ohne merkliche Verfälschung, ein oder ein Paar aristotelische Begriffe ausgenommen, vorgetragen worden. Er redet von der Gottheit, der eigenschaftlosen Materie, Welt, Weltseele, den Seelen der Menschen, und ihrem höchstem Gute fast eben so wie Plato in seinem Timäus; man trift darin nichts von den Träumen der spätern Platotoniker an, und deswegen würde man berechtigt seyn, ihn in das Ende des dritten oder in den Anfang des vierten Jahrhunderts zu setzen, wann wir auch nicht wüßten, daß schon Lactanz ihn gelesen hätte. Der Verf. platonisirt ohngefähr, wie Plotin und Porphyr; stimmt auch mit ihnen in dem übertriebenen Grundsatz überein, daß Religion das Maas der menschlichen Vollkommenheit, die Lehre von Gott die einzige des Menschen würdige Wissenschaft sey. Er hält die Theilung der Wissenschaften für ein Werk griechischer späterer Sophisten, und gesteht ihnen allen nur in so fern einigen Werth zu, in so ferne sie mit der Theologie in Verbindung stehen. Musik Arithmetik, und Geometrie müssen nur deswegen studirt werden, um mit ihrer Hülfe die Schönheit, Harmonie und Ordnung des Ganzen zu entdecken. Es finden sich im Asklepius freylich keine Spuren des Christenthums; allein gar zu deutliche Klagen über den Verfall der alten egyptischen Religion, und die nicht sehr beträchtliche Herrschaft des sich immer mehr ausbreitenden Christenthums. In den meisten Fällen sind die gar zu deutlichen Weissagungen die verdächtigsten: die folgende ist zu umständlich und richtig als daß sie eine wirkliche Vorherverkündigung seyn könte. Et quoniam praescire cuncta prudentes decet, istud vos ignorare fas non est. Futurum tempus est,

cum

cum appareat Aegyptios in caſſum pia mente diuinitatem ſedula religione ſeruaſſe, et omnis eorum ſancta veneratio in irritum caſura fruſtrabitur. E Terris enim in coelum eſt recurſura diuinitas, liquetur Aegyptus, terraque, quae fuit diuinitatis ſedes, religione viduata, numinum praeſentia deſtituetur. Alenigenis enim regionem iſtam terramque complentibus, non ſolum neglectus religionum, ſed, quod eſt *durius*, quaſi de legibus a religione, pietate, cultuque diuino, ſtatuetur proſcripta poena, prohibitio. Tunc terra iſta ſanctiſſima ſedes delubrorum, atque templorum, ſepulcrorum erit mortuorumque pleniſſima. O Aegypte! religionum tuarum ſola ſupererunt verba lapidibus inciſa, tua pia facta narrantibus, et inhabitabit Aegyptum Syrus, aut Indus, aut aliquis talis —. Dich (fährt er fort, das Lateiniſche würde zu langweilig abzuſchreiben ſeyn) rufe ich an, heiliger Fluß, Ströme von Blut werden dich aufſchwellen, und über deine Ufer treiben: der Begrabenen werden in Egypten mehr als der Lebendigen ſeyn. Man wird an allen, was die Welt Großes hat, einen Ekel finden; die Welt ſelbſt, dieſes herrliche Werk Gottes verachten: den Tod mehr als das Leben ſuchen. Man wird Todesſtrafe auf die Anhänglichkeit an die väterliche Religion ſetzen: Man wird neue Rechte, neue Geſetze einführen;

ren; das Heilige mit Füßen treten, und alles, was unheilig ist, zum Gegenstande der Verehrung und Anbetung machen. Gott der Allmächtige wird diese Fluth von Uebeln nicht anders als durch die heftigsten Mittel, durch allgemeine Ueberschwemmungen, verheerende Seuchen, oder eine gänzliche Ausbrennung des Erdballs hemmen, und die Welt zu ihrer ursprünglichen Gestalt wiederbringen können. —. Diese angebliche Weissagung ist der Beschreibung der würklichen schwärmerischen Verfolgungen, womit die unter dem Theodosius herrschenden Christen die Heiden, deren Tempel und Religion heimsuchten, zu ähnlich, als daß sie nicht aus ähnlichen oder denselbigen Erfahrungen abgezogen seyn solte. Eunap. in Vita Aedesii p. 77. Edit. 1596. ap. Comelin. Alle diese Unglücksfälle soll Antonin ein Sohn der berühmten Sospatra, vorhergesehen und verkündiget haben, aber versteht sich nur im allgemeinen, nicht so detaillirt als Eunapius sie erfahren und beschrieben hat.

Apulejus also, der im zweyten Jahrhunderte lebte, kann diese Schrift wohl nicht aus dem Griechischen übersetzt haben, ungeachtet es alle Handschriften bezeugen, und alle, die an hermetische Schriften glauben, den Manuscripten beystimmen. Apulejus redet nirgends von hermetischen Schriften, und ihrer Uebereinstimmung mit der platoni-

schen

schen Philosophie, wie er in seiner Abhandlung do dogmate Platonis zuverläßig würde gethan haben. Man würde die Schrift selbst früher gekannt, und als eine Arbeit dieses Philosophen, wie seine übrigen Ueberfetzungen bemerkt haben. Selbst Augustin, der die Ueberfetzung zuerst anführt, würde den so berühmten Ueberfetzer nicht unangezeigt gelaffen haben. Ich könte mich, wie andre auf die große Verschiedenheit der Schreibart im Asklepius und den übrigen apulejischen Schriften berufen, wenn ich nicht die angezeigten Gründe für mehr als hinlängliche Gegenbeweise hielte, und mir zugleich zu bescheiden wußte, daß man die Schreibart deffelben Mannes in Uebersetzungen nicht nach der Schreibart in eigenthümlichen Auffätzen beurtheilen darf, weil man, um ein guter Ueberfetzer zu seyn, seinen Original-Genius dem Geiste des Schriftstellers, den man vor sich hat, gänzlich aufopfern muß.

Von den Sendschreiben des Asklepius an den König Ammon, die Οροι Ασκληπιε genannt werden, sage ich deswegen nichts, weil selbst Patricius sie für untergeschoben, wenigstens für verdächtig hält, und niemand vor dem Nicephorus (Fab. Bibl. Gr. I. c. 8.) sie angeführt hat. Im ersten Buche oder Sendschreiben, läßt der Erdichter, den Asklepius, einen Sohn des Hermes den ungeheuersten Anachronismus begehen, und dem

Kö-

König Ammon mit vielen Geräusch die Geheimhaltung der ihm anzuvertrauenden Geheimniße empfehlen. Die Griechen heist es, haben es versucht, unsere Wahrheiten in ihre Sprache zu übertragen; allein sie haben dadurch theils an Klarheit, theils an Würde verlohren, weil den Griechen die großen prächtigen Ausdrücke fehlen; starke Gedanken verschwinden unter dem Kleide verblümter Wörter, und zugespitzter Vernunftgründe. So wenig es dem unwissenden Erdichter Ueberwindung kostete, den Sohn des Hermes in den Zeiten der griechischen Philosophie gebohren werden zu lassen; eben so wenig glaubte er sich in zweyten Briefe durch die Anführung des Phidias, eines vor ihm lebenden Künstlers zu verrathen. Wenn es litterarische Betrüger geben soll; so mögen sie nimmer so grob seyn, als diese, nur wünsche ich nicht, daß die Leichtgläubigkeit des Publicums jemahls wieder der Unwissenheit solcher Leute gleich seyn möge, die so grobe Erdichtungen für wahre Reste des höchsten Alterthums hielten.

Zwölf=

Zwölftes Kapitel.

Läßt sich aus dem Studio der egyptischen Alterthümer viel Licht für die Geschichte der egyptischen Religion hoffen?

Wenn zu Beantwortung dieser Frage eine vollständige tiefe Kenntniß egyptischer Alterthümer erfordert würde; so würde ich selbst der erste seyn, der mich zu ihrer Auflösung für unfähig erklärte. Allein ich habe meine Beobachtungen über diesen Punct nicht aus der Geschichte der Alterthümer, sondern aus der mir bekanntern Geschichte der egyptischen Religion, ihren Quellen — und Revolutionen hergenommen, und sie können daher dem Kenner egyptischer Antiken hin und wieder Veranlassungen zu bessern Betrachtungen werden, wie mir mancher verlohrne Gedanke des Grafen Caylus es war.

Wenn sowohl für die egyptischen Dogmatik, oder die Sammlung der Lehren über die Gottheit, ihr Verhältniß zur Welt, die Natur und das Schicksahl der Seele —, als für den Gottesdienst, die Attributa, worunter sie ihre Götter verehret, die Feste die man ihnen gefeyert, die Oerter, wo man sie angebetet, und ihnen Opfer gebracht hat, und endlich für die heiligen Personen, die im Nahmen der ganzen Nation

tion zu Dienern der Gottheit bestellt waren, wenn für alle diese Puncte viel Licht aus den gefundenen egyptischen Monumenten zu hoffen wäre; so müßten sie I.) mehr eigenthümliche Evidenz haben, als die größten Kenner ihnen bisher zugestanden haben. Abbildungen von Göttern, Menschen, Thieren, Gefäßen und Begebenheiten sind nur in sofern einigermaßen verständlich, als wir in geschriebenen Geschichten Data zu ihrer Erklärung antreffen. Sie geben nur so viel Licht zurück, als man ihnen aus der Geschichte mittheilt: der größte Theil enthält für uns lauter Geheimniße, weil ihre stets wachsende Anzahl die Menge der in den Geschichtschreibern enthaltenen Nachrichten sehr weit übertrift. Kircher und Montfaucon verdoppelten die Data der Tradition und Geschichte durch ihre Hypothesen, und fanden sich doch oft unfähig, Antiken zu erklären: Caylus hatte weniger Hypothesen, aber mehr Kenntniße und Gabe, sie glücklich anzuwenden, und sah sich doch so oft in dem Falle des Nichtswissens, daß er es müde wurde, dies Geständniß immer zu wiederholen.

2.) Wenn die noch übrig gebliebenen Alterthümer etwas zur Aufklärung der egyptischen Religion beytragen sollten; so müßte man Kriteria, und zwar zuverläßige Kriteria haben, wodurch man bestimstimmen könnte, in welchem Zeitalter ein jedes Stück verfertiget worden. Die egyptische Religion war nur einmal original, wurde aber durch mehrere Revolutionen theils verstümmelt, theils überladen: um also zu wissen, ob der älteste egyptische Gottesdienst, oder eins der spätern Religionssysteme, die sich in Egypten folgeten, aus irgend einer Antike erläutert werden könne, wäre es durchaus nothwendig, ihr Zeitalter zu bestimmen, und für eine solche Bestimmung nicht ganz willkührliche Merkmahle zu haben.

Der Graf Caylus nennt alle die Monumente, von denen er vermuthet, daß sie bis über die Herrschaft der Perser und Griechen hinnauf steigen, sehr alt ꝛc. Von den Obelisken, Pyramiden, den Ruinen von Tempeln, und andern Wundern, oder, wenn jemanden der Ausdruck besser gefällt, andere Ungeheuern der egyptischen Baukunst können wir ein solches Alterthum gewiß behaupten; allein alle diese Gegenstände haben keine eigentliche Beziehung auf ihre Religion, oder sind auch so unverständlich, wie die Hieroglyphen, daß es niemanden einfallen wird, sich an ihre Erklärung und Auslegung zu wagen.

Außer diesen giebt er sehr wenige Werke der Kunst, die eine unmittelbare Beziehung auf die egyptische Religion hätten, und denen man ein so hohes

hes Alterthum sicher zu schreiben könnte. Wenigstens scheint mir das Kriterium, wodurch Caylus sie zu unterscheiden sucht, aus einem sehr begreiflichen Grunde nicht richtig und anpassend seyn. Er hält nemlich alle diejenigen Monumente für Werke des höchsten Alterthums, die ausserordentlich roh und grob gearbeitet sind, und keine Spuren des griechischen und römischen Geschmacks an sich tragen. Der Grund dieses Urtheils scheint mir deswegen nicht richtig zu seyn, weil die besten und blühenden Zeiten der Kunst doch auch immer Pfuscher hervorbringen, die, ungeachtet sie Zeitgenossen der größten Meister sind, eben so schlecht arbeiten, als wenn sie in den Anfängen der Künste wären gebohren worden. Wie wäre es möglich gewesen, daß alle Städte, Dörfer und Individua ihre ungeheure Anzahl von heiligen Statüen, Vasen und Amuleten von den größten Meistern hätten arbeiten können —, und daß nicht von dieser überwiegenden Anzahl schlechter Kunstwerke aller Zeitalter viele sich hätten erhalten sollten, die wir jetzo für höchst antik ansehen. Wenn aber auch alle Werke, die man in das höchste Alterthum hinnauf hebt, ächt wären, so würden sie, alle zusammen genommen, doch nur eine kleine Anzahl ausmachen, und diese kleine Anzahl würde nur deswegen höchst unverständlich seyn, weil wir von dieser ältesten Religion zu wenige und unfruchtbare

bare Data haben, als daß wir Monumenta aus ihnen zu erklären im Stande wären.

Wann aber auch die wahre Religion der ältesten Egyptier nicht viel durch das Studium der ältesten Monumente gewinnen kann; könnte man aus den Werken der Kunst, die unter den Ptolomäern gemacht worden, und sehr kenntlich sind, wenigstens nicht die Grade und Anzahl ihrer Verfälschungen genauer angeben, als man es nach Anleitung der bloßen Geschichte zu thun im Stande ist?

3.) Um dieses leisten zu können, müßte die Geschichte wiederum vollständiger seyn, als sie ist. Ohne Geschichte wäre man freylich allenfalls im Stande, die Anzahl von Attributen, unter welchen ein Gott, Göttin, oder heiliges Thier verehret, und ausgedruckt worden, aufzuzählen; allein ohne sie wird es unmöglich bleiben, die Ordnung und Succeßion dieser Veränderungen in den Gegenständen des äusern Gottesdienstes, und der zum Grunde liegenden Begriffe anzugeben. Man würde sagen können je überladener, und reicher an Verzierungen, desto später ein Kunstwerk, wenn man nur einmahl überzeugt wäre, daß Künstler immer im Geiste ihres Zeitalters, nach der Denkart ihrer Zeitgenossen, und nicht dann und wann, als Nachahmer älterer, und einfacher Kunstwerke gearbeitet hätten.

Sollen

Sollen 4.) die Werke späterer Zeiten Ausleger der gleichzeitigen Religions-Systeme werden, so muß zuvor ausgemacht werden, daß es jedesmahl eine allgemein übereinstimmende Dogmatik, und einen allenthalben gleichförmigen Gottesdienst gegeben habe, daß der Künstler beyden gemäß arbeitete und arbeiten mußte, und weder der Phantasie einzelner Personen, die ihn belohnten, nach seinen eigenen im geringsten folgen durfte. —. Aus den Nachrichten der Griechen erhellt, daß die Priester und Exegeten desselben Zeitalters über denselben Gegenstand ganz verschiedene Systeme hatten, und daß besonders die ιεροι λογοι, oder Priesterfabeln, die bey den Werken der Kunst am meisten zum Muster dienten, außerordentlich von einander abwichen: die Werke der Kunst würden also wenigstens so verschieden, als diese Systeme, und ιεροι λογοι geworden seyn, wenn der Künstler auch stets ein Sclave des Priesters gewesen wäre. Allein ein solcher Zwang läßt sich unter den Ptolomäern gar nicht denken, unter denen die Priester den größten Theil ihrer großen Herrschaft über Seelen, und den Einfluß in die weltliche Begebenheiten ganz verlohren hatten, wo Philosophie und Künste gleich wenig von der Theologie abhängig waren, und diese eben so frey dichten, als jene raisoniren konnten.

Dies

Dies sind meine Gründe, die mich bewogen die egyptische Kunstwerke nicht für so wichtige Quellen der Religionsgeschichte zu halten, als sie manchem geschienen haben, und noch scheinen. Ich wiederhole nochmals die Erklärung, daß ich den Werth derselben, und ihrem Studio hierdurch nichts zu benehmen die Absicht gehabt habe; daß ich vorzüglich Kenner auf das, was mir Schwierigkeiten machte, aufmerksam machen, und durch meine, vielleicht einseitigen Bemerkungen zu allgemeinern Beobachtungen Gelegenheit geben wollte: daß ich mich endlich mit einem jeden Liebhaber der alten Litteratur freuen werde, wenn mir jemand da neue und ächte Quellen von Geschichte eröfnet, wo so wenig sind, und noch wenigere bewährt erfunden werden.

Dreizehntes Kapitel.

Hatten die Egyptier jemahls eine reine natürliche Theologie? das heißt: War der Glaube an einen einzigen weltschaffenden, oder doch ordnenden und regierenden Gott ein Glaubensartikel der ganzen Nation? Hatten sie von diesem einzigen Gott würdige Begriffe, solche Begriffe, die sich weder auf das, was wir Welt und Schöpfung nennen, noch auf irgend einen ihrer glänzenden Theile anwenden lassen?

Um

Um diese Fragen gehörig zu untersuchen, will ich zuvor die Gründe derer, welche hier mit Ja! antworten, anführen, und prüfen, und alsdenn meine Gründe gegen die Rechtgläubigkeit der Egyptier, und für ihre Abgötterey, so weit Geschichte, und Tradition reichen, vorbringen.

Egypten wurde (Iabl. Proleg. §. III. etc.) von den unmittelbaren Nachkommen Noahs, vom Cham, oder dessen Sohn Mizraim, bevölkert; es ist daher wahrscheinlich, daß der Glaube an einen einzigen, weltschaffenden, und von der Welt verschiedenen Gott, sich bey ihnen erhalten, und bis in Egypten fortgepflanzt habe. Cham hatte (Gen. IX. 20-24.) freylich nicht den besten sittlichen Character; allein dieser verträgt sich immer mit Rechtgläubigkeit, wenigstens meldet die heilige Geschichte nichts von einem Abfall dieses Sohns Noahs von der reinen Lehre seines gleich frommen und rechtschaffenen Vaters. Freylich wurde diese reine Religion in der Folge der Zeit mit einigen unrichtigen Begriffen verfälscht; allein dies hindert nicht, daß nicht die Hauptlehre von einem einzigen Gott sich bis auf die spätesten Zeiten, selbst neben den Irrthümern der Abgötterey erhalten habe—.

Wenn die gewöhnliche Art, Egypten zu bevölkern auch gar keinem Zweifel ausgesetzt wäre, so so bleibt die Rechtgläubigkeit des Chams doch immer problematisch. Wenn er schlecht handelte, warum konnte er auch nicht irrig denken, da sogar die Nachkommen des frommen Seths, und die Vorfahren Abrahams in die Irrthümer der Abgötterey fielen? Man kann sich gar nicht auf das Stillschweigen der Schrift berufen; diese hatte nicht die Absicht, die Geschichte aller Noachiden, ihre Charactere, Denkart, und Ausbreitung auszuführen. Aber wenn man endlich auch die Orthodoxie des Chams zugiebt; so beweist diese nichts für die Orthodoxie seiner Söhne und Enkel, noch weniger für die Fortdauer derselben zu den Zeiten der gröbsten Abgötterey —. Daß der Glaube an einen einzigen Gott sich bey den frühesten Zeugungen müsse verloren haben, wird deswegen wahrscheinlich, weil in allen Traditionen der Egyptier nicht die geringste Spur davon anzutreffen ist.

Den zweyten Beweiß darf ich nur anführen: Selbst zu Abrahams Zeiten muß noch wahrer Glaube in Egypten erfunden worden seyn, weil Pharao dem Abraham seine Sara zurück gab, nachdem er durch drohende von Gott gesandte Träume zur Wiedergabe gezwungen wurde. Ein König, den ein Reisender so sehr fürchtet, daß er ein schönes Weib der Sicherheit seines Lebens wegen für seine Schwester ausgeben muste, der eine solche schöne

Reiſende ohne weitere Umſtände gleich in ſein Haus führt —, und nur alsdann zurück giebt, nachdem er durch ſchreckenvolle Phantaſien dazu gezwungen worden —, ein ſolcher König muß wahrſcheinlich den wahren Glauben erhalten haben!

Gott ſetzte (ſagt Jablonſki drittens) dem Abraham die Beſchneidung, als ein Zeichen des mit ihm gemachten Bundes, ein; von ihm erhielten die Egyptier dieſe heilige Ceremonie, ſie hatte bey ihnen daher dieſelbige Bedeutung, und ſetzte alſo gleiche Begriffe von Gott und deſſen Verbindung mit dem Menſchen voraus.

Es iſt erſtlich ſehr zweifelhaft, ob die Egyptier dieſe Gewohnheit von Abraham erhalten haben. Marsham zweifelt daran, und es iſt auch ſehr leicht möglich, daß die Beſchneidung unter ihnen ſchon lange gebräuchlich geweſen, und dem Abraham nur von Gott zu einer heiligen bedeutungsvollen Ceremonie eingeſetzt worden ſey. Wenn man aber auch das angeführte Factum außer Zweifel geſetzt hätte, ſo würde man doch nie daraus beweiſen können, daß die egyptiſchen Prieſter ſie aus eben den Gründen, mit den heiligen Bedeutungen unter ſich eingeführet hätten, unter welchen ſie dem Abraham und ſeinem Geſchlechte gegeben worden war.

Wenigſtens ſo ſonderbar, und eben ſo voll von Parologiſmen iſt (§. 21.) der vierte Schluß:

Pythagoras und Plato, Orpheus nud Thales reiseten nach Egypten, um sich in aller dieses Landes Weißheit unterrichten zu lassen. Die erstern unterschieden Θεας νοητας και αισθητας, also die Egyptier auch; die letztern kannten ein leidendes Principium, der eine das Ey, und der zweyte das Wasser —, also unterschieden die Egyptier auch den Schöpfer vom Geschöpf, Gott von der Materie.

Es ist wunderbar geschlossen: Orpheus, Pythagoras, Plato waren in Egypten; also waren sie ihre Systeme und systematische Gedanken den Egyptiern schuldig. Ihre Systeme, wann sie welche hatten, oder richtiger gesagt; ihre Begriffe widersprechen sich, können nicht aus einer Quelle geschöpft seyn, und daher unmöglich als Beweise egyptischer Rechtgläubigkeit angeführt werden.

2.) Den Orpheus übergehe ich hier, weil wir fast nichts ächtes von ihm haben, und wissen, und das, was wir von ihm haben und wissen, nichts weniger, als reine natürliche Theologie enthält; Allein, wann die Egyptier so richtige und einleuchtende Begriffe von der Gottheit gehabt hätten, warum sagte Thales, der in Egypten gewesen war, und dessen beyde erste Nachfolger nichts bestimmtes von der Gottheit? Warum entwickelten sich die Begriffe von Gott in Griechenland so spät, und langsam, wenn man nur nöthig gehabt hätte, sie aus

Egy-

Egypten herüber zu holen? Anaxagoras war der erste, der Gott von der Materie trennte, und ihm Eigenschaften beylegte, die den Eigenschaften der Materie entgegengesetzt waren: und eben dieser Anaxagoras hatte Egypten nicht gesehen. Wenn man den Pythagoras, auf welchen, als einen Schüler der Egyptier, man sich mit den Kirchenvätern sonst beruft, genauer kennte; so würde man bey ihm keine Theorien, vielweniger ein richtiges theologisches System suchen: die dunkele, und oft unwürdigen Begriffe von der Gottheit, die man im Empedokles, und den Fragmenten der Fleatiker antrift, würden allein im Stande gewesen seyn, Verdacht zu erwecken. Vom Sokrates, dem ersten Schöpfer einer reinen natürlichen Theologie, der nie außer Griechenland gewesen war, und nicht von den Egyptiern, lernte Plato Weltweißheit. Er war der Vereiniger aller Zweige der Philosophie, die in Jonien, Großgriechenland, und Attika entsprossen waren: Man trift ihn, wenn man genau nachgräbt, immer auf griechischem Grund und Boden an.

Wenn man aber auch mehr zugäbe, als man zugeben darf, daß die griechischen Weisen von den Egyptiern ihre Systeme entlehnt, und nicht selbst erfunden hätten; so würde doch dadurch 3) nur bewiesen seyn, daß die Priester und Gelehrten unter den Egyptiern, mit denen sie umgiengen, bessere

Begriffe sich von einem, über den Menschen erhabenen Wesen gebildet, nicht aber, daß diese Begriffe unter der ganzen Nation verbreitet gewesen. Jablonski und andere lassen die Griechen ihre Weißheit aus den vorausgesetzten Systemen der Priester, und nicht aus der Nationaltheologie schöpfen: und so bald dies zugegeben wird, bedarf es wohl weiter keines Beweises, daß die Güte der Gedanken einzelner Priester für die Richtigkeit des Glaubens der Nation in Egypten eben so wenig, als in Griechenland etwas beweisen.

Cudworths Gründe sind noch elender, als die angeführten, wie überhaupt C. nicht in seinem Fache ist, so bald er sich mit Raisonniren abgiebt. (Cap. IV. §. 18. p. 362. der alten Ausgabe, deren Seiten an dem Rande der neuesten bemerkt sind). Die Egyptier waren doch so weise Leute, sagt er, Herodot nennt sie σοφοτατꙋς, und Moses ward in aller ihrer Weißheit unterrichtet. Wie würde sich mit solchen Lobeserhebungen eine so entsetzliche Unwissenheit in der Lehre von Gott vertragen?

In den Zeiten, in welchen Herodot diesen Ausspruch niederschrieb, war das darinnen enthaltene Urtheil allerdings gegründet: die Egyptier waren die aufgeklärteste unter allen, ihm bekannten Nationen, bey denen Künste und Handwerker (auf die er vorzüglich zielt) einen höhern Grad der Vollkomkommenheit, als bey irgend einer andern erreicht hatten. Aber durften sie deswegen philosopische, Systeme, ihre Begriffe von Gott haben, um über die rohen, oder halb ausgebildeten Nationen der damahligen Zeit erhaben zu seyn? So wenig als Peruaner und Mexikaner, ungeachtet sie in eben dem Verstande die weisesten aller Nord = und Süd= amerikanischen Völker genannt werden konnten. Ekel würde mich anwandeln, wenn ich das Un= schickliche des zweyten Beyspiels von Moses auf eine ähnliche Art auseinander zerren sollte.

Die Egyptier, heist es ferner, cultivirten alle Wissenschaften; besonders aber Geschichte, Philo= sophie, und Theologie. Sie waren nach dem He= rodot (II. 123.) die ersten, die die Unsterblichkeit der Seelen behaupteten —.

Die Gedanken der Egyptier von der Unsterb= lichkeit der Seele, oder ihrem Schicksahle nach dem Tode sind lange so unbestritten, und gewiß nicht, als C. voraussetzt, wie ich an einem andern Orte gezeigt habe, wohin ich meine Leser verweise (*). Wenn aber alle ohne Ausnahme die Fortdauer des ganzen Menschen, oder seines edelsten Theils nach diesem Leben geglaubt hätten; so zeigt bloßes Glau= ben oder Hoffen ohne Gründe nichts philosophisches

R 4 an.

(*) Philolog. Bibl. 2. B. 6. St. S. 492. u. f.

an. Die wildesten Nationen haben in diesem Puncte ein gleiches Verdienst mit den Egyptiern, ohne auf Philosophie Anspruch machen zu können. Aber auch mit Gründen unterstützte Hofnung der Seelen Unsterblichkeit läßt uns keinen Rückschluß auf richtige Begriffe von der Gottheit machen. Eine gute natürliche Theologie vertrug sich, wie die Geschichte lehrt, nicht selten mit einer gänzlichen Ableugnung eines zweyten auf dies irrdische folgenden Lebens; noch öfterer aber coexistirten Hofnung und Beweise der Verlängerung unserer Fortdauer mit einer verfälschten natürlichen Theologie.

Seine letztern Beweise (386=393, S.) sind Stellen aus den neuern Platonikern, und den hermetischen Schriften; bey denen ich mich wohl nicht aufzuhalten brauche —, und endlich eine, von eben diesem so oft angewandte gewaltsame Verwandlung aller egyptischen Götternahmen in die Zeichen einer einzigen, unabhängigen, über alles erhabenen Gottheit. Dies Verfahren werde ich gleich, nach Anleitung des Jablonski näher prüfen.

Dies sind, so viel ich weiß, alle Gründe, die man für die Reinigkeit der egyptischen Religion vorgebracht hat. Sie enthalten alle, ohne Ausnahme, kein einziges Factum, oder Schluß, wodurch die Allgemeinheit des Glaubens an einen einzigen Gott in Egypten wahrscheinlich gemacht würde. Ich gehe daher

daher jetzt zu den Beweisen der entgegengesetzten Meynung über, daß Egypten, so weit die Geschichte reicht, Abgötterey getrieben habe. Für diesen Satz vereinigen sich die deutlichsten, und gar keiner zwangvollen Auslegung bedürfenden Zeugnisse der heiligen sowohl, als weltlichen Geschichte.

Als Joseph, der Uhrenkel Abrahams, Herr über Egyptenland wurde; hatte der Gottesdienst der Egyptier (Gen. 47. cap.) schon dieselbe Form und Einrichtung, in der er nachher bis auf die Zeiten der Perser und Griechen fortdauerte. Es gab schon mehrere Classen von Priestern, weil Joseph die Tochter eines Hohenpriesters der Sonne zu On oder Heliopolis heyrathete. Diesen Priestergeschlechtern waren, theils zu ihrem eigenen Unterhalte, theils zur Unterhaltung des kostbaren und prächtigen Gottesdienstes, heilige, ihnen ganz eigenthümliche Ländereyen angewiesen, die Joseph, ungeachtet der mehr als monarchischen Gewalt, die er ausübte, zinsbar zu machen, nicht Herz genug hatte. Die Israeliten waren ihnen ein Greuel, weil sie Thiere schlachteten, und aßen —, die die Egyptier entweder für Götter, oder auch für unrein, und unheilig hielten (dies alles giebt Jablonski §. 9. Proleg. selbst zu).

Nun schließe ich: wenn es zu Josephs Zeiten Priester der Sonne gab, und folglich die Anbetung dieses

dieses Himmelskörpers der Hauptgegenstand der Nationalreligion war; wenn schon damahls ganz Egypten sein Knie vor einländischen Thiergottheiten beugte; so kann der Glaube und die Verehrung eines einzigen Gottes zu Abrahams Zeiten, einige Generationen vorher, nicht die herrschende allgemeine Religion von Egypten gewesen seyn.

Es bedarf wohl gar keines Beweises, daß der Dienst eines einzigen Gottes, und der Dienst der Sonne sich gerade entgegengesetzt sind, daß beyden nicht zu gleicher Zeit Tempel, Altäre und Opfer von derselben Nation zur selbigen Zeit aufgerichtet, und dargebracht werden, daß ihre Priester schwerlich eine Zunft, oder Brüderschaft ausmachen können. Zwo sich so entgegengesetzte Religionen können so wenig als Licht und Finsterniß, in derselben Nation zugleich herrschend seyn: Als solche betrachtet, schließen sie sich einander nothwendig aus.

Wäre daher noch zu Abrahams Zeiten die Verehrung des einigen Gottes in Egypten allgemein gewesen, so würde unmöglich der Dienst der Creatur einige Generationen nachher ohne die heftigsten Umwälzungen des Staats, von denen die Geschichte schweigt, und Jablonski nichts sagt, in eben dem Lande haben herrschend werden, und sogar in die politische Grundverfassungen des Reichs

so tiefe Wurzeln treiben können. Zwey entgegenge=
setzte Religionssysteme können sich nicht in einer gan=
zen Nation während ein Paar Generationen ablösen,
am wenigsten alsdenn, wenn mit solchen Umtau=
schungen sehr wichtige Staatsveränderungen unzer=
trenlich verbunden sind. Eine nicht kleine Anzahl
von Jahrhunderten muß verfließen, bis eine aus=
gebildete Nation, deren Religion beydes Lehrsätze
und Gebräuche, Dogmatik und Lithurgie enthält,
diese Lehrsätze vergißt, und sich von seinen heiligen
Ceremonien entwöhnt; bis schleichende Vorurtheile,
und in der Dunkelheit entstandene Mißbräuche sich
über ein ganzes Volk verbreiten; bis die ehrwür=
digen Diener des väterlichen Gottesdienstes alles
Ansehen, allen Einfluß verlieren, und die Verthei=
diger von Neuerungen ein entschiedenes Ueberge=
wicht über ihre Widersacher erhalten; bis endlich
eine neue Religion sich an die alten Vorurtheile,
Sitten, Gesetze einer Nation anschmiegt, die San=
ction der gesetzgebenden Gewalt enthält, und ihre
Diener, als ein Haupttheil in den zerrütteten
Staatskörper aufgenommen werden —. Für eine
solche Reihe der wichtigsten Begebenheiten muß ei=
nem jeden Geschichtkenner die Zeit von Abraham
bis auf Joseph ein viel zu enger Zeitraum zu seyn
scheinen —. Also zu Josephs Zeiten war in Eg=
ypten Dienst der Sonne, Dienst der Thiere, eine

völlig

völlig so eingerichtete Priesterschaft, wie zu Herodots Zeiten —. Unter Abraham konnte daher keine reine, ächte Religion in Egypten herrschend seyn —. Die Abgötterey der Egyptier verliert sich also nach den Zeugnißen der heiligen Geschichte in die entferntesten Zeiten hinauf, von denen wir keine Nachricht erhalten haben.

Als Moses die Israeliten aus Egypten führen wollte, wußte Pharao nichts von dem allmächtigen Gott ihrer Väter, durch deßen Hand Moses Zeichen und Wunder that. Selbst die Israeliten waren von dem Thierdienste ihrer ehmahligen Beherrscher angesteckt: Gott warf ihnen oft bey ihren häufigen Rückfällen in Abgötterey die sclavische Anhänglichkeit an die Irrthümer der Egyptier und ihrer übrigen Nachbarn vor.

Mit eben den Nachrichten fängt die weltliche Geschichte wieder an. Alle wahre Nachrichten, und zweydeutige Ueberlieferungen vom Herodot bis auf den Diodor und Strabo enthalten nichts als Wiederholungen von Opfern, Festen, Tempeln, die dem Könige, und der Königinn des Himmels, und, außer diesen, dem größten Theil der einländischen Thiere dargebracht, gefeyert und aufgerichtet worden. Warum reden alle diese Männer von Osiris und der Isis, von den Götterthieren der Egyptier, und kein einziger von einem Weltordnenden Gott,

und

und den Eigenschaften, die man in ihm verehret hat. Ich berufe mich hier auf die Auszüge, die ich in der Beurtheilung eines jeden dieser Schriftsteller mitgetheilt habe, und schließe mit den Worten des Porphyrs (in Epist. ad Aneb. p. 7. Iamb. libro de Myst. Egypt. praefixa). Chäremon und viele andere fanden unter den Egyptiern keine andere Götter, als die sichtbaren Himmelskörper —; Er sah, daß alle ihre Gebräuche und Fabeln sich einzig und allein auf Sonne und Mond, ihre verschiedene Stellungen u. s. w. bezogen. Και ὁ λως παντα εις τα φυσικα, και ὐδεν εις ασωματυς ὐσιας ἑρμηνευοντας.

Um diese meine, so viel ich glaube, allein auf Geschichte gegründete Meynung, daß die Egyptier nie die Gottheit außer der Welt gesucht, noch mehr ins Licht zu setzen, will ich die, in den vier ersten Capiteln des Pantheons enthaltene Behauptungen von dem leidenden Principio der Egyptier, und den vorgegebenen verschiedenen Benennungen des höchsten Gottes etwas genauer prüfen.

Die Egyptier kannten (sagt Iablonski Lib. I. c. I.) ein leidendes Principium (το παχον), einen Urstof aller Dinge, aus welchem die ganze Welt aufgebauet worden —. Wenn die Egyptier wirklich einen deutlichen Begrif von einer Grundmaterie, aus welcher das ganze Universum zusammengesetzt worden, gehabt hätten; so würde dies eine

eine starke Vermuthung für die Behauptung eines einzigen, diesen Urstof ordnenden Wesens hergeben. Die Geschichte des menschlichen Verstandes lehrt nemlich, daß der Begrif von Gott fast immer mit der deutlichen Idee der Welt, des ganzen Universums verbunden gewesen, oder ihr bald nachgefolget sey; daß diejenigen Philosophen von Gott die sonderbarsten Begriffe hatten, die die verworrnesten Begriffe von Welt und Universo hegten, und daß wiedrum diejenigen die reinsten und erhabensten Vorstellungen vom Schöpfer hatten, die sich würdige Begriffe von der Schönheit und Größe des Universums gemacht hatten. Allein eben diese lehrt auch, daß der Begrif von einem ganzen Weltsystem so leicht nicht sey, als man sich gemeiniglich vorstellt, und daß, die Griechen und Römer ausgenommen, keine einzige alte Nation sich bis zu dieser Idee empor geschwungen habe. Von den Egyptiern wird es bewiesen seyn, wenn ich die Gründe des Jablonski werde wiederlegen können.

1.) Die Egyptier sagt er, verehrten, nach dem Grammatiker Orion eine Venus unter dem Nahmen Athor oder Athyr (Etym. mag. unter dem Worte Aθυρ); dieß kann die griechische Venus, die Vorsteherin der Buhlerinnen nicht seyn: auch nicht der Stern gleiches Nahmens: man muß daher unter ihr die Juno der Orientaler, die auch himm-

lische

kſche Venus genannt wurde, und die fruchtbare Natur aller Dinge bedeutete, verſtanden haben. Dieſe Venus iſt wiederum der Nacht einerley, die die Phönizier (Euſ. Pr. Eu. I. 10. Heſiodus Theog. v. 123.), und Orpheus (Suidas Vox Ορφευς) für den Urſprung aller Dinge gehalten, und die Egyptier gleichfalls als eine ſolche verehret haben, weil eine von ihm ſelbſt für verdächtig erklärte Inſchrift beym Theon Smyrnäus (de Muſ. c. 47.) die Nacht als eine Göttin nennt, und Damaſcius (einer der letzten Alexandriner) ein σκοτος αγνωςον den Egyptiern, als die erſte αρχην zuſchribt (Anecd. Wolf. III. p. 260.). Nacht und Venus haben gleiche Eigenſchaften; ſie ſind daher beyde eins, weiter nichts, als verſchiedene Benennungen der Natur, der Mutter aller Dinge, der Urquelle alles deſſen, was iſt.

Gegen dieſe Kette von Schlüßen laſſen ſich folgende gegründete Einwendungen machen:

1) Es iſt viel gewagt, auf das Zeugniß eines der ſpäteſten Grammatiker, der, (wie ich aus dem Leben des Proklus von Marinus ſehe, ein Lehrer des Proklus war), und zwar auf dies Zeugniß allein, anzunehmen, daß die älteſten Egyptier eine Venus Athyr, oder Athor verehret haben. Herodot (II. 112.) redet von einer Venus, die er aber nicht für eine einländiſche Gottheit, ſondern für

für die vergötterte Helena hält, und deswegen mit dem Nahmen der fremden ausländischen belegt: allein von einer Venus Athor weiß er eben so wenig als Strabo, der XVII. p. 807. sagt, daß einige ihren Tempel für den Tempel der griechischen Venus, und andere für den Tempel des Mondes gehalten hätten.

2.) Man gebe es aber auf das bloße Wort eines einzigen spätern Grammatikers zu, daß die Egyptier eine solche Venus Athyr verehret haben; mußte denn diese Venus nothwendig von derjenigen, deren Tempel Herodot, und Strabo anführen, verschieden seyn? und wenn sie von ihnen verschieden war, die Dea Syria, die Venus coelestis seyn, die Plutarch im Leben des Crassus für den Ursprung der Dinge hält. Der Grammatiker, den J. allein zum Grunde legt, sagt nichts davon; und alle übrige Schriftsteller unterscheiden eben so wenig eine der syrischen Dea Mater entsprechende Venus, von derjenigen, deren Strabo und Herodot erwähnen —. Ueberdem mußte Jablonski, daß eine jede Gottheit der Egyptier durch die Einmischung fremder Religionen mehrere Nahmen erhalten hatte, daß die Isis allein mit allen griechischen und bekannten Göttinnen identificirt war, daß Plutarch sie schon deswegen μυριονυμος nannte. So wenig aber die verschiedenen Benennungen, die Osiris, Horus und andere Götter, führen, uns zur Vervielfältigung dieser Gottheiten berechtigen; so wenig kann man aus einem neuen Nahmen der Venus auf eine von der bekannten verschiedene Gottheit schliessen.

3.) Wenn aber die Athor auch von der gewöhnlichen Venus unterschieden, eine Venus coelestis seyn sollte, warum mußte sie just außer Egypten aufgesucht werden? Zeigte ihm denn kein einziger Schriftsteller eine einheimische Gottheit, auf die alles das paßt, was er die Athor aus freyen Stücken seyn läßt? Apulejus in einer Stelle, die ihm nicht unbekannt war, lehrt uns, daß man zu seinen Zeiten 200. Jahr vor dem Grammatiker Orion, der Isis alle die Eigenschaften zuschrieb, weswegen er eine, allen übrigen Schriftstellern unbekannte Athor einführt. Man lese die Anrede der Isis bey ihrer Erscheinung vor dem Apulejus (Lib. XI.): En assum tuis commota, Luci precibus, rerum Natura parens, elementorum omnium domina, saeculorum progenies initialis, summa Numinum, regina manium, prima coelitum, Deorum Dearumque facies vniformis: quae coeli luminosa culmina, maris salubria flamina, inferorum deplorata silentia, nutibus meis dispenso. Cuius Numen vnicum multiformi specie, ritu vario, nomine multiiugo totus veneratur orbis. Me Primigenii Phrygii, Pessinunticam

vocant

vocant Deum matrem: hinc Autochtones Attici Cecropiam Mineruam, illinc fluctuantes Cyprii, Paphiam Mineruam; Cretes faggittiferi Dictinnam Dianam; Siculi trilingues Stygiam Proferpinam; Eleufinii Vetuftam Deam Cererem, Iunonem alij, alii Bellonam, alii Hecaten, Rhamnufiam alii. Et qui nafcentis Dei folis inchoantibus radiis illuftrantur Aethiopes, Ariique, prifcaque doctrina pollentes Aegyptii ceremoniis me prorfus propriis percolentes, appellant vero nomine **Reginam Ifidem**. Affum tuos miferata cafus, affum fanens, et propitia.

Nachdem, was ich oben von der Verfälschung der egyptischen Religion gesagt habe, darf ich hier nicht weitläuftig beweisen, daß die Beschreibung des Apulejus nicht ächt egyptisch sey, daß es den ältesten Egyptiern gar nicht eingefallen, alle Göttinnen der Erde für bloße Modificationen der Iſis zu halten, und in ihr eine Sammlung aller Eigenschaften aller übrigen Gottheiten anzubeten. Sie war aber schon zu Apulejus Zeiten eben so gut als die Dea Syria, ein τοπος Θεων, wie Simplicius von beyden sagt (Lib. IV. in Auf. Phyf. Arift. p. 150. edit. Ald. diese Citation bin ich dem Jabl schuldig §. 6.), und es wäre daher auch ohne alle übrige Beweise sicherer gewesen, die Αθωρ für die

Iſis

Iſis, als für eine keinem Schriftſteller bekannte Venus zu halten.

4.) Dies waren die erſten Gedanken, die mir bey den hypotheſenvollen Unterſuchungen des J. über die Athor einfielen, und ich zweifelte im geringſten nicht daran, daß er einen nicht ſehr bekannten Nahmen der Iſis zu einer eigenen Göttin erhoben hätte, als mir bey einer abermahligen Durchleſung der Abhandlung des Plutarchs eine Stelle in die Hände fiel, die hier allen Zweifel aufhebt, und darthut, daß die Iſis zu Plutarchs Zeiten Athyr genannt worden ſey, und daß Orion ſtatt die Iſis Iſis zu nennen, ihr den Nahmen Venus gegeben habe, unter welcher ſie vielleicht an einigen Orten Egyptens verehrt worden. Plutarch ſagt S. 374. de Iſ. et Oſ. Die Iſis wird bald μυθ, bald Αθυρι, bald μεθωρ genannt. Das erſte heißt Mutter, das zweyte bedeutet das ſchöne Haus des Horus (wie Plato ſie das Subſtratum der Entſtehung χωραν της γενεσεως nennt) das dritte zeigt das zuſammengeſetzte, und die wirkende Urſache an —. Ich habe ſchon oben mit Beyſpielen bewieſen, was von Plutarchs Verdollmetſchungen zu halten ſey; vielleicht würde es auch hier einem Kenner der koptiſchen Sprache nicht ſchwer ſeyn, ihm hier mehrere Irrthümer zu zeigen. Wenn aber dieſe Ehrentitel auch richtig ins griechiſche übertragen wären; so zeigen sie doch nur so viel, daß man der Göttin Isis zu Plutarchs Zeiten auf eine so platonische Art geschmeichelt habe.

Die drey Nahmen mögen aber am Ende bedeuten, was sie wollen, Plutarch mag sie richtig, oder falsch übersetzt haben; so ist durch diese Stelle doch so viel ausgemacht, daß Αθυρ' oder Αθυρι ein Beynahme der tausendnahmigen Isis sey, die Orion unter dem Zeichen der Venus anführt, und daß J. sich wahrscheinlich, wenn er diese Stelle gekannt hätte, alle Verwandlungen der Αθυρ in die himmlische Venus, der Venus in die syrische Göttin, dieser in die Nacht, und der Nacht in die Mutter Natur hätte überheben können.

5.) Wenn aber auch endlich die Egyptier in der Athor ein solches Wesen, einen solchen Confluxus widersprechender Eigenschaften verehret hätten, als Apulejus der Isis, und Dea Syria beylegt: würde man in diesem der Geschichte widersprechenden Fall sagen können, daß die Egyptier deutliche, und so richtige Begriffe von der Materie, Natur, oder dem Urstof aller Dinge gehabt hätten, um sie von dem Schöpfer selbst zu unterscheiden? Wenn Hyperbeln, und unbestimmte übertriebene Lobeserhebungen philosophische richtige Begriffe enthalten; so hat keiner von allen Theilen der Natur besser philosophirt, als der Verfasser der Hymnen, die dem

Orpheus zugeschrieben werden —. Wie verträgt sich endlich eine solche Verehrung der ganzen Natur in der Person der Athor mit richtigen Begriffen von der Gottheit, die J. den Egyptiern vindicirt, und um welcher Willen er alle diese Maschinen erfunden, und in einandergesetzt hat?

II. Die ältesten Egyptier philosophirten aber nicht blos (L. I. c. 2.) über das leidende Principium, sondern erkannten auch einen ordnenden Schöpfer dieser Grundmaterie, der Athor. Sie belegten ihn mit mehrern Nahmen: Phtas, den die Griechen ἠ Φαιςος, oder Vulcan übersetzen, war der erste, und bedeutete bey den ältesten Bewohnern Egyptens den obersten weltbauenden Gott. Seine Beweise sind folgende:

Das Lehrgebäude der Egyptier über die ersten Principia der Dinge ist dem Stoischen, wie Brucker es getreulich in seiner philosophischen Geschichte dargestellt hat, durchaus gleich. Sie behaupteten zwo αρχας, oder Ursachen aller Dinge: eine wirkende, die Horapollo I. 12. Θεον εγκοσμιον nennt, und eine leidende, die dem eyförmigen Universo des Orpheus ähnlich ist, wie der Verf. der Recog. Clem. X. c. 30. sie beschreibt, welche Orpheus unstreitig von den Egyptiern geborgt hat. Der oberste Gott hies Pthas, oder Vulcan (de Myst. Aeg. VIII. 5.), in so ferne er alles hervorbringt.

bringt. Schon auf dem Obeliskus der nachher nach Rom gebracht wurde, heist Vulkan, nach der Uebersetzung der Hermapions (Am. Marc. XXVII.) der Vater der Götter, und Kallisthenes in einem Fragmente der Geschichte vom Leben Alexanders des Großen (Fabr. Bibl. Gr. XIV. p. 149.) nennt ihn προπατορα των Θεων, doch bringt er auf das Zeugniß dieses im ganzen Alterthum für fabelhaft erklärten Schriftstellers nicht sehr.

Nachdem ich nun alle Gründe und Beweisstellen des J. in diesem Auszuge getreulich mitgetheilet habe; will ich beyde unpartheyisch untersuchen, und sehen, ob das Daseyn eines höchsten Gottes, Phtas oder Vulcan genannt, dadurch bewiesen werde.

1.) Ich gebe erstlich zu, daß fast alle alte Schriftsteller von einem Vulcan der Egyptier reden, und daß also das göttliche Wesen, das Herodot zuerst und nach ihm alle übrige mit dem griechischen Nahmen ηφαιςος bezeichneten, wahrscheinlich zu den ältesten originalen Gottheiten der Egyptier gehöre. Allein nicht ein einziger der ältesten Schriftsteller redet von ihm als einem Nationalgott, der in ganz Egypten verehret worden; vielweniger als von dem einzigen und höchsten aller Götter: die glaubwürdigsten sagen, daß er allein in Memphis und sonst nirgends verehret worden sey.

Herobot erzählt (II 99.) gerade in dem Capitel, wo er die fabelhafte Geschichte Egyptens aus den mündlichen Nachrichten der Priester anfängt, daß der erste König Egyptens, der Memphis gebauet, zugleich dem Vulcan einen prächtigen Tempel errichtet; daß Möris (101.) diesem Tempel die προπυλαια und daß Amaſis (1760) ihn mit einem 75ſchühigen Coloßen geziert habe. Kambyſes brach auch in dieſen Tempel ein, und machte die Statüe des Vulcans, wie alle übrige egyptiſche Götter, lächerlich III. 37 —. Strabo erwähnt (807. lib. XVII. Ed. Caſ. de 1620.) dieſes Tempels des Vulcans, und des Coloßen gleichfalls, und rühmt die ausserordentliche Pracht, die in dem Gebäude ſelbſt, und allen, was zu ihm gehöre, herrſche.

Cicero zählt unter den Vulcanen (L. III. 22. de N. D.) auch den egyptiſchen auf. Er giebt ihm in Anſehung des Alters den zweyten Rang; ſagt, daß die Egyptier ihn für einen Sohn des Nils, und für den Beſchützer Egyptens hielten. Er iſt der erſte, der des egyptiſchen Nahmens Phtas erwähnt.

Diodor ſagt (S. 16. Ed. Weſſ.) von dem Tempel des Vulcans nichts, berichtet uns aber, daß die Egyptier den ηφαιςος durch Feuer überſetzsetzten, und ihn für einen großen Gott hielten, weil er eine Hauptursache des Entstehens, und der Vermehrung der glücklichen Vegetation sey.

Man mag alle diese Stellen, oder eine von ihnen zum Grunde legen; so folgt offenbar, daß Vulcan bey den ältesten Egyptiern das nicht gewesen sey, wofür ihn J. ausgiebt: aber man sieht nicht gleich daraus, ob Phtas eine für sich bestehende eigene Gottheit, oder ein Beynahme sey, unter welchem eine andere in Memphis verehret worden. Es ist mir sehr wahrscheinlich, das Phtas eine blos in Memphis gewöhnliche Benennung gewesen sey, unter welchen man den Osiris verehrte, wie Athor und Neitha es von der Isis waren. Diese Vervielfältigung von Nahmen beweist die Oekonomie der ganzen egyptischen Religion; vielleicht glaubten die Egyptier durch solche neue Nahmen einen Gott der ganzen Nation vorzüglich sich eigen zu machen, als einen Schutzgott ihres engern Bezirkes zu fixiren. Die griechischen Schriftsteller merkten diese Verehrung desselben Gottes unter mehrern Nahmen und Gestalten nicht immer an, und daraus entstanden die Vervielfältigungen der Gottheiten, und die Erdichtung unendlich vieler Attributen.

2.) Allein diese ältern Schriftsteller sind es auch nicht, auf deren Zeugniß J. die höchste Gottheit

heit des Phtas gründet; sondern Philosophen des dritten und der folgenden Jahrhunderte, unter denen Porphyr der älteste ist.

Schwerlich kann es nach den Regeln der Kritik entschuldigt werden, daß J., um die Meynungen der ältesten Egyptier von der höchsten Gottheit des Phtas zu beweisen, die glaubwürdigen frühen Geschichtschreiber ganz übergeht, und nur die Stellen ganz neuer Schriftsteller braucht, die seiner Hypothese günstig zu seyn scheinen, und nur in soferne braucht, als sie seine Meynung bestätigen. Nicht gnug, daß alle diese Schriftsteller mir und andern, wann sie von dem ältesten Glauben der Egyptier reden, höchst verdächtig sind; er selbst wirft ihnen an mehrern Orten ihre Unzuverläßigkeit vor, und nahmentlich in diesem Capitel gesteht er, daß sie mit Fabeln vermischt sind; und, dem allen ungeachtet, nimmt er aus ihnen das heraus, was in sein System paßt, ohne die geringsten Gründe anzuführen, daß das, was er aus einem Chaos von Fabeln heraus zieht, gerade das einzige, in ihnen verborgene, Wahre sey.

Wenn also diese Schriftsteller, worauf er sich beruft, von ganz unbescholtenen Rufe wären, wie sie es, seinem eigenen Geständnße nach, nicht sind, so würden ihre Nachrichten doch nur von dem Glaubensbekänntniße der Egyptier ihrer Zeit, nicht von den ältesten Bewohnern dieses Landes gelten, wovon hier doch die Rede ist.

Allein, wenn man auch diese zugestandene Unzuverläßigkeit, und ihr zu spätes Zeitalter übersehen wollte; so sagen sie doch fast alle das nicht, was er sie sagen läßt: daß die ältesten Egyptier den höchsten weltordnenden Gott im Pthas oder Vulcan verehret hätten.

Nicht Eusebius, sondern Porphyr beym Eusebius (Pr. Eu. III. XI.) redet vom Phtas folgendergestalt: Die Egyptier haben den Baumeister der Welt, den sie Knáph nennen, unter menschlicher Gestalt abgebildet; von diesem Gotte erzählt man, daß er aus seinem Munde ein Ey hervorgebracht habe, und daß hieraus ein anderer Gott Phtas, den die Griechen Vulcan nennen, entstanden sey. Das Ey selbst stelle die Welt vor.

Vor allen Dingen, und Principiis (sagt Jamblich, wie er vorgiebt nach ächten hermetischen Grundsätzen) ist der unbewegliche (VIII. 2.) in der Einheit seiner Einheit verbleibende Gott. Nach einer andern Ordnung, fährt er im folgenden Capitel fort, setzt Hermes den Emeph vor, der der Führer aller himmlischen Götter ist; vor ihm ist das ειϰτον, εν ὡ δητο πρωτον εςι νοϰν, ϰαι τϱ πρωτον νοητον, ὁ δη ϰαι δια σιγης μονης ϑεϱαπευεται. Außer diesen haben die Egyptier noch andere Führer

rer der Körperwelt angenommen. Amun ist das weltschaffende verständliche Wesen, der Vorsteher der Wahrheit und Weißheit, u. s. w. Phtas wird er genannt, in so ferne er alles ohne Trug mit Klugheit vollendet. Osiris heist er, in so ferne er wohlthätig ist, und hat wegen vieler anderer Kräfte noch viele andere Benennungen. Den Werth dieser Stelle habe ich oben bestimmt; allein diese Betrachtungen bey Seite gesetzt, sagt Jamblich nichts weniger, als daß Phtas der höchste und einzige, der weltschaffende Gott sey. Phtas ist weiter nichts, als der Nahme einer einzigen Kraft des νες διμιερ-γικος, der dem ersten unaussprechlichen Gott, alsdenn dem Emeph, und Eikton folgt: eine bloße Kraft eines göttlichen Wesens vom vierten Range.

Dem Hxrapollo ist es eben so wenig eingefallen, den Vulcan zum ersten Weltschöpfer zu erheben. Er sagt I. 13. weiter nichts, als daß man den Vulcan durch einen Scarabäus und Geyer; die Minerva durch einen Geyer und Scarabäus abmahle. Die Welt bestünde aus einem männlichen und weiblichen Theile; und diese Götter hätten allein die Eigenschaft Αρσενοθηλεις zu seyn.

Vulcan wird in diesem unverständlichen, wenigstens schlecht geschriebenen Gewäsche für einen Theil der Welt ausgegeben, und zu gleicher Zeit wird die Minerva ihm an die Seite gesetzt —.

Hier

Hier steht aber nichts von einem einzigen weltregierenden Gott.

Gleich in den folgenden Absatz heißt es, daß die Egyptier den Θεος εγκοσμιος, die ἑιμαρμενη, und die Zahl Fünf durch einen Stern ausdrückten; Gott deswegen, weil er den Preiß oder Sieg fest setze, der durch die Bewegung der Gestirne, und der ganzen Welt erhalten wird. Hier ist alles dunkel, unbestimmt, was der Θεος εγκοσμιος, der Preis, die Art ihn zu erhalten sey. Allein man verstehe und lege dies aus, wie man will; so ist wenigstens dies ausser Zweifel, daß Horapollo den Θεος εγκοσμιος nicht mit dem Phtas für einerley gehalten habe, weil er ihm ein ganz anderes Zeichen giebt, und bey dem Θεος εγκοσμιος vom Pthas, und beym Phthas von jenem schweigt, ungeachtet er beyde unmittelbar auf einander folgen läßt.

Bey den Titeln, die er aus der Uebersetzung des Obelisk vom Hermapion, und dem Kalisthenes anführt, glaube ich gar nicht nöthig zu haben, mich zu verweilen. Wann beyde so zuverläßig wären, als sie es nicht sind, so würden diese unbestimmten Lobeserhebungen eines Vaters, und Urvaters aller Götter für die höchste Gottheit des Phtas eben so wenig als für die des Jupiters der Griechen beweisen, dem sie eben so häufig verschwendet worden.

Die

III. Die Egyptier sagt J. verehrten die höchste Gottheit noch unter dem Nahmen der Neitha. Neitha und Phtas waren wirklich eine und eben dieselbe Gottheit.

Sie wurde vorzüglich in Sais, einer der größten Städte Niederegyptens verehrt, wie Plato bezeugt (Tom. II. in Tim. p. 21.). Sie war (Hor. I. 12.), wie Phtas, αρσενοθηλυς, wie überdem die berühmte Inschrift auf ihrem Tempel zu Sais lehrt (Plutarch de Is. p. 354.). Ich bin alles, was war, was ist, und seyn wird; mein Gewand hat kein Sterblicher aufgedeckt. Proclus p. 30. Plat. Tim. wiederholt die Inschrift, und setzt noch hinzu: Ich bin es, die die Sonne gebohren hat. Hierdurch (fährt Jab. fort) wird die Einerleyheit der Neitha und des Phtas ausser Zweifel gesetzt, weil mehrere Schriftsteller den Vulcan, als den Vater der Sonne anführen. Endlich war sie (Procl. l. c.) wie Phtas eine Liebhaberin des Kriegs, der Künste und Wissenschaften —. Man hat daher aus der Gleichheit der Attributen auf die Gleichheit der göttlichen Personen zu schließen: Neitha war wie Phtas die oberste Gottheit.

In diesem Raisonnement sind die Schriftsteller, die zum Grunde gelegt werden, und die Art der Beweise, den vorhergehenden so ähnlich, daß

daß ich mit wenigerm Verlust von Zeit und Raum das Unzureichende derselben zu zeigen im Stande seyn werde.

1.) Nichts kann entfernter und willkürlicher seyn, als die Attribute aus welchen J. die völlige Gleichheit beyder Gottheiten schließt. Wenn es erlaubt ist, aus so schwachen Aehnlichkeiten auf die Einerleyheit einer Person, eines Gegenstandes zu schließen; so will ich mich gleich anheischig machen, zu beweisen daß alles was ist, nicht blos gleichartig sondern völlig eins sey, und daß es im ganzen Universo keine wirklich verschiedene Gegenstände und Eigenschaften gäbe. Wenn Horapollo beyde Götter für eins, und zwar blos wegen der ihnen gemeinschaftlichen Vereinigung beyder Geschlechter in sich, für eins gehalten hätte; so würde er es angemerkt haben. Er redet von ihnen, als 2 verschiedenen Gottheiten, die in einem einzigen Puncte übereinstimmten.

Weil einige Egyptier der Minerva, andere wiedrum dem Vulcan die Erfindung, und das Präsidium der Künste und Wissenschaften zuschreiben; so sind beyde Götter eins. Warum schloß er nicht fort? weil andere wiedrum dem Hermes, und noch andere dem Osiris eben die Ehre anthun; so sind auch diese mit ter sich, und mit den erstern eins. Wie konnte er denn die Griechen, und den Abt Pluche tadeln, der in sey seiner Geschichte des Himmels wegen dieser ähnlichen Attribute die egyptische Neitha, und die griechische Minerva für dieselbe Gottheit gehalten hatte.

2.) Ein Hauptbeweisgrund der Größe seiner Neitha ist die Inschrift beym Plutarch, und doch hält er (§. 7.) eben diese Inschrift aus mehrern Gründen mit dem Kanzler Mosheim (ad Cud. p. 398.) für untergeschoben, unter denen der vornehmste und unwiderleglichste dieser ist, daß weder Herodot, noch Plato, noch Strabo und Diodor, die alle in Egypten gewesen waren, alle von Sais und dem Tempel, der die Inschrift enthalten solte, reden, daß kein einziger von diesen die Worte angeführt hat, die auf die Verehrung der attischen Minerva eine gar nicht zu übersehende Beziehung haben. Sein Verfahren würde weniger sonderbar seyn, wenn er nicht selbst die Gründe angeführt hätte, warum diese Inschrift entweder ganz erdichtet sey, oder von einer spätern griechischen Hand herrühre, und also für den Glauben der ältesten Egyptier nichts beweise.

3.) Dieselbe Inschrift wie Plutarch sie ausführt, scheint ihm neu, und verdächtig, und eben diese erhält das Ansehen eines unverdächtigen Alterthums, weil Proclus, ein viel jüngerer, und unzuverläßigerer Schriftsteller, sie fast mit denselben Worten wiederholt. Die Ursache des großen Werths der letztern liegt in dem Anhange, von dem Plutarch nichts wußte, und der ihm einen neuen Beweis seiner Hypothese hergiebt; Ich bin es, die die Sonne gebohren hat —. Hier ist eine Widerlegung doch wohl unnöthig.

4.) J. übersieht alle die Stellen, und selbst in den Stellen die er anführt, alle die Data, woraus erhellt, was die Neitha eigentlich gewesen sey, um nur beweisen zu können, daß sie und Phtas ein und eben dieselbe Gottheit sey. Seine Leser müßen nothwendig glauben, daß die Neitha eine, von allen übrigen bekannten, verschiedene saitische Göttin gewesen sey. Sie war weiter nichts als die Isis der ganzen Nation, die in Sais Neitha oder Neith hies, und blos hier unter dieser Benennung verehrt wurde, weswegen es gar nicht nicht zu verwundern ist, daß wir von ihr in dem übrigen Egypten gar keine Spur antreffen.

Die saitischen Priester übersetzten (Plat. p. 21. T. III.) dem Solon (oder vielmehr Plato) ihre Göttin $N\eta\vartheta$, oder Neitha durch $A\vartheta\eta\nu\eta$ oder Minerva; und dies müssen sie nicht blos gegen den Plato, sondern auch gegen alle übrige Griechen gethan haben, weil Herodot (L. II. 169. et sq. 175. c.) Strabo (XVII. S. 802.), Plutarch (S. 354. de Is.) des Prächtigen Tempels der Minerva zu Sais erwähnen. Diese den Griechen unter

ter dem Nahmen der Minerva verdollmetschte Neitha war keine andere als die Isis. Plutarch sagt es an eben der Stelle S. 355, wo er der Inschrift auf ihrem Tempel erwähnt: Το δε εν Σαει της Αθηνας (ἡν και Ισιν ονομαζουσιν) εδος επιγραφην ειχε τοιαυτην, etc' Eben dies wiederholt er S. 376. Man nennt sagt er, oft die Isis mit dem Nahmen Minerva. Da ich also wenigstens zwey Zeugniße des Plutarchs, und die Einrichtung der egyptischen Religion vor mir habe; so wird die von mir gegebene Bestimmung der Neitha wenigstens so viel Gewicht haben, als des Jablonski seine, die beyden widerspricht, die Neitha zu einer von der Isis verschiedenen Göttin macht, unter welcher Gestalt kein Alter sie kennt —, und sie nachher mit dem Vulcan identificirt, von welcher Zusammenschmelzung alle Schriftsteller schweigen —. Neitha ist daher eben so wenig als Phtas die Benennung des höchsten und einzigen über die Welt erhabenen Gottes.

Die dritte Benennung des höchsten Gottes (sagt Jabl.) ist Kneph, oder Knuphis, wie Strabo ihn nennt (Iabl. l. c. 4.). Plutarch sagt, daß die Thebaner (359.) deswegen nichts zu den Begräbnißen heiliger Thiere, beytrügen, weil sie ihren Gott Kneph für ungebohren, und unsterblich hielten. Auch Eusebius sagt uns aus dem Porphyr (Praep.

T Eu.

Eu. III. XII) daß der Kneph der Demiurg der Egyptier sey. Man verehrte ihn unter dem Bilde einer Schlange, und diese Verehrung ging zu den Zeiten der Römer (Lamp. c. 18. in Vita Heliog.) nach Italien über, wo man solche Schlangen αγαθοδαιμονας nannte.

Herodot (II. 74.) erwähnt freylich der heiligen Schlange im thebaischen Nomos; beschreibt sie ziemlich umständlich, und sagt, daß man sie wegen ihrer Unschädlichkeit schätzte; allein er nennt sie weder Kneph, noch wußte er von dem griechischen Nahmen αγαθοδ αιμων, und den großen Vorzügen, die Plutarch ihr beylegt. Strabo schweigt hierüber gleichfals. Plutarch ist der erste, welcher sagt, daß die Einwohner von Thebais die unschädliche Schlange für einen wirklichen Gott, für ungebohren und unsterblich hielten, weil sie Entstehen und Untergang, als mit der Gottheit unverträglich angesehen hätten.

Vors erste gesteht Jablonski (§. 3.) selbst ein, daß Plutarchs Nachricht, als wenn die Einwohner von Thebais nichts Sterbliches verehrt hätten, falsch sey. Sie beteten den Krocobill, den ganz Egypten verabscheuete, den Adler, und noch mehrere Thiere an —. Zweytens sind die der thebaischen Schlange von ihren Landsleuten verliehenen Attributa nicht hinreichend, sie zur höchsten Gottheit zu erheben. Man hielt, nach einer alten

Sage,

Sage, die eben dieser Schriftsteller anführt, alle Schlangenarten für Bilder und Sitze der Unvergänglichkeit, und bezeichnete sie deswegen (S. 381.) mit einem Sterne. Diese Vollkommenheit schrieb man also gleichfalls dem Kneph, der unschädlichsten aller Schlangen zu: beyde Attributa gehören zu den Eigenschaften, die die spätere Schmeicheley in dieser Thiergottheit entdeckt hat. Vielleicht ist die ganze Nachricht erdichtet; weil Plutarch keinen Schriftsteller weder vor noch nach sich zu Mitzeugen hat: vielleicht nennten die Egyptier ihren Kneph in eben dem Verstande ungebohren und unsterblich, in welchem die Tartaren ihrer Lama so nennen. In keinem Falle aber kann man aus den Worten des Plutarchs einen weltregierenden, gutthätigen Gott herausbringen.

Vierzehntes Kapitel.

Ueber die Mysterien und geheime Lehrart der egyptischen Priester: über ihre heilige von der gewöhnlichen unterschiedene Sprache, nebst einigen Bemerkungen über ihre Hieroglyphen, und deren Entzieferung.

Ich will diesen ersten Versuch über die Religionsgeschichte der Egyptier mit einigen Untersuchungen über die in der Aufschrift des gegenwärtigen Kapitels

tels angezeigten Puncte schließen, weil ich glaube, daß die Schriftsteller, die in diesem Fache der Litteratur am meisten, oder vielleicht allein gelten, sich nicht die richtigsten Begriffe von diesen Gegenständen gemacht haben: Cudworth (p. 269.) Brucker (Hist. Philos. Vol. I. 489.), und Jablouski (Prol. Panth. §. 45-62.) glauben alle, daß die egyptischen Priester Besitzer geheimer Wissenschaften, und Kenntnisse gewesen —, daß sie eine geheime mystische Lehrart gebraucht, um diese ihre Kenntniße nicht gemein zu machen, und aus keiner andern Ursache eine Menge beschwerlicher und langwieriger Kreutzigungen und Prüfungen erfunden haben, als um den Neugierigen den Zugang zu ihren Mysterien desto beschwerlicher zu machen, und den Werth der so theuer erkauften Kenntniße in aller Augen ins Unendliche zu erhöhen. Keiner hat diese Frage mit ausgesuchterer Gelehrsamkeit, und größerm Scharfsinn abgehandelt, als Jablouski; ich will daher alle seine Gründe ungeschwächt vortragen, alsdenn meine Meynung mit ihren Beweisen ausführen, und die gegenseitigen Gründe und Zeugniße so unpartheyisch als möglich prüfen.

Die Weißheit der Egyptier (sagt Jabl. §. 47.) war durchaus symbolisch, und räthelhaft: in lauter Fabeln und Allegorien eingehüllt. Diese Räthsel = und Finsterniß suchende Weißheit war fast allen Völ=

Völkern eigen; Könige prüften und schätzten ihre Talente durch die gegenseitige Aufgabe und Entwickelung von verwickelten Räthseln: dieser Geschmack ging von Egypten aus nach Griechenland über; das Zeitalter der sieben Weisen war noch die Epoche dieser räthselhaften Philosophie. Die größte Kunst dieser ersten griechischen Denker bestand in der Erfindung neuer, und Auflösung der von andern ihnen vorgelegten Aenigmen. Untrügliche Beweise dieser geheimsvollen Lehren, und Lehrart sind die ιεροι λογοι, die sich bey allen Völkern, und vorzüglich bey den Egyptiern finden. Mehrere Schriftsteller bezeugen es, daß die Egyptier ihre Weißheit unter Räthseln und Allegorien zu verstecken gesucht (Plu.. de Is. p. 354. Clem. V. Str. p. 561. Iambl. de Vita Pyth. c. 23. et Orig. adv. Cels. I. p. 11.) — Von ihnen borgte Pythagoras seine geheime Lehrart, und die bis auf den heutigen Tag unverständliche geheimnißvolle Symbola. Sie ließen niemanden zu diesen Geheimnißen zu, bis sie durch eine vieljährige Prüfung die Geschicklichkeit und Gedult des Einzuweihenden erkannt hattten, wie man (Porph. p. 11. in Vit. Pyth. Ed. Küst.) aus dem Beyspiele des Pythagoras sehen kann.

Ehe ich weiter gehe, scheint es mir nothwendig zu seyn, die, selbst unter den Alten, sehr unbestimmten Ausdrücke μυστηρια, und τελεται genauer

zu

zu bestimmen, die auch von ihnen zur Bezeichnung wesentlich verschiedener Dinge gebraucht worden —. Man trift nemlich in allen Religionen gewiße Feyerlichkeiten, Feste und Opfer an, die nur von einer gewissen Claße von Personen begangen und dargebracht werden können, und allen übrigen Ständen derselben Nation ein undurchdringliches Geheimniß blieben. Dergleichen waren in Griechenland die Sacra Eleusinia, die nur allein des Nachts von Weibern gefeyert wurden: in Rom die Sacra bonae Deae, bey denen nur allein verheyrathete Frauen gegenwärtig seyn durften, und deren gewohnte Befleckung dem Clodius zu einem entsetzlichen Verbrechen gemacht wurde. Von eben der Art waren wahrscheinlich die μυστρια zu Sais, deren Herodot (II. 171.) mit der geheimnißvollsten Miene erwähnt —. Zu Sais, (sagt er) im Tempel der Minerva sind Grabmähler von jemanden, dessen Nahmen auszusprechen unheilig seyn würde. Auch findet sich hier ein Teich mit einer wohlgearbeiteten steinern Einfassung, in welchen die Priester des Nachts die Schicksahle dieses Unbekannten vorstellen, welche Vorstellungen sie μυστρια nennen. Ungeachtet ich vieles von ihnen weiß, lege ich doch meinen Finger mit Ehrfurcht auf den Mund. Solche Feste und Feyerlichkeiten nannte man sacra, μυστρια, weil nicht alle Gläubigen derselben Religion,

nicht

nicht alle Mitglieder deſſelben Staats, ſondern nur ein gewiſſer Stand, ein gewiſſes Geſchlecht und Alter, mit Ausſchlieſſung aller übrigen an ihnen Theil nahm. An geheimen Unterricht, beſchwerliche Prüfungen u. d. g. war bey dieſen geheimnißvollen ſacris und μυστριοις nicht zu denken.

Ganz was anders waren die eigentliche τε-λεται oder initia. Wenn man genau redet; ſo kann man unter dieſen Geheimnißen nichts anders als eine Erlernung und Mittheilung gewiſſer geheimen Künſte und Wiſſenſchaften verſtehen, die man aus Urſachen, die ich noch als unbekannt annehme, den Augen des größten Theils der Nation zu entziehen ſuchte, und nur wenigen mittheilte, die es ſich gefallen ließen, ihre Talente, Denkart und Character während eines unbeſtimmten Zeitraums, und durch bald mehr, bald weniger beſchwerliche Prüfungen unterſuchen zu laſſen —. Ihre Hauptabſicht war Unterricht; und Opfer, Gebräuche, Faſten nur Nebenwerke: dahingegen bey den ſacris die Begängniß von Feyerlichkeiten und Opfern Hauptſache war, und, ſo viel die Geſchichte lehrt, gar kein Lehren und Erlernen gewiſſer Kenntniße mit ihnen verknüpft war.

Alle Nationen des Erdbodens hatten Geheimniße in der letzten Bedeutung; die Griechen allein ausgenommen, ſtimmten die Prieſter aller

Nationen in Abſichten und Ausführung auf das genaueſte mit einander überein.

Alle Nationen, deren Religionen faſt aus gar keinen Lehrſätzen ſondern bloßen Gebräuchen beſtand, deren Prieſter ihr Anſehen, nicht auf Vortrag, Lehren und Beredſamkeit, ſondern auf wundervolle Handlungen gründeten, alle dieſe Nationen hatten Geheimniße. Ihre Beſitzer heißen in Nordamerika Jongleurs; in Siberien Schamanen; in Indien Brahminen; in Siam Talapoinen; in der Tartarey Lamas; in China Bonzen; in der alten Welt muß man ſie unter dem Nahmen der Gymnoſophiſten, der Chaldäer, der Magier, der Druiden, und der egyptiſchen Propheten ſuchen. Alle dieſe lächerlichen und ehrwürdigen Claßen von Leuten hatten im Grunde einerley Geſchäft, den Pöbel durch heilige Taſchenſpielereyen zu hintergehen, deren Ausführung dem betrogenen Haufen entzogen werden mußte, wenn ſie nicht ihre Wirkung verfehlen, und die Wunderthäter alles Anſehen, und die vortheilhaften Folgen des Irthums ihrer Heerde verlieren ſollten.

Egypten mußte, beſonders in den älteſten Zeiten vorzüglich reich an ſolchen ehrwürdigen Gaucklern, reich an den Producten ihrer Kunſt ſeyn, weil ihr Gottesdienſt unter allen Religionen der alten Welt am meiſten zuſammengeſetzt war,

und,

und, bemohngeachtet, aus nichts als Festen, Opfern, Gebräuchen und Wundern bestand. Schon zu Mosis Zeiten wimmelte dies abergläubische Land von Zauberen, Traum- und Zeichendeutern, Wahrsagern und Aerzten, die die Gebrechen des Leibes durch Vorurtheile einer schwachen Seele heilten.

Kein Wunder also, wenn diese Art von Leuten Geheimniße hatten, wenn sie die Kunst, Wunder zu thun nicht einem jeden mittheilten, und die Neugierigen durch tausendfältige Prüfungen und Marter entweder abschreckten, oder sich so versicherten, daß sie allen Regeln der Wahrscheinlichkeit nach hoffen konten, ihre Schätze sicher in ihnen niedergelegt zu haben.

Die egyptischen Priester hatten eine Gewohnheit eingeführt, die den meisten Jongleurs der alten und neuen Welt gemein war; bey ihnen war nemlich die Kunst zu betrügen, wie alle übrige Beschäftigungen erblich: der Sohn, sagt Herodot II. 37., folgete seinem Vater im Priesterthum —, und natürlich auch in allen den Beschäftigungen die mit einer solchen Stelle verknüpft waren. Geheime Wissenschaften wurden, wie andre Gewerbe, ein Monopolium; sie pflanzten sich in einer ununterbrochenen Erbfolge vom Vater auf Sohn fort. Nicht einmahl alle Klaßen von Priestern wurden eingeweiht (Clem. Str. V. 566.) nur eine kleine Anzahl war in dem ausschließenden Besitze der Gebeimiffe, die eine geheime Lehrart nothwendig machten.

So bald man die ἀπορρητα der Egyptier, wie die aller übrigen Nationen erklärt, und ihre geheime Lehrart nicht als eine Bemühung ansieht, große wichtige Wahrheiten in ihrer Würde zu erhalten, sondern Gauckeleyen, deren Nichtswürdigkeit sie am meisten fühlen mußten, zu verbergen; so läßt sich alles, was man uns von beyden erzählt, ganz natürlich begreifen, da man hingegen unendliche Schwierigkeiten antrift, sobald man ihre ἀπορρητα für esoterische Wissenschaften und ihren methodum arcanam als eine Folge der Ueberzeugung von der Heiligkeit ihrer Kenntniße betrachtet.

1.) Waren die ἀπορρητα der Egyptier tiefe wissenschaftliche Kenntniße; worin bestanden denn eigentlich diese? Wann sie so viele zu verbergen gehabt hätten, warum kann man denn nicht wenigstens einige nennen, und bestimmt anzeigen? Brucker spricht von geheimer Theologie; allein Brucker wußte nicht, oder hatte es vergessen, daß die Egyptier gar keine Lehrer, sondern heilige Ceremonienmeister hatten, daß es unter den Egyptiern wohl Sagen, Fabeln und Ueberlieferungen, aber keine dogmatische Systeme gab: daß man weit entfernt, jene zu verbergen, eigene Exegeten dazu beordert hatte, Fremdlinge besonders Griechen, mit der Geschichte der

der Tempel, Gebräuche, Opfer, Gottheiten, und Ueberlieferungen bekannt zu machen —.

2.) Wenn sie aber auch, noch nicht bewiesene Wissenschaften hatten, aus welchen Gründen verbargen sie sie? Wahre Wissenschaften verstecken, blos um sie zu verstecken, ist eben so sehr wider die Gesetze der sittlichen Natur, als ein jedes Wunder wider die Gesetze der physischen. Geschichte, Vernunft, und Erfahrung lehren, daß die Zurückhaltung in gleichen Graden mit Unwissenheit zunimmt, daß Charlatane in allen Zeiten durch Geheimniße sich wichtig zu machen suchten —; und wahre Wissenschaft in allen Zeiten sich öffentlich gezeigt hat, weil diese im hellesten Sonenschein immer am allervortheilhaftesten erscheint —, daß endlich Gauckler und Narren in Höhlen und Crypten, Sokrateße hingegen an allen öffentlichen Orten lehrten. Eine solche blos auf Eigensinn gegründete Verhehlung nützlicher Kenntniße kam Moßheim im höchsten Grade unglaublich vor, und ich kann deswegen nicht umhin seine Worte ad Cud. p. 370. not. G. in fine herzusetzen: Fatebor quod sentio; nunquam ego quemquam ratione valentem ita deliraſſe arbitror, vt dogmata, quorum vtilitatem et veritatem nouerat, et quae perspicuis et planis verbis declarari poſſe videbat, imaginibus, et nescio quibus symbolis opprimeret, et hominum

num oculis fubduceret. Contra eorum, qui nugas et ineptias populo vendunt, hoc effe proprium folet, vt fplendida vefte, figurisque longe petitis nuditatem fententiarum fuarum tegant. Qui fub quauis, quae ad nos peruenit, Aegyptiorum veterum figura, fapientiam latere putant incredibilem, hi mihi, quaefo, cauffam enarrent, quae induxerit homines iftos, vt eruditionem fuam tam caliginofis et inficetis aenigmatibus concluderent. Sacerdotumne cauffa fic fecerunt, an vero multitudinis et populi? illud quidem nemo facile dixerit. Nunc cur facerdotum cauffa, qui probe nouerant, quid ifta fibi vellent figna, tam lepidis imaginibus vfi fuiffent? Ergo populum propter et multitudinem. Sed quid, obfecro, neceffarium erat populo imagines rerum abftrufarum ob oculos ponere, quum nihil fcientiae fuae ad populum peruenire vellent? Quanta, quaefo, haec ftultitia eft, populum omnis verae cognitionis expertem velle, et nihilo tamen minus fymbola et figna veritatis confpectui eius exponere?

Diefer ganze, wenn er genau betrachtet wird, höchſt lächerliche Grund war nur in den Zeiten befriedigend, wo man noch glaubte, daß die Egyptier auch ihre Hieroglyphen deswegen erfunden hätten, um ihre Weißheit unter ihnen zu verbergen.

Der

Der einzige vernünftige Grund, weswegen Aristoteles esoterische, und exoterische Lehren und Schüler unterschied, fand bey ihnen gar nicht statt. Sie durften sich vor Priester gar nicht fürchten, hatten gar keine Schüler, und durften also wegen der Verschiedenheit der Kenntniße, und der Genies keinen solchen Unterschied unter ihren Zuhörern machen.

3.) Gerade bey den wenigen wahren Kenntnissen, die sie hatten, waren sie gar nicht zurückhaltend. Was sie von der Naturgeschichte, der Einbalsamirung der Körper —, der Einrichtung des Jahrs wußten, sagten sie dem Herodot, und andern ohne weitere Umstände. Demokrit, Plato, Eudoxus reisten nach Egypten, gingen mit den Priestern um; aber von keinem steht geschrieben, daß er sich habe einweihen lassen. Herodot und Plato sagen auch nichts von Schwierigkeiten, die sie gefunden, von zurückgehaltenen wissenschaftlichen Geheimnißen.

4.) Pythagoras ist der einzige, der, der Sage nach, so unendliche Schwierigkeiten zu überwinden hatte, um in das Heiligthum ihrer Weißheit vorzubringen. Er mußte sich von Heliopolis nach Memphis, von einem Orte zum andern weisen laßen; die Beschneidung aushalten, fasten, und alle Kreutzigungen erdulden, die der Eigensinn der Priester nur erfinden konnte, ihn zu ermüden —:

er

er hielt alles aus, und wurde der vollkommensten Mittheilung würdig gefunden —. Gerade die Einheit dieses Beyspiels hätte einen jeden aufmerksam machen sollen.

Wenn ich den Porphyr, und Jamblich vom Leben des Pythagoras lese, so wird mir eben so zu Muthe, als wenn ich jetzt den Herkules und Herkuliskus, den gehörnten Siegfried, und die Geschichte Heinrich des Löwen in die Hände nehme. Pythagoras lebte vor den Zeiten der griechischen Geschichte —, in einem Lande, das eine Menge Dichter und Philosophen, aber sehr spat Geschichtschreiber erzeugte — an die zweyhundert Jahre vor seinen ersten Biographen dem Heraklides Ponticus, dem Timäus, und andern, aus denen in der Folge alle seine wunderbaren Begebenheiten geschöpft wurden. Diese Leute samleten nach Ablauf zweyer Jahrhunderte wahre und falsche Sagen, setzten ihre eigenen Erdichtungen hinzu, und wurden vom ganzen Alterthume für die unverschämtesten Lügner gehalten. Diese und andere, die später, und folglich weniger glaubwürdig waren, schrieben Porphyr und Jamblich aus —, und solche Nachrichten sollen hier zum Grunde gelegt werden? Wenn einer alles dieses nicht weiß, und nur blos die Reise des Pythagoras von Phönicien nach Egypten, und das, was ihm bey seiner Anlandung begegnet seyn soll

im

im Jamblich nachliest; so muß er, wenn er irgend Geschmack und Kritik hat, meine Gründe gegen die Zuverläßigkeit ihrer Erzählungen für sehr überflüssig halten —. Beyde Schriftsteller widersprechen nicht allein sich selbst, und andern, sondern stimmen auch mit ihrer eigenen und aller übrigen Chronologie nicht überein.

Ich könnte daher allenfalls die Einweihung des Pythagoras und seinen langen Aufeuthalt in Egypten, als eine von den vielen Erdichtungen wegwerfen, ohne mein kritisches Gewissen zu beleidigen, allein zum Ueberfluß gebe ich sie zu, leugne aber, daß dadurch die Zurückhaltung oder Verbergung wissenschaftlicher Kenntniße in Egypten bewiesen wird.

Nach dem Gemählde zu urtheilen, das diese Männer von dem Pythagoras machen, war er mehr einem schwärmerischen Mönch, als einem reisenden Philosophen ähnlich, dem es mehr darum zu thun war, Aberglauben und Eitelkeit zu befriedigen, als wahre Wissenschaft zu samlen. Völlig nach dem Beyspiel des Apollonius, und den Grundsätzen der neuen Alexandriner gieng er auf heilige Abentheuer aus, kroch in allen Tempeln herum, und reinigte sie, betete alle Götter an, und wurde ein geistlicher Weltbürger, ein Mitglied aller Religionen.

Ein

Ein solcher Mann mußte von den Priestern in Egypten nothwendig eine ganz andre Begegnung erhalten, als seine Nachfolger, weil er Sachen wißen wollte, die alle übrigen verachteten, und die die egyptischen Priester vor Fremden, die sie nicht genau kannten, am meisten verborgen zu halten, Ursache hatten. Nicht also deswegen, weil er die Wissenschaften der Egyptier erforschen, sondern weil er ihre geheimen Künste ausspähen wollte; nicht als wißbegieriger Philosoph, sondern als reisender Schwärmer mußte er sich einweihen, und alle vernünftige Leute zurückschreckende Prüfungen über sich ergehen lassen.

Wenn also irgend Wahrscheinlichkeiten gelten; so muß man annehmen, daß die απορρητα der Egyptier nicht in wissenschaftlichen Kenntnißen bestanden. Sie hatten keine eigentlichen Wissenschaften; was sie aber hatten, konnten sie nicht verbergen, und verbargen sie auch nicht hatten, auch nicht den geringsten gedenkbaren Grund in diesem Falle zurückhaltend zu seyn.

Als die Griechen Herren von Egypten wurden, sanken die απορρητα und mußten sinken, weil die Priester das Recht verlohren, blos aus ihrem Mittel Nachfolger zu wählen, und das ausschließende Vorrecht zu gaukeln, Wunder zu thun, und zu heilen, einbüßten. Eine jede Nation, die sich
nie=

niederließ, hatte, wie ihre eigene Religion, so auch ihre eigenen απορρητα und Wunderthäter: die Vortheile wurden wenigstens getheilt, und ihr Ansehen mußte sehr geschwächt werden, weil gar zu viele dasselbe Gewerbe trieben.

Die Gegengründe des Jablonski sind alle so beschaffen, daß man sie leicht beantworten oder auch neben meiner Erklärung der egyptischen Mysterien bestehen lassen kann.

Ich gebe erstlich zu, daß der Hang der Nationen zu Räthseln, besonders in dem Zeitalter, wo sie zwischen Barbarey und Aufklärung in der Mitte stehen, höchst sonderbar sey. Man hat diesen Geschmack an Aufgaben, und Auflösung größtentheils unnöthiger Probleme bisher aus nicht befriedigenden Allgemein-Oertern erklärt, und ich weiß mir selbst auch diese Erscheinung nicht auf eine genugthuende Art auseinander zu setzen. Allein ich kann dieser Arbeit auch sehr wohl bey der Frage überhoben seyn, ob die egyptischen απορρητα in wirklichen Wissenschaften, oder bloßen Gauckeleyen bestanden? Beyde Erscheinungen, der Geschmack an Räthseln, und απορρητα haben mit einander gar nichts gemein, gründen sich nicht in einander, und können daher auch nicht auseinander erklärt werden. Bey den απορρητοις setzt man voraus, daß ganze, dem Menschen nützlichen Wissenschaften versteckt wurden.

Die

Die Grundlagen der Räthsel waren größtentheils sehr unnöthige Fragen; ihr Werth bestand nicht in der Größe der in ihnen enthaltenen Gedanken, sondern blos in der Kunst, sie geschickt zu verstecken. Die Hehler und Besitzer der erstern waren Priester, und keine andere: die Erfinder der letztern, Könige, Staatsmänner, Weise, die keine Priester waren. Jene versteckte man nicht, um sie enträthseln zu lassen: diese hüllte man blos in der Absicht ein, um sie auseinander wickeln zu lassen —. Absicht, Personen und Inhalt waren also bey beyden sehr von einander unterschieden; beyde standen bey den Völkern, wo sie coexistirten, gar nicht in Verbindung: die einen konnten ohne die andern da seyn. Der Schluß kann also nicht gelten: weil ein Volk zu gewißen Zeiten die Erfindung von Räthseln geschätzt hat; so muß es $\alpha\pi o\rho\rho\eta\tau\alpha$ haben, und diese $\alpha\pi o\rho\rho\eta\tau\alpha$ müssen wissenschaftliche Kenntniße enthalten.

Eben so wenig schliessend ist das zweyte Raisonnement: Alle Völker, und besonders die Egyptier hatten $\iota\varepsilon\rho\varepsilon\varsigma$ $\lambda o\gamma o\upsilon\varsigma$, also hatten diese Nationen, und besonders die letztere eine Menge verbotgener Wissenschaften, die sie nur sehr wenigen Personen unter den härtesten Prüfungen mittheilten.

Dieser Schluß würde einigermaßen gültig seyn, wenn bewiesen werden könnte, daß alle $\iota\varepsilon\rho o\iota$ $\lambda o\gamma o\iota$ von den Priestern erfunden, und als symbolische

sche Bezeichnungen erhabener Weißheit unter dem Volke ausgebreitet worden, die sie alsdenn in der Folge bey den Einweihungen den vertrautesten Schülern vollständig erklärten. Allein dies unternahm Jablonski nicht einmahl zu beweisen. Mosheim suchte (S. 370. ad Cudw.) die Mysterien so auszulegen; allein Mosheim raisonirt hier blos, ohne Data der Geschichte zum Grunde zu legen, und die konte er wohl nicht gut haben, wie ein jeder aus demjenigen leicht sehen kann, was ich oben von den ἱεροις λογοις, ihren Arten und Erweiterungen gesagt habe.

Die Zeugniße, die für das Daseyn geheimer Wissenschaften in Egypten vorgebracht werden, enthalten nicht wirkliche Facta, sondern bloße Urtheile, die weiter nichts beweisen, als daß diese Schriftsteller in den αποῤῥητοις eben das gesucht, oder vermuthet haben, was der größte Theil der Neuern darinn gefunden haben will. Die Schriftsteller selbst aber sind viel zu jung, als daß ihre Hypothesen da noch einigen Werth haben sollten, als die αποῤῥητα längst verlohren gegangen waren. Herodot, Plato, Strabo schweigen hier ganz still; nur Plutarch, Jamblich und Origenes werden angeführt, gerade die Schriftsteller, welche in den griechischen Fabeln gleichfalls große Wahrheiten von allerley Art fanden.

Ein jeder König (sagt Plutarch S. 353.), den man aus dem Soldatenstande erwählte, wurde sogleich der geheimen Philosophie der Priester theilhaftig gemacht, die unter der Hülle von Fabeln große Wahrheiten enthielte, wie sie selbst dadurch zu erkennen gaben, daß sie vor allen ihren Tempeln Sphinge stehen hatten.

Der Fond dieser Erzählung stimmt mit dem überein, was Herodot und Strabo uns von den Priestern der Egyptier erzählen, daß sie nicht blos Erzieher der Prinzen sondern auch Rathgeber der Könige gewesen. In so ferne man also nach Anleitung der ältern Geschichtschreiber das Historische dieser Stelle von dem philosophischen Bemerkungen des Plutarchs absondert, suche ich ihre Gewißheit nicht zu bestreiten. Es ist (auch dies gebe ich zu, ungeachtet andere Schriftsteller es nicht bezeugen) sehr leicht möglich, daß sie die Könige dann und wann von der wahren Beschaffenheit ihrer απορρητων unterrichtet haben; aber noch viel wahrscheinlicher ist es, daß sie ihren Unterricht nach der Denkart und dem Character eines jeden Königes einrichteten und veränderten, und einem abergläubischen, schwachen —, richtig und tolerant denkenden König —, und endlich einen gekrönten Spötter nicht in derselben

selben Weißheit unterrichteten. Sie waren zu politisch, als daß man anders von ihnen denken sollte —. Unterdessen lassen die απορρητα, die man Königen offenbarte nichts auf die απορρητα schließen, in denen man die künftigen Nachfolger im Handwerk unterrichtete.

Ich übergehe den Jamblich, und komme zum Origines (p. 11. contra Celsum). Es wäre lächerlich, sagt dieser scharfsinnige Kirchenvater, wenn man aus der Religion des egyptischen Volks auf die Religion der Priester, aus den herumlaufenden Fabeln und Vorurtheilen des Pöbels auf den Glauben der Priester schließen wollte, ohne ihre Mysteria kennen gelernt zu haben —.

Origenes wollte die christliche Religion, der Celsus alle die Vorurtheile einzelner Christen vorgeworfen hatte, durch ein Beyspiel vertheidigen, und wählte dieses von den Egyptiern, das meiner Meinung nach nicht treffend ist —. Man ist allerdings berechtigt, eine Religion wie die egyptische, die gar keine heilige Bücher hatte, aus der allgemeinen Denkungsart, und nicht aus den sich immer abändernden Systemen einiger Priester und Philosophen zu beurtheilen. Den christlichen Glauben hingegen konnte Celsus nicht ohne Ungerechtigkeit aus den Grundsätzen und Vorurtheilen einiger Zeitalter und Irrenden bestreiten: diese konnten ihm nur alsdann zur Last gelegt werden, wenn sie durch die heiligen Schriften, die die Grundlage der Religion sind, hervorgebracht worden —. Die Vergleichung war also erstlich unschicklich, und beweist überdem im geringsten nicht, daß die απορρητα der ältesten Egyptier in einer Sammlung erhabener Religionswahrheiten bestanden haben. Wenn man die Einweihungen des Apulejus in die Mysterien der Isis und des Osiris gelesen hat; so wird man wißen, daß schon im zweyten Jahrhundert eine große Anzahl von mystischen Gebräuchen, und philosophischen Auslegungen sich dem Dienste einer jeden egyptischen Gottheit angehängt hatten, von denen die ältesten Schriftsteller und Egyptier nichts wußten —, und daß folglich weder diese Gebräuche (Sacra), noch hinein getragene Philosophie (απόρρητα) für die älteste Verehrung dieser Gottheiten etwas beweisen. Die Egyptier müßten unsinnig gewesen seyn, wenn sie nicht von den Griechen eine Methode, die diese zur Verherrlichung ihrer eigenen Religion und zur Verbesserung der egyptischen lange gebraucht hatten, angenommen hätten, um das ungereimteste System von Abgötterey und Fabeln in einer der gesunden Vernunft erträglichern Gestalt erscheinen zu laßen.

Den

Den stärksten Beweis für die gewöhnliche Meynung von den egyptischen απορρητοις scheinen die Symbola der Pythagoräer zu enthalten. Pythagoras (sagt man) hatte esoterische Weißheit, und exoterische Lehren, und eben so viele Hauptklaßen von Schülern: die Exoteriker prüfte man durch ein Stillschweigen von mehrern Jahren und andere beschwerliche Versuche; während dieser Prüfungszeit mußten sie sich mit den unverständlichen Symbolis begnügen, deren Erklätuug sie sich nicht von ihrem Lehrer und ältern Mitschülern ausbitten durften. Nur alsdenn, wenn sie sich während der Prüfungszeit den Ordensregeln gemäß aufgeführet hatten, wurden sie in die auserwählte Zahl seiner vertrautesten Freunde aufgenommen, und sahen ihn und alle seine, bis dahin verschlossene, Weißheit ohne Schleyer und Vorhang von Angesicht zu Angesicht —. Zur Belohnung ihrer Treue und geduldigen Beharrlichkeit wurden ihnen alle Räthsel aufgelöst: Zurückhaltung im Betragen ihres Lehrers und Dunkelheit in Lehren und Vortrag verschwanden bey dieser so mühsam errungenen Einweihung —. Pythagoras war lange in Egypten, und copirte blos das, was er dort selbst gesehen, und erfahren hatte; also waren die απορρητα der Egyptier, gleich denen des Pythagoras wissenschaftliche Systeme, die man durch eine allgemeine Mittheilung nicht entheiligen, durch die Niederlegung in einer unvorbereiteten unreinen Seele nicht besudeln wollte.

Dies ganze Raisonnement kann nur für diejenigen einiges Gewicht zu haben scheinen, die den Pythagoras, und seinen Bund aus dem Jamblich und Porphyr, nicht aus dem Fragmenten des Dicharchs, Aristoxenus, Polybius beurtheilen; die den Pythagoras für einen General eines Mönchsordens oder auch für einen Erfinder großer Systeme —, seine Schüler für Schwärmer, oder bloß speculative Philosophen halten: endlich für diejenigen, die noch an das αγτος εφα glauben, ihn selbst als den unerträglichsten Pedanten, den je die Erde getragen, und seine Schüler, als die nichtswürdigsten blinden Anbeter eines marktschreyerischen Betrügers sich denken.

Ich habe die Geschichte des Pythagoras so sorgfältig und genau, als meine Kräfte es erlauben, untersucht, und ihn nach dieser Untersuchung in einer ganz andern Gestalt erblickt, als unter welcher man ihn gemeiniglich sich vorstellt; ich werde auch mit der Zeit dem Publico in einer vollständigen Geschichte Rechenschaft von meinen Arbeiten geben: hier kann ich nur die Resultate meiner Betrachtungen mittheilen.

Pythagoras war weder Schwärmer, noch ganz speculativer Philosoph, sondern Staatsmann und Gesetzgeber, der freylich alle nützliche Kenntniße seines Zeitalters mit vielen eigenthümlichen Beobachtungen in sich vereinigte, die aber zusammen genommen, noch lange keine Systeme ausmachen, und bey weitem nicht so deutlich und rechtgläubig sind, als man sich vorstellt. Seine Schüler waren eben so wenig Mönche, als Philosophische Sectirer, sondern Gesetzgeber, Heerführer und Demagogen in den grösten Städten von Großgriechenland, die sich mit einander vereinigt hatten, die tyrannischen Regierungsformen in ihrem Vaterlande abzuschaffen, und ihre Mitbürger durch eine beßere Gesetzgebung, und mildere Regierung glücklich zu machen. Sie formirten eine antidespotische politische Partey, deren Einfluß sich nicht blos in die Städte Italiens und Siciliens, sondern ins eigentliche Griechenland, nach Cyrene und Carthago verbreitete. Ihre Entwürfe erforderten die tiefste Verschwiegenheit, und man mußte daher mit der grösten Vorsicht zu Werke gehen, ehe man jemanden in diese Brüderschaft aufnahm, und zum Besitzer ihrer politischen απορρητων machte. Eben deswegen hatten sie, wie die heutigen Staatsmänner, Chiffern, geheime Sprachen und Zeichen nöthig, um sich ihre Geheimniße in der Ferne, und selbst in Gegenwart anderer, ohne entdeckt zu werden, mittheilen zu können; dies waren ihre Symbola, die auf jede andere Art erklärt, zu unbegreiflichen Ungereimtheiten führen. Eben deswegen weil die Pythagoräer eine politische Parthey ausmachten, worinn die Edelsten und Vornehmsten aus Großgriechenland verflochten waren, konnten sie nicht anders, als durch eine mächtigere Gegenparthey, und einen allgemeinen Aufstand zerstört werden, welche Vernichtung mit den entsetzlichsten Unordnungen, und Verwüstungen fast aller griechischen Staaten in Italien vergesellschaftet war. Viele von ihnen flohen nach Griechenland, und suchten in der Folge, sich wieder in εινσυστημα zu vereinigen; allein ihre ehemalige Herrschaft war unwiederbringlich verlohren.

Wenn man die απορρητα der Pythagoräer, ihre geheime Lehrart, und Symbola auf diese Art erklärt, wie sie, der Geschichte gemäß erklärt werden müssen; so kann die gewöhnliche Meynung über die egyptischen Mysterien weder Schutz noch Stütze mehr in ihnen finden.

Nachdem man den Egyptiern geheime Wissenschaften, geheime Lehrart, und geheime Schrift zugeschrieben hatte; fehlte nichts, als sie auch zu Besitzern einer geheimen Sprache zu machen. Dies thut

Ja=

Jablonski (§. 57. Prol.), wo er behauptet, daß die Priester ein gewißes Rothwelsch unter sich geredet, und geschrieben hätten, das andern ohne hinzugefügte Erklärung ganz unverständlich gewesen wäre.

Eine geheime Sprache muß einem jeden, dem die Situation der egyptischen Priester bekannt ist, sehr unbegreiflich vorkommen —. Sie waren gar nicht verbunden, jemanden ihre Geheimniße zu lehren; für Abwesende hatten sie, nach der Voraußsetzung des J. eine geheime Schrift, und in Gegenwart anderer, hatten sie gar nicht nöthig zu reden. Wozu brauchten sie unter solchen Umständen eine geheime Sprache? Sie ist also höchst unwahrscheinlich, und ihr Daseyn muß daher durch die zuverläßigsten Zeugniße bewiesen werden.

Herodot, Plato, Strabo und Diodor sagen von einer solchen geheimen Priestersprache nichts; im Manetho glaubt J. Spuren davon angetroffen zu haben. Das ganze Volk, sagt dieser in der schon oben beurtheilten fabelhaften Erzählung heißt ὑκσος das ist Hirten = Könige; ὑκ bedeutet in der heiligen Sprache König, und σως in dem gemeinen Dialect Hirten. Eben da heißt es, daß ihre Stadt nach der alten Theologie αυαρις geheißen habe, welches soviel als τυφωνιος sey. —. Manetho (so sagt Jab.) erwähnt hier in klaren Worten einer

einer heiligen Sprache, und führt die Ausdrücke ὐκ und αναρισ als Fragmente an.

Ohne auf die unläugbare Unzuverläßigkeit des Schriftstellers, und nahmentlich der angeführten Stelle zu bringen, frage ich, ob ιερα γλωσσα weiter nichts, als eine geheime Priestersprache bedeuten könne, und ob Manetho dieses nicht würde erinnert haben, wenn er seinen Wörtern einen solchen Sinn gegeben hätte? Viel wahrscheinlicher wollte er durch seine ιερα γλωσσα eben das, was Homer mit seiner Göttersprache sagen: veraltete Wörter, die nicht mehr im Gebrauch waren, und in alten Zeiten eine Beziehung auf Gegenstände der Religion hatten.

Es finden sich, sagt Jablonski, noch in andern Schriftstellern, z. B. im Plutarch S. 363., Spuren dieser heiligen mystischen Sprache (°). Sie nannten das Meersalz einen Schaum des Typhons, und den Weinstock nannten sie Blut des Typhons mit Erde vermischt —. Wenn man alle Tropen, oder doch diejenige Bildersprache, die die Gegenstände nach ihren religiösen Eigenschaften, oder ihrer Aehnlichkeit mit Gegenständen der Religion bezeichnete, geheime Priestersprache nennen will,

---

(*) Schon Warburton dachte so: The divine Legation of Moſis Book IV. Sect. IV. p. 142.

will, so redeten alle alte Nationen und Dichter eine solche Priestersprache. Homer ist voll davon, und es wäre leicht, ihn zu einem Mystiker zu machen.

Zum Beschluß will ich noch einige Betrachtungen über die Hieroglyphen, und besonders über die Zeit ihres Verfalls anhängen.

Warburton hat (IV. 4. The divine Legat. of Moses) so viel ich weiß unter allen Schriftstellern am gründlichsten und besten davon gehandelt, und wenigstens das große Verdienst, ihre wahre Natur und nothwendige Entstehung bey barbarischen Völkern gezeigt, und den lächerlichen Wahn widerlegt zu haben, daß die Priester allein sie in der Absicht erfunden hätten, um durch ihre Vermittelung ihre geheimen Wissenschaften einem jeden noch unverklärten Auge undurchdringlich zu machen. Freylich hat er wie andre gefehlt; hat wie andre Hypothesen: aber welcher unter uns ist in diesen Untersuchungen vor ähnlichen Fehlern und Hypothesen sicher? -

Man muß nothwendig über die Unaufmerksamkeit der Griechen erstaunen, wenn man zusammen rechnet, wie wenig sie von dem Reichthum der Schriftzeichen, ihren Veränderungen, Arten, und

der

der eigentlichen Zeit ihres Unterganges aufgezeichnet haben, und daß das Wenige, was wir wißen, in solchen Zeiten geschrieben ist, wo sie zuverläßig aufgehört hatten, Schriftsprache zu seyn.

Fast alles was wir wissen, kommt endlich auf folgende zwey Facta zurück: daß die Egyptier eine doppelte Art von Schrift hatten, eine gemeine und hieroglyphische —, und daß diese letztere wiederum entweder tropisch oder räthselhaft war. Das erstere bezeugen Herod. II. 36. und Diodor III. S. 176.; das zweyte Porph. Vit. Pyth. p. 15. et Clemens V. Str. p. 555. Ohne Noth bringt Warburton (Vol. II. p. 96.) aus den beyden letztern Stellen vier Arten von Schrift heraus: die Hieroglyphische, die Gegenstände mahlte: die Symbolische, die unsichtbare Objecte nach Aehnlichkeiten mit sichtbaren darstellte: die Epistolische oder gewöhnliche alphabetische Schrift, und endlich die Hierogrammtische, oder geheime Characteristik der egyptischen Priester, die aus einem geheimen, ihnen ganz allein verständlichen Alphabeth bestand, und auch Wörter ausdruckte, die von der Nationalsprache der Egyptier ganz verschieden waren. Die letzte Art ist ganz erdichtet, und die Eintheilung der hieroglyphischen in die symbolische und räthselhafte ist überflüßig. Ein jedes Volk, das Hieroglyphen braucht, drückt nicht blos lauter sicht-

ſichtbare Gegenſtände aus, und ſo bald es unſicht-
bare nach Aehnlichkeiten mit ſichtbaren bezeichnet, müßen ihre Charactere mehr oder weniger ver-
ſtändlich, wie er ſich ausdrückt, figürlich und räth-
ſelhaft werden.

Ueber den Reichthum der egyptiſchen Cha-
rackteriſtik ſagen die Griechen uns nichts. Wir
können nur aus der großen Verſchiedenheit der hie-
roglyphiſchen Zeichen auf den egyptiſchen Monumenten vermuthen, daß ſie mit den ſchineſiſchen
dieſelbigen Veränderungen durchgegangen, und
alſo auch an Zahl in eben dem Grade zugenommen
haben, in welchem ſie in ihrem Umriße einfacher,
und weniger kenntliche Nachahmungen ſichtbarer
und unſichtbarer Gegenſtände wurden.

Es iſt unmöglich den Zeitpunct genau zu beſtimmen, da die Hieroglyphen in Egypten auf-
hörten, Schriftſprache zu ſeyn, und die älteſten in
Hieroglyphen abgefaßten Urkunden in Egypten
ſelbſt unverſtändlich wurden.

Die Urſache iſt ſehr begreiflich. Die alpha-
betiſche Schrift und ihre Erfindung iſt älter, als
alle Geſchichtſchreiber, und eben dieſe iſt eine nothwendige Urſache der Verminderung des Gebrauchs
der Hieroglyphen. So wie Dichtkunſt in eben dem
Grade abnimmt, in welchem die Proſe beſtimmter
wird, oder ein Volk, das unſere Ziefern kennt
nicht,

nicht mehr mit Steinen, oder den Fingern zählt; eben so muß, einige außerordentliche Fälle ausgenommen, hieroglyphische Schrift stufenweis mit der Ausbreitung der alphabetischen abnehmen.

Ich sage nicht, daß diese ursprüngliche Zeichensprache auf einmahl ausgerottet, selbst durch eine allgemeine Bewilligung des Volks, worunter sie gebräuchlich war, abgeschaft werden könne: es sind mehrere Gründe, weswegen sie nur allmählich absterben kann.

Die Sprache der Nationen die Gegenstände selbst, nicht bloß Töne, durch ihre Schrift ausdrücken, ist, wie die schinesische lehrt, wo nicht inarticulirt, doch wenigstens unschreibbar, weil sie fast ganz Gesang, ganz musikalisch ist. In den Reihen von Tönen, aus welchen ihre Wörter bestehen, lassen sich keine Buchstaben und Wörter unterscheiden, und also auch nicht durch sichtbare Zeichen ausdrücken. Wir sind mit allen unsern Europäischen Alphabeten nicht im Stande, einen viertelstündigen Discurs eines Schinesen aufzuschreiben. Vielleicht ist diese Beschaffenheit der schinesischen Sprache die Haupturlache, weswegen diese Nation, von andern Völkern erfundene, Alphabete nicht einmahl hat aufnehmen, und unter sich einführen können.

Wenn

Wenn aber das bloſe Entlehnen, und Einführen einer alphabetiſchen Schrift unter einem Volke, das Hieroglyphen braucht, und eine muſikaliſche Sprache redet, mit ſo vieler Schwierigkeit verbunden iſt, wie unendlich ſchwieriger muß die eigene Erfindung der erſten Elemente dieſer alphabetiſchen Schrift, die Fixirung einiger Töne und Sylben durch würkliche Buchſtaben ſeyn? Der Gedanke einer alphabetiſchen Schrift, und ſeine Ausführung in dem Zeitalter der muſikaliſchen Sprache gehört mit zu der unbegreiflichſten, und faſt noch gar nicht erklärten Erſcheinungen in der Geſchichte des menſchlichen Geiſtes. Eine jede Erfindung ſcheint die andre vorauszuſetzen. Der Anleitung der Geſchichte zu Folge, wurden die ſingenden Sprachen erſt nach den Erfindungen der Alphabeten ſchreibbar, eigentlich artikulirt; und auf der andern Seite kann man es ſich kaum vorſtellen, wie man auf die Zeichnung von Tönen fallen konnte, ehe eine Sprache nicht größtentheils ſchreibbare, einzelne und zuſammengeſetzte, Töne in ſich unterſcheiden ließ —. Gewiß waren die erſten Alphabeten ſehr unvollſtändig; und man war daher gezwungen, die Hieroglyphen wenigſtens ſo lange beyzubehalten, als bis man ohngefähr den größten Theil von dem, was man ſprach, auch ſchreiben konnte.

Aber

Aber nach der Vervollkommung des Alphabeths dauerte noch immer eine Ursache fort, die die gänzliche Wegwerfung der Hieroglyphen eine lange Reihe von Jahren aufhalten mußte. Diese war das große Mißverhältniß zwischen den hieroglyphischen Zeichen, und den Wörtern der articulirten Sprache. Die Geschichte der schinesischen Charakteristik zeigt, daß diese sehr viele Zeichen für Objecte, und Eigenschaften enthält, wofür sich in der articulirten tönenden Sprache der Schineser gar keine Wörter finden; und eine mittelmäßige Aufmerksamkeit führt leicht auf die Gründe, weswegen eben dieses bey allen, den Schinesen in diesem Puncte ähnlichen Nationen, statt finden müße. Die Hieroglyphen sind das Organon der Wissenschaften und Gelehrten, der Behälter aller wissenschaftlichen Kunstausdrücke, an die man in der Sprache des gemeinen Lebens gar nicht gedacht hat. Sie müssen daher wenigstens unter den Gelehrten, oder dem aufgeklärteren Theile der Nation so lange beybehalten werden, als bis die Sprache selbst reicher geworden, und alles dasjenige auszudrücken im Stande ist, was man bis dahin durch wissenschaftliche Hieroglyphen bezeichnet hatte.

Als die letzte Ursache der Erhaltung der Hieroglyphen neben der alphabetischen Schrift könnte diejenige angesehen werden, die man gemeiniglich

als

als die erste und einzige betrachtet hat; daß nemlich eine gewiße Klaße von Gelehrten oder Priestern es für gut fand, alle ihre Kenntniße, oder doch einen Theil derselben vor der übrigen Nation durch den Gebrauch der Hieroglyphen zu verhehlen.

Alle diese Ursachen zusammen genommen hielten den Fall der Hieroglyphen in Egypten lange auf; allein sie waren wahrscheinlich zu Herodots Zeiten ihrer Vergessenheit schon nahe. Er sagt uns fast nichts von den Aufschriften der Obelisken, Tempel und übrigen Monumente. Die Priester, die die Fremden so sorgfältig mit ihren Fabeln unterhielten, würden diese ächten Urkunden ihrer Geschichte, diese prächtige Denkmähler ihrer ehemaligen Größe gewiß entziefert haben, wenn sie ihnen verständlich gewesen wären.

Zu der Ptolomäer Zeiten gab es gewiß keine eigentliche hieroglyphische Schriftsprache mehr. Diese gelehrten, und höchst neugierigen Regenten würden, wenn es noch möglich gewesen wäre, ein vollständiges Lexikon dieser sinkenden Schriftzeichen haben machen laßen, um daraus die allen Fremden, und besonders ihnen so merkwürdigen Alterthümer erklären zu können. Würde Manetho so unverschämt gelogen haben, wenn er den Schlüßel zur wahren Geschichte in Händen gehabt hätte?

Zu Strabos Zeiten waren die Wohnungen der Priester zu Heliopolis (Lib. XVII. S. 806.) ganz ledig; Er fand keinen von den Nachfolgern der Weisen, die Lehrer des Plato und Eudoxus gewesen waren. Ein gewißer Chåremon, der den Aelius Gallus und ihn auf einer Reise durch Egypten begleitete, gab sich für einen Adepten aus; allein die großen Römer und Griechen lachten über die Unwissenheit, und den lächerlichen Stolz dieses Betrügers.

Und doch erzählt eben dieser Strabo (S. 816.), ohne den geringsten warnenden Wink von den Obelisken um Theben, daß sie die Geschichte der Welteroberung durch die Egyptier, und ihrer allgemeinen Monarchie in sich gefaßt, und eines Heers von einer ganzen Million Erwähnung gethan hätten.

Noch umständlicher war der alte Priester, der dem Germanikus die Inschriften eben dieser Obelisken erklärte: Er erzählte, daß 700000. streitbare Männer (ungewiß, ob in ganz Egypten, oder dem thebaischen Distrikt, oder in Theben selbst) gewohnt hätten: daß der König Rhamses mit dieser Armee ganz Asien bis an die Gränzen Indiens bezwungen habe: Er erhob den Reichthum der Eroberer, und die Tribute der überwundenen Nationen in Gold, Kleinodien und Getraide so sehr, daß, nach dem Urtheil des Tacitus unter dem untergegangenen Reiche der Egyptier — und den noch blühenden der Parther und Römer kein Unterschied (II. An. 66.) gewesen seyn könne. Diese Stelle beweist so viel, daß es bis auf die spätesten Zeiten einfältige, aber dabey sehr von sich eingenommene Betrüger gegeben habe, die sich nicht scheuten, selbst ihren Beherrschern unmögliche, und so gar mit ihren ältesten bekannten Traditionen, streitende Erdichtungen, vorzutragen. Nicht von Rhamses, sondern von Sesostris erzählten die alten Egyptier solche Abentheuer —; und Germanicus wird es auch wohl gemerkt haben, daß es nicht möglich sey, mit einem 700000 Männer starken Heere, einen solchen Zug unter barbarische Nationen, und in unbebaute Gegenden zu unternehmen.

Ungeachtet aber die hieroglyphische Schrift, als ein weitläuftiges System von Gedankenzeichen betrachtet, um die Zeiten der Römer und Griechen gänzlich untergegangen war; so dauerte demohngeachtet der Geschmack an hieroglyphischen Figuren, und selbst die Sucht jene auszulegen, noch immer fort. Man erfand, weil man die ältesten nicht mehr verstehen konnte, neue für Gegenstände, die die ältesten Egyptier gar nicht gekannt hatten; legte die alten auf eine ganz entgegengesetzte Art aus, machte beyde endlich zu Zaubercharakteren, denen man Seegens=und Fluch abtreibende Kräfte zuschrieb, und grub sie auf Abraxas und Amuleten, wie man in den Schriftstellern nachsehen kann, die über diese, mir nicht genug bekannte Alterthümer, geschrieben haben (*).

De Guignes äuserte (Tom. XXIX. et XXIV.) Memoir. de l'acad. des inscript. den Gedanken, daß man die ältesten Hieroglyphen der Egyptier vielleicht aus den Charakteren der Schinesen erklären könne, und Needham glaubte für diesen Einfall unläugbare Beweise in der Uebereinstimmung einiger Charaktrre auf einer Isis zu Turin mit den Schriftzeichen eines schinesischen Lexikons in Rom gefunden zu haben. Ich habe diesen Einfall in der Recension eines Briefes von dem Pater Amiot zu Peking widerlegt, die in der morgenländischen Bibl. des Hrn. Hofr. Michälis zu finden ist (6.Th. 200.S).

Nacherinnerung.

Ich finde es nöthig, einige meiner Leser, wegen eines Fehlers um Verzeihung zu bitten, den ein jeder Schulmeister, wenn er alle seine Aufmerksamkeit blos auf diese Seite wenden wollte, zu vermeiden, oder zu verbessern im Stande gewesen wäre: ich meine die Unbeständigkeit in der Rechtschreibung. Dasselbe Wort wird bald mit C bald mit K, bald mit E, dann mit Ae, mit ß, ff, mit i, und y geschrieben vorkommen. Die Hauptursache dieser Abweichungen ist diese, weil der Abschrei=

(*) Bes. Passeri Diatribe de Gemmis Basilidianis in Tom. II. Thes. Gemmar. astrif. Gorii.

schreiber gegenwärtiger Schrift eine andere Orthographie hatte als ich, und eben so oft der seinigen als meiner folgte, die er in der Handschrift vor sich fand. Während der Correctur habe ich diese Ungleichheit nicht allemahl wahrgenommen; und eben deswegen ist sie merklicher geworden, als sonst geschehen wäre.

Noch muß ich ein Paar Worte für diejenigen anhängen, denen es einfallen könnte, meine Hypothesen über verschiedene Puncte der egyptischen Religion und Philosophie mit Hr. Herders Gedanken zu vergleichen, die er in der vortrefflichen Schrift über die älteste Urkunde des Menschengeschlechts geäußert hat. Einige werden sich darüber wundern, was Hr. Herder selbst, und einem jeden andern, der unsern gemeinschaftlichen Stoff etwas genauer kennt, sehr begreiflich vorkommen wird, daß wir in der Erklärung einiger alter dunkeler Traditionen uns oft entgegengesetzt sind. Um nun allerhand Folgerungen, und besonders dem Gedanken, als wenn ich hin und wieder die Absicht, zu wiederlegen gehabt hätte, vorzubeugen, muß ich erinnern, daß die ganze Schrift fertig, der größte Theil derselben abgeschrieben, und eine nicht kleine Anzahl von Bogen in die Druckerey geschickt war, ehe mir Hrn. Herders Schrift zu Gesichte kam: daß ich endlich auch nach ihrer Durchlesung nicht das geringste, einzelne Wörter und Sylben ausgenommen, darinn verändert, oder hinzugesetzt habe. Es war so wohl bloßer Zufall, dergleichen die Geschichte des menschlichen Geistes unzählige Beyspiele aufweisen hat, wenn wir in gleichzeitigen Untersuchungen über dieselbigen Gegenstände auf ganz widersprechende Hypothesen und Gedanken geriethen.

Das ειπεν — νεκταρεη διανοιη (S. 125.) im Singulari und in der Construction kommt mir

noch

noch immer neu vor, ungeachtet ich seitdem im Aristophanes folgende Stelle gefunden habe, wo der λογος αδικος dem δικκιος antwortet (v. 940. in Nubibus)

κατ' εκ τυτων, ών αν λεξῃ
ρη ματιοισι καινοισ αυτον
και διανοιαις κατατο ξευσω.

Folgende Druckfehler könnten der Verständlichkeit schaden:

Druckfehler.

Seite 7. statt	ausserunordentlichen	lese man ausserordentlichen
S. 34.	halb-Wilden	halb-Menschen
S. 43.	dien	diesen
S. 53. Zeile 2 statt	auf	auf der
— Z. 5	sondern	sondern
S. 58.	unb	und
S. 89.	allen Sagen	alten Sagen
S. 105.	hihorischen	historischen
S. 123.	Grunorius	Gronovius
S. 127.	Sohn des Agathodämon	Vater des Agathodämon.
S. 130.	überlebt	überdenkt
S. 134.	ihm dieses Joch	ihn dieses Joch
S. 140.	mich eckelt	mir eckelt
S. 146.	noch niemand	auch niemand
S. 209.	Grund	Gründen
S. 242.	Folgerationen	Fulgerationen
S. 245.	beträchtliche	verträgliche
S. 253.	arbeiten können	arbeiten lassen können
ib.	nur deswegen	uns deswegen
S. 260.	dieses Landes Weisheit	Weisheit dieses Landes
S. 264.	eben diesem	eben diesen
S. 279.	1760.	176. cap.

www.ingramcontent.com/pod-product-compliance
Lightning Source LLC
Chambersburg PA
CBHW030733230426
43667CB00007B/700